ein Ullstein Buch

ÜBER DAS BUCH:

»Jede Frau, die in zwölf Jahren zehn Kinder zur Welt bringt, gibt ihren Hang zur Perfektion auf und denkt nur noch ans Überleben.« Teresa Bloomingdale hat überlebt und über ihre Erfahrungen ein Buch geschrieben – eines der seltenen Bücher, das von der ersten bis zur letzten Seite hinreißend komisch ist und dabei nichts anderes wiedergibt als alltägliche Erfahrungen, das von der ersten bis zur letzten Seite eine tiefe menschliche Wärme ausstrahlt und dennoch die Welt aus einer kritischen Perspektive betrachtet.

DIE AUTORIN:

Teresa Bloomingdale ist Mutter von sieben Jungen und drei Mädchen. Neben ihrer wöchentlichen Kolumne für *Our Sunday Visitor* schreibt sie Artikel und Rezensionen für führende Magazine und Zeitschriften. Sie lebt mit ihrer Familie in Omaha, Nebraska.

Teresa Bloomingdale

10 Paar Socken auf der Leine

Eine turbulente Familiengeschichte

ein Ullstein Buch

ein Ullstein Buch
Nr. 20440
im Verlag Ullstein GmbH,
Frankfurt/M - Berlin
Titel der amerikanischen
Originalausgabe:
Up a Family Tree

Berechtigte Übersetzung aus dem
Amerikanischen von Ina Pope

Ungekürzte Ausgabe

Umschlagentwurf:
Beate Rebhuhn

Taschenbuchausgabe mit Genehmigung
des Paul Zsolnay Verlags,
Wien-Hamburg

Printed in Germany 1986
Druck und Verarbeitung:
Elsnerdruck, Berlin
ISBN 3 548 20440 6

Februar 1986
26.-33. Tsd.

CIP-Kurztitelaufnahme
der Deutschen Bibliothek

Bloomingdale, Teresa:
10 [Zehn] Paar Socken auf der Leine:
e. turbulente Familiengeschichte /
Teresa Bloomingdale. [Berecht. Übers.
aus d. Amerikan. von Ina Pope].
- Ungekürzte Ausg. -
Frankfurt/M; Berlin: Ullstein, 1985.
(Ullstein-Buch; Nr. 20440)
Einheitssacht.: Up a family tree «dt.»
ISBN 3-548-20440-6

NE: GT

Meiner Mutter und meinem Vater,
Helen Cooney Burrowes
und
Arthur (Bub) Burrowes,
in Liebe gewidmet.

INHALT

DANKSAGUNG

Ich danke meiner Schwiegertochter Karen Bloomingdale, daß sie das ganze Manuskript dieses Buches getippt hat, ohne auch nur eine einzige Bemerkung über meine grauenhafte Rechtschreibung zu machen, und meiner Tochter Mary Bloomingdale für die Unterstützung beim Korrekturlesen und dafür, daß sie mir über so manchen Leerlauf beim Schreiben hinweggeholfen hat, indem sie sich wiederholt erbötig machte, ein Kapitel über ihre Eltern zu verfassen.

Mein Dank gilt auch meiner Lektorin Patricia Kossmann – für die endlosen Ferngespräche, in denen sie Ideen und Inspiration beisteuerte, für ihre glänzende Redigierung und die fortgesetzte Mahnung, daß das Aufziehen von zehn Kindern zugleich lustvoll und lustig sein kann. (Und wenn sie mich noch einmal daran erinnert, schicke ich ihr alle zehn.)

Und besonders danke ich meinem Mann Lee Bloomingdale, daß er das Ganze durchgestanden hat und trotzdem mein Mann geblieben ist.

EINLEITUNG

Der Stammbaum

Mitte der zwanziger Jahre, als die meisten Amerikaner dem Jazz huldigten, Charleston tanzten, illegal hergestellten Schnaps tranken und solcherart den letzten Krieg und die drohende Depression zu vergessen suchten, hatten zwei Ehepaare aus dem Mittelwesten nichts anderes im Sinn als ihre Liebesgeschichten.

In St. Joseph, Missouri, warb der Journalist Arthur (Bub) Burrowes um die schöne Helen Cooney, während in Omaha, Nebraska, der Ölhändler Arthur Bloomingdale bereits die schöne Johanna Coady aus Albia, Iowa, geheiratet hatte.

Die nächsten fünfundzwanzig Jahre verlebten die beiden Paare in seliger Unkenntnis der turbulenten Zukunft, in der sie die Freuden und Leiden, die Prüfungen und ununterbrochenen Krisen einer gemeinsamen Garnitur von Enkelkindern teilen würden.

Das erste Anzeichen dafür, daß sich einzelne Zweige der beiden Stammbäume vereinigen würden, trat 1952 auf, als A. Lee Bloomingdale, einziger Sohn von Art und Hanna, die zweite Tochter von Bub und Helen, Teresa Burrowes, kennenlernte und augenblicklich ihrer Schönheit, ihrer Klugheit und ihrem Charme verfiel. (Es lebe die dichterische Freiheit!) Der junge Anwalt begann die junge Dame sogleich ebenso eifrig wie beharrlich zu umwerben (und die Pest über die Nachkommenschaft, die vielleicht behaupten möchte, daß es umgekehrt war), und schließlich heirateten die beiden am 2. Juli 1955 in der St.-Francis-Xavier-Kirche in St. Joseph, Missouri.

Die Neuvermählten ließen sich in Omaha nieder, wo sie in Frieden und Wohlstand zu leben gedachten. Aber ach, der Friede wie der Wohlstand verzögerten sich auf unabsehbare Zeit durch die darauf folgende Ankunft und dauernde Anwesenheit der nachstehend angeführten Personen:

Arthur Lee Bloomingdale III (geb. 1956). Ein bemerkenswerter junger Mann, der nicht nur das „Erstgeborenentrauma" überlebte, sondern auch die Hänseleien, die ihm der Titel „der Dritte" einbrachte. Der junge Lee verbrachte seine frühe Kindheit damit, seine Brüder und Schwestern zum Unfug anzustiften und dann im selben Moment vom Tatort zu verschwinden, als die Übeltäter erwischt wurden. (Warum ihn seine Geschwister nicht umgebracht haben, ist mir bis heute unbegreiflich.) 1977 heiratete er eine wunderschöne junge Dame namens *Karen Marie Moore,* die bereitwillig und aus freien Stücken in unsere Familie eintrat. (Abgesehen davon scheint sie eine vernünftige und intelligente Person zu sein.)

John Joseph Bloomingdale (geb. 1957). Ein gutaussehender junger Mann, der die ersten zwölf Jahre seines Lebens damit zubrachte, für seinen großen Bruder den Sündenbock zu spielen, und in den weiteren zwölf die sogar noch schwerere Bürde trug, das Idol seiner kleineren Brüder zu sein. Johns unersättliche Neugier in technischen Dingen veranlaßte ihn, alles auseinanderzunehmen, was ihm in die Finger kam (und hierauf für gewöhnlich irreparabel war). Es ist daher nicht verwunderlich, daß John die Laufbahn eines Technikers einschlug. (Wir wollen hoffen, daß er den Unterschied zwischen „Montieren" und „Demontieren" lernt.)

Michael Gerard Bloomingdale (geb. 1958). Bis zum Alter von vier Jahren war Mike als „der Schnüffler" bekannt. (Gott sei Dank; *irgend jemand* mußte doch Lee und John in Schach halten.) Dieses geschwätzige kleine Ungeheuer avancierte bald zum Mitverschwörer und – dank seiner boshaften Neigung – Anführer der Bande. Schließlich entwickelte sich Mike zu einem überaus reizenden, interessanten jungen Mann, worauf er – natürlich – auszog.

James Burrowes Bloomingdale (geb. 1959). Nachdem er achtzehn Jahre lang dem brutalen Kommando seiner älteren Brüder gehorcht, die Schuld für die zahlreichen Missetaten seiner jüngeren Brüder auf sich genommen und sich den unmenschlichen Torturen seitens seiner drei Schwestern unterworfen hatte, fand Jim das Rekrutenlager des Marinekorps ausgesprochen erholsam.

Mary Teresa Bloomingdale (geb. 1961). Der Augapfel ihres Vaters, die Antwort auf die Gebete ihrer Mutter – so folgte Mary vier Brüdern in diese Welt und übernahm sofort die Führungsrolle. Im Alter von drei Jahren lockte sie ihre Brüderbande mit damenhafter Überredungskunst zu ihren Tee-Gesellschaften . . . „Möchtet ihr Jungs zu meiner Tee-Party kommen, oder sollen wir lieber alle zu Mami gehen und ihr erzählen, was ihr im Hinterhof der Cunninghams vergraben habt?" Diese geschwisterliche Allianz löste sich schließlich infolge einer Sprachbarriere auf, denn während die Jungen amerikanischen Slang haben, spricht Mary nur Shakespeare-Englisch. Als Produkt der Feministen-Generation ist Mary ganz versessen darauf, Karriere zu machen, solange das nicht mit Arbeit verbunden ist.

Daniel Coady Bloomingdale (geb. 1963). Ein hochbegabter, intelligenter und geistreicher junger Mann. (Fragen Sie ihn nur. „Die Frage ist überflüssig", sagt Dan.

„Das sieht man doch.") Wie kommt es, daß ein Junge, der mit Leichtigkeit die regierenden Monarchen des Europa des neunzehnten Jahrhunderts, die Abenteuer des schlauen Odysseus (chronologisch geordnet) und die letzten zwölf Gewinner des Pulitzer-Preises aus dem Gedächtnis herunterleiern kann – wie kommt es also, daß ein solcher Junge sich nicht daran zu erinnern vermag, daß der Chemie-Unterricht ins Zimmer 212 verlegt worden ist?

Margaret Mary (Peggy) Bloomingdale (geb. 1964). Nach einer relativ ereignislosen Kindheit (zum Unterschied von einigen ihrer Geschwister steckte Peg nie das Haus in Brand oder entführte die Nachbarskatze oder fälschte die Unterschrift ihres Vaters in den Mitteilungsheften der Schule) trat Peg mit dreizehn Jahren ins Jungmädchenalter ein – befand, daß sie es hasse, und hatte es plötzlich sehr eilig, zur Reife zu gelangen. So hatte sie mit sechzehn den „unmöglichen Traum" bereits verwirklicht: das Leben eines Teenagers zu führen, und es zu genießen wie ein Erwachsener. Immer beliebt bei ihren Altersgenossen, verschaffte sich Peg im letzten Jahr besonderes Ansehen, als sie eine Lösung für das Problem der Teenager-Sommerbeschäftigung vorschlug: „Warum lassen wir diesen Sommer die Arbeit nicht sausen, und machen's uns einfach am Swimmingpool gemütlich?"

Ann Cecilia Bloomingdale (geb. 1966). Als angehende Journalistin „berichtet" Ann in Tausenden und Abertausenden von Briefen, Tagebüchern und Memoranden über familiäre Ereignisse. (Versuchen Sie einmal mit einem Teenager zu leben, der unaufhörlich Notizen macht!) Sie hat sich schon jetzt für den Pulitzer-Preis qualifiziert, da ihr etwas gelungen ist, das zweifellos einen „Erstling" in der Geschichte des Schreibens darstellt: letzte Weihnachten schrieb sie *zwei* Dankesbriefe an ihre Großmutter.

Timothy Cooney Bloomingdale (geb. 1967). Wie seine Schwester Peg gelangte Tim früh zur Reife, und zwar im Alter von etwa zwei Jahren. Doch zum Unterschied von seinen Geschwistern zerbrach er nie seine Spielsachen, verlor er nie seine Fäustlinge, schmetterte er nie seinen Baseball aufs Küchenfenster. In der Volksschule machte er immer seine Aufgaben und warf nie mit Papierkugeln nach dieser süßen Blonden in der ersten Reihe. In der Mittelschule aber setzte eine „regressive Phase" der Adoleszenz ein, in der er seine Geschwister anschrie, seine Eltern und Lehrer ignorierte, bei jeder Dummheit der Klasse mittat und endlich sein Primärziel erreichte: die Aufmerksamkeit dieser süßen Blonden in der ersten Reihe.

Patrick Templeton Bloomingdale (geb. 1969). Daß er das „Baby" der Familie ist, hat Patrick noch kein bißchen bedrückt; ja, er macht sich diesen Umstand zunutze. Mit vollkommenem Selbstvertrauen läßt er sich von seinen großen Brüdern mit Sportartikeln und Kleingeld versorgen, und durch Schmeicheleien, die seiner Ahnen würdig wären, beschwatzt er seine Schwestern, ihm bei den Aufgaben zu helfen oder ihn im Geschirr-Turnus zu vertreten. Als glühender Anhänger der „Nebraska Cornhuskers" und der „Oakland Raiders" ist Patrick entschlossen, im Football Karriere zu machen. (Mit seinem zarten Körperbau wird er vielleicht nie in eine Mannschaft aufgenommen werden, aber mit seinem großen Mundwerk wäre er sicher imstande, Howard Cosell zu ersetzen.)

10 Paar Socken auf der Leine ist keine Autobiographie; es sind nur abenteuerliche Episoden, die eine Mutter erzählt – über ihre zehn verrückten Kinder, eine ebenso verrückte Schwiegertochter, zwei perfekte Elternteile, vier wunderbare Großeltern, zehn Tanten und Onkel, unzählige Cousins und zwei dumme Hunde.

Die meisten Geschichten sind wahr. Nur die Sachverhalte und Namen wurden geändert, um die Schuldigen vor strafrechtlicher Verfolgung zu schützen.

1

Die Zerstörer

Am vorigen Weihnachtsabend, als sich unsere Familie zum traditionellen Auspacken der Geschenke versammelte, bekam unser erwachsener Sohn John einen Taschenrechner. Während John das Päckchen auswikkelte und das Gerät aus der Schachtel nahm, trat ein altvertrauter Glanz in seine Augen. Er sah mich an, zwinkerte seinen Geschwistern zu und sagte mit einem schelmischen Grinsen:

„He, das ist aber nett. Kommt, Kinder, wir nehmen's auseinander und sehen nach, wie's funktioniert!"

Einen schrecklichen Augenblick lang dachte ich, er meine es ernst, denn es hat wahrhaftig so manches Weihnachtsfest gegeben, da die Geschenke den Tag nicht überlebten – so neugierig waren unsere Kinder, zu „sehen, wie's funktioniert".

Alle unsere Kinder haben ein besonderes Talent gemeinsam: mit geringer oder gar keiner Mühe, und mit noch weniger Überlegung können sie absolut alles ruinieren. Gleichgültig, wie gut das Erzeugnis oder wie lange die Garantie, wenn es von menschlichen Händen berührbar ist, kann es von einem Bloomingdale kaputtgemacht werden ... und wird es auch, wenn man nur ein wenig Zeit verstreichen läßt.

Unsere Kinder haben dieses Talent nicht über Nacht entwickelt. O nein, sie haben es überhaupt nicht entwikkelt; sie kamen damit zur Welt.

Im zarten Alter von sechs Wochen konnte ein Bloomingdale-Baby die Sicherheitsnadel von seiner Windel reißen, bis zur Unkenntlichkeit verbiegen und so lange in seiner winzigen Faust umklammert halten, bis sich die Gelegenheit bot, die wickelnde Hand zu durchbohren.

Mit zwei Monaten konnte es die robusteste Babyklapper zerbrechen und die Steinchen für einen interessanteren Zweck freisetzen, zum Beispiel dazu, sie in ein Ohr oder ein Nasenloch zu stopfen.

Mit sechs Monaten konnte es einen Klappsitz so lange hoch- und niederschnellen lassen, bis er in seine Bestandteile zerbrach, und sich aus seinem hohen Kinderstuhl herausbeugen, bis er umkippte.

Bevor er noch stark genug war, sich auf die Füße zu stellen, konnte unser Kleiner die Räder von Spielzeuglastwagen reißen oder die Füllung aus Plüschtieren entfernen. (Teddybär und Schweinchen Schlau nahmen's nicht übel, aber Nachbars Katze klagte doch sehr.) An seinem zweiten Geburtstag konnte er schon das Babybettchen zerlegen . . . während das Baby noch darin lag.

Das war ja mein Problem, daß ich alle Jahre wieder ein Baby bekam. Und jedes schien noch zerstörungswütiger zu sein als sein Vorgänger. Als unsere erste Tochter geboren wurde, hatte ich einen Vierjährigen, der Basebälle auf Nachbars Fenster warf, einen Dreijährigen, der seines Bruders Dreirad zerlegte, einen Zweijährigen, der ABC-Bausteine die Toilette hinunterspülte, und einen Einjährigen, der die Stäbe aus seinem Laufstall brach.

Unsere Jungen waren so berüchtigt für ihre Sachbeschädigungen, daß ihnen eine aufmerksame Nachbarin namens Mrs. Kelly einmal ein Spielzeug brachte, das damals neu auf dem Markt war: einen Schwertransporter – ein herrliches Spielzeug für Kinder, massiver Stahl, alles in einem Stück, ohne bewegliche Teile oder scharfe

Kanten.

„Ich habe sofort an Ihre Jungen gedacht, als ich diesen Lastwagen sah", sagte Mrs. Kelly stolz, „weil er garantiert unzerbrechlich ist."

Sie hatte recht; er zerbrach nicht. Nein, wirklich, er trug nicht einmal eine Beule davon, als unser Dreijähriger ihn unserem Zweijährigen über den Schädel schlug. Der Schädel brach natürlich, aber der stand ja nicht unter Garantie.

Unsere kleinen Söhne gerieten bald gegenüber ihrem schlechten Ruf in Abwehrstellung, da man sie häufig einer Tat beschuldigte, die sie gar nicht begangen hatten; und manchmal auch einer, die überhaupt nicht geschehen war . . .

Ich erinnere mich . . . Kurz nachdem unsere erste Tochter geboren war, kam mir einmal die Idee, daß die abendliche Badeprozedur eine ideale Gelegenheit wäre, meinen kleinen Söhnen den „kleinen Unterschied" zu erklären. Also versammelte ich sie um den Badetisch und ließ sie zusehen, wie ich das Baby auszog. Als ich ihre Windel entfernt hatte, warf unser Dreijähriger nur einen Blick auf seine entblößte kleine Schwester und rief, bevor ich noch ein Wort sagen konnte:

„Ich hab's nicht abgebrochen, Mami! Ehrlich! Das muß Mike gewesen sein!"

Auch fühlten sich unsere Kinder zu allem hingezogen, was mit Elektrizität zu tun hatte. Sie steckten das Bügeleisen an, „um das hübsche Muster zu sehen, das es in den Teppich brennt". Sie holten den Mixer hervor und stopften Bonbons, Kaugummi oder Popcorn hinein. Sie warfen Buntstifte in den Toaster, Socken in die Deckenöffnung des Dachgeschoß-Ventilators und schossen mit Wasserpistolen auf die Hinterseite des Fernsehgeräts. Sie ließen so viele Sicherungen durchbrennen, daß ich mir die schlanke Linie durch ständiges Aufund-ablaufen der Kellerstiegen bewahrte.

Diese Besessenheit in punkto Elektrizität trieb meine Putzfrau zum Wahnsinn. Sie hieß Marguerite, und das einzige, was sie noch mehr fürchtete als einen Elektroschock, waren meine Kinder. Doch war sie eine sehr mitfühlende Dame, und jede Woche, wenn sie zum Putzen kam, drang sie darauf, „Teresa sollte einmal ein paar Stunden weggehen; ich gebe einstweilen auf die kleinen Ungeheuer acht.“

Einmal (ich erinnere mich nicht an das Datum, wohl aber daran, daß wir damals sieben Kinder hatten, das älteste davon acht Jahre alt) raffte ich mich tatsächlich dazu auf, Marguerites Angebot anzunehmen, und ging in den Schönheitssalon, um mir die Haare machen zu lassen. Doch der Ausflug war Zeitvergeudung, denn kaum hatte ich den Laden betreten, fiel der Strom aus. Der Geschäftsführer rief die Elektrizitätsgesellschaft an und erfuhr, daß es nicht nur ein kleinerer Schaden war; der Strom war in insgesamt sieben Staaten ausgefallen. Da wenig Aussicht zur baldigen Behebung des Schadens bestand, machte ich kehrt und ging nach Hause.

Als ich zur Tür hineinkam, fand ich alle Kinder im Wohnzimmer in Reih und Glied, während Marguerite sie verhörte: „Okay, Jungs“, sagte sie streng, „ich weiß, einer von euch hat's getan; er soll's lieber zugeben, oder ich muß euch alle bestrafen!“

„Aber Marguerite“, unterbrach ich lachend, „der Strom ist nicht nur hier in unserem Haus ausgefallen. Es gibt im ganzen Mittelwesten keinen!“

„Heiliger Bimbam“, stöhnte sie, „diesmal haben sie's wirklich geschafft, nicht wahr? Tut mir leid, Teresa. Ich hab's versucht, auf sie aufzupassen, aber sie waren einfach nicht zu bändigen!“

Ich konnte sie nie wirklich davon überzeugen, daß die jungen Bloomingdales nichts mit der Beschädigung eines Dammes in Süd-Dakota zu tun hatten; sie wollte einfach nicht glauben, daß selbst die größte Entfernung sie von irgend etwas abhalten könnte.

Unsere Kinder waren immer Meister darin, Dinge zu zerlegen; leider entwickelten sie nie das Talent dafür, sie wieder zusammenzusetzen. Daher fanden wir oft an den unwahrscheinlichsten Stellen – wie der Sandkiste, dem Kühlschrank oder dem Schränkchen unter dem Waschtisch – etwa ein Stück von Papas Kamera, den oberen Teil seines Füllhalters oder ein undefinierbares Etwas, das aussah, als gehörte es an oder in das Telephon. Wir priesen uns immer glücklich, wenn es uns dann gelang, den Rest der Kamera, den unteren Teil des Füllhalters oder das Telephon zu finden – letzteres ein Instrument, das unsere Kinder (vielleicht verständlicherweise) stets fasziniert hat.

Im letzten Frühjahr erst kam ich einmal in die Küche hinunter und fand meinen Mann dort vor, der ins Telephon schrie: „Also, ich kann Sie hören, warum können Sie mich nicht hören?" Offensichtlich war das Telephon nicht in Ordnung.

„Ruf die Telephongesellschaft an und laß das reparieren oder ersetzen", sagte er, und ich versicherte ihm, daß ich es tun würde. Doch zuerst – einer Gewohnheit folgend, nehme ich an – schraubte ich das Mundstück des Hörers ab, und, tatsächlich, der Verstärker fehlte. Ich fand ihn in einer Küchenschublade, zwischen Messern und Gabeln eingebettet; wie oder warum er dorthin gelangt war, ist mir ein Rätsel. Und ich kam nie dazu, irgend jemanden darüber zu befragen, weil ich von meinem Mann abgelenkt wurde, der mitten in der Küche stand und die Tür der Backröhre festhielt. Er sah ein wenig verwirrt aus, da die Backröhrentür, die er hielt, nicht mehr am Backherd befestigt war.

„Ich habe den Herd aufgemacht, um den Kuchen zu wärmen", sagte er, „da fiel die Tür runter. Ich nehme an, es gibt eine Erklärung hiefür."

„Oh, ja", antwortete unsere sechzehnjährige Peg, die gerade zum Frühstück heruntergekommen war, „ich hab' vergessen, es dir zu sagen, Mami. Als Martha gestern Abend hier war, sind wir auf Herde zu reden gekommen, deren Türen man zum Reinigen abnehmen kann, und wir wollten mal sehen, ob unsere abgeht. Sie geht ab ... sozusagen."

Das „sozusagen" bedeutet, daß die Backröhrentüre zwar abnehmbar ist, aber nicht mehr befestigt werden kann, zumindest nicht ohne 50 Dollar Lohn für die Arbeit des Service-Technikers.

Im Lauf der Jahre haben sich unsere Kinder viele Dummheiten geleistet, von denen ich einige (beinahe) verstehen konnte, doch die meisten bleiben ein Rätsel.

Nun, ich konnte vielleicht verstehen, daß unser neunjähriger John aus dem Fenster im dritten Stockwerk kletterte und auf einem knapp zwanzig Zentimeter breiten Sims, zehn Meter über dem Erdboden liegend, unter die Dachtraufe unseres frischgetünchten weißen Hauses in riesigen schwarzen Lettern die Worte malte: JOHN DER GROSSE. Doch ich konnte nicht verstehen, daß er den dreijährigen Danny mitnahm, damit der ihm die Farbe hielt.

Ich konnte eine Siebzehnjährige verstehen, die so in ein Telephongespräch vertieft war, daß sie gedankenverloren an der Tapete zupfte. Was ich nicht verstehen konnte, war, daß es ihr dabei gelang, zwei komplette Bahnen der japanischen Grastapete von der Wand zu reißen, ohne daß jemand sie daran hinderte.

Ich konnte einen Siebenjährigen verstehen, der sein Zuhause in einem Tornado verloren hatte, und nun sein neues Heim so sehr hassen mochte, daß er in Tränen ausbrach und schrie: „Ich will nach Hause; ich hasse dieses Haus!" Ich könnte ihn sogar verstehen, wenn er so überreizt wäre, daß er ein Loch in seine Schlafzimmertüre treten würde. Aber ich konnte nicht verstehen, warum er – nachdem er sich den Schaden besehen hatte – über den Flur ging und ein Loch in die Türe seiner Schwester trat. Schließlich hat *sie* den Tornado nicht verursacht. (Zumindest hat das niemals jemand nachweisen können.)

Ich konnte verstehen, daß meine Kinder etwas zufällig, aus Gedankenlosigkeit oder aus Versehen ruinierten; ich konnte nur nie verstehen, daß sie etwas absichtlich ruinierten, um zu „sehen, wie's funktioniert." Sie zerlegten ihre Uhren, ihre Radios, ihre Stereogeräte, meinen Wagen . . . nur um zu sehen, was die Dinger in Gang hält.

Unsere Küchenschränke sind voll von Fragmenten längst vergessener „Projekte", die irgend jemand begann, aber niemals vollendete. Wenigstens denke ich, daß diese Fragmente noch in diesem Schrank da sind; ich kann ihn nicht mehr öffnen, seit Lee gesagt hat, er ist „ein bißchen verzogen, das bring' ich in Ordnung".

Ich würde gerne meinen, daß unsere Kinder ihrer Reputation, alles zu ruinieren, entwachsen sind, doch irgendwie zweifle ich daran. Gestern erst sah ich, wie meine Nachbarin Mary Jo impulsiv nach ihrem Säugling griff, nur weil Patrick ins Bettchen geguckt und gesagt hatte: „Ist er nicht süß? He, Tim, schau, wie er die Finger so zusammenlegt, daß eine Faust draus wird. Ich möchte wissen, wie er das macht . . ."

2

Schreckliche Aspekte einer großen Familie

In meinem zweiten Buch widmete ich ein Kapitel den positiven Aspekten einer großen Familie, als da sind: der Spaß, das Lachen, die Geselligkeit, die schönen Zeiten, usw.

Aufgrund allein dieses einen Kapitels katalogisierten viertausend Bibliotheken mein Buch unter „Märchen", zweiundsechzig Buchläden propagierten es als „Phantastische Erzählungen", dreizehn Rezensenten erwähnten meine „lebhafte Vorstellungskraft" und „Kreativität", und ein Kritiker in Connecticut sagte mir, ich solle „diese rosarote Brille abnehmen und es erzählen, wie's ist." (Solche gibt es überall; irgend jemand ist immer darauf aus, mich auf die Wolken hinzuweisen, die um meinen Silberstreifen herumziehen.)

Ich gebe zu, daß negative Aspekte bei großen Familien vorherrschen, doch erwähnte ich sie in jenem Buch nicht, weil Mitglieder großer Familien wohl nur zu vertraut damit sind, während ihr anderen besser nichts davon wißt.

Nun gibt es allerdings einige absolut schreckliche Dinge im Leben einer Großfamilie, und da ich meine rosarote Brille gerade verlegt habe, bin ich bereit, auf die ärgsten hinzuweisen.

1. *Geld:* Es ist nie genug da. Doch wie ich im Lauf der Jahre erfahren habe, beschränkt sich dieses Problem nicht

auf große Familien. Im Gegensatz dazu, was meine Verwandten glauben, bekamen mein Mann und ich nicht alle zehn Kinder auf einmal, oder auch nur zwei zur gleichen Zeit. Also kann ich ebenso als erfahrene Mutter eines Einzelkindes sprechen, Mutter zweier Kinder, von drei Kindern, und so weiter und so weiter. Glauben Sie mir: ganz gleich, wie wenige oder wie viele Kinder Sie haben, wie wenig oder wie viel Sie verdienen, Ihre Ausgaben werden Ihre Einnahmen um etwa hundert Dollar monatlich übersteigen. Das ist eine ökonomische Gegebenheit, also lernen Sie damit zu leben und trösten Sie sich mit der Gewißheit, daß nur wenige Eltern im Schuldgefängnis landen.

2. *Schlaf:* Wie das Geld glänzt auch der Schlaf durch Abwesenheit. Dies kann jedoch nicht dem Umstand zugeschrieben werden, daß zu viele Kinder da sind; eher dem, daß zu wenige Eltern da sind. Ich bin zu dem Schluß gekommen, daß jede Familie mit mehr als zwei Kindern mehr als eine Mutter braucht. Ich weiß wohl, daß jeder moderne Vater gerne so traditionell mütterliche Tätigkeiten – wie das Aufstehen mitten in der Nacht, um das neugeborene Baby zu füttern – übernimmt. Aber schläft die moderne Mutter indessen? Nein. Sie liegt wach und wartet darauf, daß der moderne Vater fragt: „Wie macht man das heiß?" „Wieviel soll er trinken?" „Was mache ich, wenn er spuckt?" „DU HAST GESAGT, ER WIRD NICHT SPUCKEN!" Wenn das Neugeborene in einer kinderreichen Familie gelernt hat, die Nacht durchzuschlafen, dann ist es nicht länger das Neugeborene. Und wenn das neue Neugeborene zur mitternächtlichen Mahlzeit erwacht, wird das alte Neugeborene unweigerlich munter und fordert die gleiche Zuwendung. Daher bekommt nun keiner von den Eltern seinen

Schlaf, und das wird sich die nächsten zwei Jahrzehnte hindurch nicht änderrn, da Mami nervös auf und ab geht und die Heimkehr eines oder mehrerer Teenager erwartet, während Papi wachliegt und Schuldgefühle hat, weil er nicht mit Mami auf und ab geht. Sie sehen, wo nun eine Extra-Mutter angebracht wäre. Ich äußerte diesen Gedanken einmal meiner Mutter gegenüber. Sie sagte: „Teresa, wenn es zwei Frauen in deinem Haushalt gäbe, dann hättet ihr zweifellos zwanzig Kinder."

Als Einzelfrau, die seit 1956 kein Auge zugemacht hat, empfehle ich wärmstens, daß Eltern, die viele Kinder planen, den Schlaf vergessen.

3. *Kleidung:* Für so viele Kinder Kleidung zu kaufen, ist ein geringeres Ärgernis als die Schwierigkeit, darüber auf dem laufenden zu sein, was man bereits gekauft hat. Es ist unmöglich, im Gedächtnis zu behalten, was wem gehört. Ich habe es schon seit langem aufgegeben, Dinge wie Socken und Unterwäsche auseinanderhalten zu wollen; wir haben eine Gemeinschaftskiste für beides, nur geschlechtsspezifisch unterschieden, und manchmal nicht eimal das. Ich habe taube Ohren für Aufschreie wie: „Er hat meine Jeans an!", und „Sag ihr, sie soll meine Bluse ausziehen!" (Das Problem wird ohne mich rascher gelöst.) Ich habe gelernt, daß sich die Schuhe kleiner Jungen ganz selbständig auf Wanderschaft begeben und daß Socken, die man in eine Waschmaschine wirft, Farbe und Größe ändern oder einfach verschwinden. Ich habe auch ein paar praktische Kniffe gelernt: Wenn ich im Ausverkauf ein Hemd erstehe, das Pat bestimmt paßt, von dem ich aber weiß, daß er es nicht mögen wird, dann erzähle ich ihm einfach, ich habe es für Tim gekauft. Tim wird es natürlich nicht mögen, weil er glaubt, daß ich es für ihn gekauft habe, aber Pat,

der denkt, daß es Tim gehört, wird die nächsten sechs Monate damit verbringen, es zu „stehlen". Ich habe gelernt, „neutrale" Jacken zu kaufen ... also keine Knöpfe, keine Pastellfarben, keine Beschläge, keine Verzierungen, nur eine einfache, geschlechtslose Jacke, die von Jungen an Mädchen weitergegeben werden kann und vice versa.

Ich habe gelernt, daß ein einzelner rechter Fäustling umgekehrt auf eine linke Hand paßt, und daß an einem bitterkalten Morgen sogar ein größerer Junge sich zu Fäustlingen bequemt. Der größte Coup gelang mir, als ich einen Kindergartengänger davon überzeugte, „daß Captain Kangaroo des öfteren einen Schuh mit Reißverschluß und einen mit Schnalle trägt." (Vergib mir, Captain, die Lügen, die ich in deinem Namen erzählt habe.)

4. *Schuldfindung:* Keine Sorge. In einer großen Familie einen Schuldigen zu finden, ist so ähnlich, als wolle man das Quecksilber eines zerbrochenen Thermometers einsammeln; es geht nicht. Kinder mit vielen Geschwistern entwickeln sich zu Experten in Sachen Schuldverschiebung – einer dem anderen, und der wieder dem, und der wieder dem anderen –, bis sich die Schuld im Gedränge verliert oder das Vergehen vergessen ist, je nachdem. „Wer hat das Fahrrad in der Zufahrt stehen lassen?" fragt Papi. „Das muß Tim gewesen sein", sagt Peg. „Es ist sein Rad." „Aber du bist zuletzt damit gefahren!" schreit Tim, und Peg kontert mit: „Nein, ich nicht, das war Annie," Ann fängt die Beschuldigung auf und spielt ab: „Ich hab's weggestellt, aber ich hab gesehen, wie Pat es aus der Garage geschoben hat", und Pat schlägt zurück: „Das ist eine Lüge; ich würde mich nicht ums Verrecken auf diesem blöden Rad erwischen lassen!"

Worauf Tim erwidert: „Wenn ich dich je auf diesem Rad erwische, verreckst du sowieso!" Und so geht es immer weiter, bis Vater ganz und gar bereit ist, zu verzeihen und zu vergessen, wenn sie nur DEN MUND HALTEN!

5. *Fragen:* Viele Kinder bedeuten viele Fragen. Nicht unbedingt viele verschiedenen Fragen. Zum Beispiel: „Was gibt's heute zum Abendessen, Mami?", von sieben Kindern in vier Minuten gefragt, kann einer Mutter den Geschmack an ihrem eigenen Menü verderben, ja sogar an ihren eigenen Kindern, besonders wenn sechs von den sieben antworten: „Schon wieder Hackbraten? Njechhhh!" Die Fragen bezüglich Sex brauchen in einer großen Familie nur einmal beantwortet zu werden. Von dann an lautet die einzige Frage zu diesem Thema: „Mami, das ist doch nicht wahr, oder?"

Die in einer großen Familie am häufigsten wiederholte Frage ist die auch in jeder anderen Familie am häufigsten wiederholte: „Kannst du mir Geld borgen?" Der einzige Unterschied dabei ist das Rätsel, warum diese Frage so oft wiederholt wird, wenn die Antwort immer „Nein" lautet.

6. *Transport:* Es gehört zu den Gesetzen einer großen Familie, daß immer dann, wenn irgend jemand zu einer bestimmten Zeit irgendwo sein muß, irgend jemand anderer zur gleichen Zeit irgendwo anders sein muß. Ich habe jahrelang versucht, gleichzeitig in sechs verschiedene Richtungen zu fahren, während ich mich fortwährend bei Kindern entschuldigte, die natürlich ihr Ziel zu früh oder zu spät oder manchmal überhaupt nicht erreichten. In einen Wagen-Pool einzusteigen, ist keine Lösung. Wenn Sie eine große Familie haben, *sind* Sie ein

Wagen-Pool. Denjenigen von Ihnen, die vielleicht eine große Familie gründen wollen, schlage ich vor, sich ein Haus nahe einer Buslinie zu kaufen. Oder, noch besser, kaufen Sie die Buslinie; Sie werden sie viel mehr ausnützen als das Haus.

7. *Menü-Planung:* Ein Menü für eine große Familie zu planen, ist genauso unmöglich wie die Schuldfindung. Wenn ich für zwölf Personen koche, tauchen drei auf. Wenn ich versuche, etwas aus Resten zu machen, tauchen alle zwölf auf, und sechs von ihnen bringen Freunde mit. In fünfundzwanzig Jahren Mutterschaft habe ich niemals eine Mahlzeit in der richtigen Menge gekocht.

8. *Sich etwas merken:* Während sich Kinder einer großen Familie alles merken („Ich nehme nicht an, daß du zu meiner Schulfeier kommst, da du damals nicht einmal zu meinem Kindergartenfest kommen wolltest!) können ihre Eltern niemals irgend etwas behalten, einschließlich der Namen ihrer Kinder. („Du . . . Tim . . . Pat . . . Dan . . . oder wasweißichwieduheißt!") Mein Sohn Tim sagte mir kürzlich, es störe ihn nicht besonders, daß ich ihn Dan oder Pat riefe, aber er würde es schätzen, wenn ich versuchte, ihn nicht Betsy zu nennen. Meine Erklärung, daß Tim mir von allen meinen Kindern am innigsten verwandt ist, wie es unter meinen Geschwistern meine Schwester Betsy war, akzeptierte Tim nicht. (Betsy schon, da sie ja dafür bekannt ist, daß sie ihren neunmalklugen Sohn Jim „Teresa" ruft.)

Einige Beispiele von „Groß-Familien-Vergeßlichkeit": Sie sagen sechs Kindern, daß sie die Vordertüre nicht benützen sollen, weil die Angeln locker sind, doch Sie vergessen es Nummer sieben zu sagen; er spaziert herein, und die Tür fällt herunter. Oder Sie sagen neun Kindern, daß Sie zur Spätvorstellung ins Kino gehen, doch Sie versäumen es dem Ältesten mitzuteilen (der selbstverständlich nicht mit seinen Geschwistern spricht), und wenn Sie nach Hause kommen, finden Sie dort die Polizei vor, die gerade eine Anzeige wegen böswilligen Verlassens eines Kindes aufnimmt.

Letzten Samstag schrie mein Mann mit Tim und Pat, weil sie auf dem vorderen Rasen spielten, den wir gerade neu ausgelegt hatten.

„Ich sagte euch Kindern schon letztesmal, als wir den Rasen legten, daß ihr da wegbleiben sollt!", brüllte er, und ich mußte ihn daran erinnern, daß das letzte Mal, da wir einen Rasen legten, schon fünfzehn Jahre zurücklag; sicher untersagte er damals irgend jemandem, auf dem Rasen zu spielen, doch es konnten nicht Tim und Pat gewesen sein; sie waren noch nicht geboren.

9. *Platz:* Wie beim Geld entspricht das Angebot nie der Nachfrage. Im Lauf der Jahre, da unsere Kinder sich um ein Vielfaches vermehrten und die Schlafzimmer übervölkerten, entwickelte ich eine Besessenheit bezüglich des Platzes. (Bezüglich des Geldes nicht; ich vertraute immer auf Gott, daß er für genug Geld sorgen würde, aber ich war nie sicher, ob einer, der im Unendlichen existiert, Verständnis für räumliche Begrenzungen aufbringen kann.)

In den ersten zehn Jahren unserer Ehe zogen wir so oft um, daß mein Vater uns beschuldigte, wir versuchten dem Hausherrn immer einen Schritt voraus zu sein. Er hatte zum Teil recht. Wir versuchten dem Herrn „dort oben" einen Schritt voraus zu sein. Immer, wenn wir uns in einer Wohnung niederließen, schickte uns der gütige

Herr einen neuen „Bewohner“, und wir mußten abermals daran denken, umzuziehen.

Als wir unser fünftes und letztes Kind erwarteten (*jetzt* weiß ich, daß sie nicht unser letztes Kind war; ich wußte es nur damals noch nicht), kauften wir ein Haus mit vier Schlafzimmern und hielten es für unsere Familie für ideal. Aber das war es nicht. Erst nachdem alle Papiere unterzeichnet und abgelegt waren, entdeckten wir, daß das vierte Schlafzimmer (eine Sonnenveranda) ohne Heizung und daher im Winter unbenützbar war. Also war unser Vier-Schlafzimmer-Haus in Wahrheit ein Drei-Schlafzimmer-Haus, was bedeutete, daß wir unsere vier Söhne in einem Zimmer in Stockbetten paarweise übereinanderschlichten mußten, während ihre kleine Schwester in dem winzigen Kinderzimmer schlief. Dreißig Monate später bekamen wir wieder ein Baby.

Eine Zeitlang teilte Danny das Kinderzimmer mit seiner Schwester Mary, doch im folgenden Jahr wurde Peggy geboren, also mußten wir Dannys Bettchen zu den Doppel-Stockbetten hineinstellen. Als der Sauerstoff dort zu Ende ging, verfrachteten wir den achtjährigen Lee in ein Schrankbett im Wohnzimmer und sandten eine ernsthafte Botschaft zum Thema Raumfrage an Gott. Seine Antwort? Annie.

Eigentlich hatten wir den Umzug schon beschlossen, bevor Annie ankam. Unsere Entscheidung beeinflußte ein winziges Schild, das auf dem neben dem Stockbett stehenden Tischchen lag, auf dem unser siebenjähriger John seine gesamten Schätze verwahrte: Das Schild besagte:

„Das ist Johns Höhle. Zutritt verboten.“

Also zogen wir in ein großes Haus, in dem John sein eigenes Zimmer hatte, und einige Jahre später in ein noch größeres, mit Zwischenstockwerken versehenes, in dem er sein eigenes Stockwerk bewohnte. War es nun gut? Natürlich nicht! Er verbrachte seine ganze Schulzeit damit, im Verein mit seinen Geschwistern zu murren: „Ich brauche Raum, Mensch! Gib mir Raum!"

Da vier unserer Kinder jetzt erwachsen und fort sind, haben wir mehr Raum für die Familie, als wir brauchen, und wir haben unsere College-Gänger doch tatsächlich zu überreden versucht, zu Hause zu wohnen, bis sie heiraten. Doch sie wollen lieber „selbständig" sein, auch wenn das bedeutet, daß sie in den „geräumigen Quartieren" eines überfüllten Studentenheims, in einem winzigkleinen Apartment oder in einer Stockbett-Kaserne wohnen. (Wo sie sich nie, aber auch nie über Platzmangel beklagen!)

Und ich finde, das ist das Schlimmste von allem. Nicht, daß die Kinder erwachsen werden und von zu Hause fortgehen; das ist zu erwarten. Aber sie brauchen nicht gar so glücklich darüber zu sein!

3

Pro und kontra Söhne und Töchter

Ich habe gehört, daß Mediziner jetzt an einem Projekt arbeiten, durch das es künftigen Eltern möglich sein wird, das Geschlecht des Kindes vorherzubestimmen, das sie zu zeugen beabsichtigen.

Ich kann mir nichts Nervenzermürbenderes vorstellen als das Abwägen der „Pros" und „Kontras" von Jungen und Mädchen, um zu einer Entscheidung zu kommen, ob man einen Sohn oder eine Tochter haben möchte.

Wenn junge Paare dieses wissenschaftliche Projekt ernst nehmen, könnte das das Ende der Menschheit bedeuten. Sollten künftighin werdende Eltern dasitzen und streiten: „Laß uns einen kleinen Jungen haben!", und: „Aber ich möchte ein kleines Mädchen!", werden sie, bis sie sich endlich für das eine oder das andere entschlossen haben, vielleicht zu alt sein, um überhaupt eines zu bekommen.

In den Tagen, da wir jung und fruchtbar waren, verbrachten mein Mann und ich lange, qualvolle Stunden mit Erörterungen darüber, welchen Namen wir dem Baby geben sollten, das wir nicht eingeplant hatten, und dessen Geschlecht unserer Meinung nach nur Gott bestimmen konnte. Hätten wir uns entscheiden müssen, ob wir einen Jungen oder ein Mädchen wollten (oder auch nur, ob wir überhaupt ein Baby wollten), wären wir vermutlich für alle Zeiten kinderlos geblieben.

Wenn die Wissenschaftler jungen Eltern eine solche

Entscheidungslast aufbürden wollen, fühle ich mich als erfahrene Mutter verpflichtet, zu dem Thema Stellung zu nehmen, mit dem ich nur zu vertraut bin.

Da unsere Söhne unseren Töchtern nach der Zahl um mehr als zwei zu eins überlegen sind (sieben Söhne und drei Töchter), wirft man mir manchmal Bevorzugung der Mädchen vor, doch das stimmt nicht. Ich liebe meine sanften, schönen Töchter um nichts mehr als ihre komischen, dummen Brüder. Ja, ich habe häufig in meinen Vorurteilen und Parteilichkeiten von Mädchen zu Jungen, von Töchtern zu Söhnen geschwankt. Daher fühle ich mich jetzt befähigt, eine objektive Wertung aller Kinder, männlich und weiblich, abzugeben.

Es ist eine unbestrittene Tradition, daß die meisten frischgebackenen Eltern ihre Familie mit einem Sohn und Erben gründen wollen. Das ist aus vielerlei Gründen ziemlich lächerlich, nicht zuletzt aus folgendem: Wenn Sie überhaupt Kinder bekommen, ist es unwahrscheinlich, daß Sie jemals genügend Reichtum erwerben können, um ihn *irgend jemandem* zu vererben. Vergessen Sie also den Erben, wenn nicht gar den Sohn.

Doch als eine Mutter, die vier Söhne geboren hat, bevor sie mit einer Tochter gesegnet wurde, rate ich Ihnen (wenn Sie die Wahl haben sollten), mit einem Mädchen zu beginnen ... einem starken, gesunden Mädel, das eines Tages als Babysitter ihrer jüngeren Geschwister einen angemessenen Beitrag zum Familienerhalt leisten kann.

Andererseits könnte das – wenn Sie mit einem Mädchen anfangen – die äußerst unrealistische Vorstellung in Ihnen erwecken, Babies seien so reizend und süß und anbetungswürdig, daß Sie gern ein Dutzend davon haben möchten – was völlig in Ordnung ist, solange Sie sich im klaren darüber sind, daß Sie bei zwölf Kindern die Wahrscheinlichkeit in Betracht ziehen müssen, einen oder mehrere Jungen darunter zu haben.

Was Sie jetzt auch denken mögen, ich habe kein Vorurteil gegen kleine Jungen. Ja, ich finde kleine Jungen viel aufregender als kleine Mädchen, nämlich deshalb, weil sie so viel unberechenbarer sind. Da schläft zum Beispiel ein kleiner Junge fest in seinem Bettchen, und im nächsten Moment (wenn er merkt, daß Sie auf Zehenspitzen aus dem Kinderzimmer gegangen sind – vielleicht um ein kurzes Nickerchen auf dem Sofa zu machen) läßt er das Bettchen gegen die Wand krachen; nicht so sehr deshalb, weil er schlimm sein will, als um zu sehen, ob dieses blöde Gestell zusammenbricht. (Es bricht.)

Natürlich lernen Sie – wenn Sie mit einem Jungen anfangen – ziemlich rasch alle nötigen Kniffe: wie man das Bettchen bruchfest macht; wie man einen Laufstall sichert (nageln Sie um Himmels willen den zusammenlegbaren Boden an, bevor er draufkommt, wie man ihn zerlegen und flüchten kann); wo man waschbare, unzerbrechliche und unverschlingbare Spielsachen kauft. Wenn Sie dann endlich mit einem kleinen Mädchen gesegnet sind, wird sie eine solche Herzensfreude für Sie sein, daß Sie ihre winzigen Fehler kaum bemerken werden. (Leider wird auch sie undicht sein und Sie davon in Kenntnis setzen – laut, deutlich, und immer wieder.)

Es gibt noch andere Faktoren, die bei der Entscheidung zwischen einem kleinen Mädchen und einem kleinen Jungen berücksichtigt werden müssen. Kleine Jungen sind billiger. (Vorsicht: das ist keine immerwährende Prämisse, also fangen Sie nicht überstürzt mit einem Baby an, bevor Sie dieses Buch zu Ende gelesen haben.)

Es stimmt zwar, daß Babies beiderlei Geschlechts die gleiche Ausstattung brauchen – Bettchen, Flaschen, Laufstall, Kinderstühlchen, et cetera –, aber dann stellt sich doch eine deutliche Kostendifferenz ein, was die Kleidung betrifft, obwohl das vielleicht eher Ihr Fehler als der des Babys ist. Denn während Mütter selten versucht sind, einen kleinen Jungen „herauszuputzen" (irgendwas Warmes und Waschbares tut's völlig), halten sie's doch mit den Mädchen ganz anders. Keine Mutter kann widerstehen, ihr kleines Mädchen so zu kleiden, wie sie's vor zwei Jahrzehnten mit ihren Puppen getan hat: Kleider mit Rüschen, Schuhe mit Schleifen oder Glöckchen, winzige Söckchen mit Spitzenkrausen, bestickte Petticoats. Also, es kostet beinahe so viel, eine Tochter anzuziehen, wie damals die Barbie-Puppe!

Würden Babies im Kleinkindalter geboren, gäbe es bezüglich des Geschlechtsvorzugs überhaupt kein Problem, da Eltern, die ihrer fünf Sinne mächtig sind, niemals einen zweijährigen Jungen einem zweijährigen Mädchen vorziehen würden. (Ein Jahrzehnt später wird diese Entscheidung dann gründlich revidiert.) Zum Glück haben Sie dann, wenn Ihr Sohn zwei Jahre alt ist, schon so weit Zuneigung zu ihm gefaßt, daß Sie ihn nicht mehr unbedingt zurückgeben wollen. (Seine Garantie ist ohnehin schon abgelaufen.)

Während ein zweijähriges Mädchen friedlich mit seinen Puppen spielt, eine imaginäre Teegesellschaft abhält oder Mami glücklich bei der Hausarbeit hilft, läuft ein zweijähriger Junge wahrscheinlich eher draußen herum, reißt die Tulpen des Nachbarn aus, nimmt sein Dreirad auseinander oder versucht einen Baseball auf ihr Wohnzimmerfenster zu werfen. Und doch – wenn er auch Dreck unter den Fingernägeln, Kaugummi im Haar und athletische Fähigkeiten hat, die eine konstante

Erhöhung Ihrer Versicherungsprämien bewirken – mag Ihnen ein zweijähriger Junge vielleicht trotzdem mehr zusagen als ein zweijähriges Mädchen, besonders wenn er Ihnen gehört. Zweijährige Jungen haben sogar in ihren schlimmsten Perioden (und in denen befinden sie sich zumeist) eine Art, Mamis Herz zu gewinnen, die vielleicht erklärt, warum Mami – wenn die Leute von den schrecklichen „Zweijährigen" sprechen – sich anscheinend nicht erinnern kann, warum sie so schrecklich waren.

In den nächsten Jahren geht das Abwägen der Vorteile weiterhin zugunsten der Mädchen aus. Wenn die Kindergartenzeit gekommen ist, zeigen kleine Mädchen schon entschieden mehr Weltgewandtheit als kleine Jungen. Während ein fünfjähriger Junge noch immer die Knie seiner Mutter umklammert und heult: „Ich will nach Hause!", hat sich ein fünfjähriges Mädchen bereits der Lehrerin, dem Direktor und den Spielplatz-Ordnern vorgestellt, die Pflege der Kreidetafel übernommen und sich selbst zur Papierausgeberin ernannt.

Diese Reife bleibt Mädchen während des größten Teils der Grundschule erhalten, da sie klüger, geschickter, und – sagen wir's rundheraus – einfach viel braver sind. Sie werden selten ins Büro des Direktors gerufen, um zu erklären, wie die Reißnägel auf den Stuhl des Lehrers oder die Blindschleiche auf die Mädchentoilette gekommen sind. Man kann sich darauf verlassen, daß sie Mitteilungen des Lehrers an die Eltrn abliefern, pünktlich zu den Gesangsvereins- oder Theaterproben erscheinen, und sie stören nie die Klasse, indem sie Papierkügelchen werfen, mit Gummibändern schießen oder Geräusche machen, die obszön klingen sollen.

Natürlich mögen manche Eltern – ebenso wie manche Lehrer – die Herausforderung des geistigen Kräftemessens mit einem zehnjährigen Jungen vorziehen. Ich selbst wurde solcher Vorliebe bezichtigt, und zwar für gewöhnlich von tugendhaften Mädchen, die dann so lange keine Antwort auf die Frage: „Wie kannst du ein solches Kind nur lieben?“ finden, bis sie selbst so einen boshaften kleinen Zwerg zu Hause haben.

In der Unterstufe verlagert sich die Balance der Parteilichkeit plötzlich zugunsten der Jungen, denn so wie keine vernünftige Mutter einem zweijährigen Jungen den Vorzug gegenüber einem zweijährigen Mädchen geben würde, fiele es dieser selben Mutter (vorausgesetzt, daß sie dann noch halbwegs normal ist) doch niemals ein, ein dreizehnjähriges Mädchen seinem männlichen Gegenstück vorzuziehen.

Irgendwann im Alter von zwölf oder dreizehn wird der kleine Bursche, der nun ein Dutzend Jahre lang seine Mutter zum Wahnsinn getrieben hat, plötzlich liebevoll und hilfsbereit, freundlich und höflich werden. Es gibt keine plausible Erklärung für dieses Phänomen; vielleicht ist es einfach ein Weg der Natur, die Waagschale der Geschlechter ins Gleichgewicht zu bringen – denn es geschieht gerade in diesem Alter, daß Mamis Herzblättchen, die geliebte Tochter, die nie auch nur einen Augenblick lang Grund zur Klage gegeben hat, plötzlich widerspenstig, aufsässig, selbstgerecht und herrschsüchtig wird.

Wenn eine Frau jemals zum Präsidenten der Vereinigten Staaten gewählt werden sollte, so hoffe ich, daß wir dann genug Verstand haben werden, ein Mädchen zu wählen, das sich im Frühstadium seiner Reifezeit befindet. Und ich habe da gerade das richtige Mädchen für diesen Posten. Unsere Tochter Annie weiß auf jede Frage eine Antwort, findet für jedes Problem eine Lösung. Natürlich geben die meisten davon keinen Sinn, doch das hat Annie noch nie entmutigt – und solch unbedingtes Selbstvertrauen ist für eine Führungspersönlichkeit zweifellos von großer Bedeutung. Wirklich, einige ihrer Ideen hören sich für mich ziemlich brauchbar an. Als zum Beispiel 1979 die Streitfrage um den Panama-Kanal aufgeworfen wurde, fand Annie die meiner Meinung nach perfekte Lösung:

„Geben wir ihn doch genauso zurück, wie wir ihn gefunden haben . . . bis obenhin voll Dreck."

Wenn unsere Annie Präsident wäre, würden die ständigen Krisen im Mittleren Osten bestimmt ein Ende finden. Annie würde nicht damit drohen müssen, das Marinekorps hinzuschicken oder Embargos zu verhängen oder gar Atomwaffen einzusetzen. Sie brauchte nur einen Staatsbesuch vorzuschlagen. Selbst die härtesten Terroristen würden kapitulieren, wenn sie Annie eine Woche lang ertragen müßten.

Es stimmt, daß dreizehn- und vierzehnjährige Mädchen an fast allem etwas auszusetzen finden, aber vielleicht haben sie Grund dazu. Als eine Mutter, die diese schreckliche Periode der Reifezeit bei drei Töchtern mitangesehen hat, weiß ich, daß da für sie alles aus seiner Ordnung geraten ist. Während sich das Gesicht eines heranwachsenden Mädchens mit Pickeln bedeckt, weigert sich der Rest ihres Körpers, Formen anzunehmen, und daher passen ihr keine Kleider, welche Größe auch immer. Sie ist zu groß für Kinderkleider, aber noch immer zu klein für Teenagermodelle. Alles, was sie anprobiert, ist entweder zu kurz oder zu lang, zu „kindisch" oder zu „erwachsen". Das Einkaufen mit ihr ist ein hoffnungsloses Unterfangen, denn in dem unwahrscheinlichen Fall, daß Sie wirklich ein Ensemble finden, das ihre unvorteilhafte Figur passend bedeckt, können Sie sicher sein, daß es ihr nicht gefällt.

Im Grunde wird ihr überhaupt nichts gefallen ... weder ihre Kleider, noch ihre Schule, ihre Familie oder ihr Leben. Ihre Freunde sind plötzlich alle „übergeschnappt", ihre Geschwister „unmöglich", ihre Eltern und Lehrer gleicherweise „out". Ihr ganzes Vokabular besteht aus drei Sätzen: „Ich bin gar nicht dran!", „Wieso schreist du nie mit ihm?", und „*Nichts* ist los!"

Ein dreizehnjähriger Junge hingegen ist da hundertprozentig anders. Seine Freunde sind ihm unentbehrlich geworden, seine Eltern jetzt nicht nur erträglich, sondern manchmal sogar sympathisch; selbst seine Schule ist jetzt beinahe interessant.

Wenn es einen einzigen Vergleich zwischen einem dreizehnjährigen Jungen und einem dreizehnjährigen Mädchen gibt, dann diesen: sein Gemüt beginnt sich zu öffnen, während sich ihres entschieden und mit Krach verschließt.

Und doch verschiebt sich die Balance am sechzehnten Geburtstag zu ihren Gunsten, wenn Halbwüchsige beider Geschlechter – aus Gründen, die zivilisierten Erwachsenen ein Rätsel sind – einen Führerschein erhalten.

Trotz des Umstandes, daß ein sechzehnjähriges Mädchen das Gemüt verschlossen und den Mund immer offen hat, spricht doch eines zu ihren Gunsten: sie wird Ihre Autoversicherungsprämie nicht so erhöhen wie ein sechzehnjähriger Junge. Als Mutter von vier Söhnen, die gleichzeitig danach strebten, uns zu „Versicherungs-Bettlern" zu machen, bin ich in diesem Punkt vielleicht etwas überempfindlich. Ich will Sie nicht mit Statistiken unserer Familienfinanzen langweilen, was verbeulte Kotflügel, Verkehrsdelikte, unglaubliche Kilometerleistungen (Wußten Sie, daß man fünfundvierzig Liter Benzin braucht, um zur Bibliothek und zurück zu fahren? Zehn

Straßen weiter?!), und nichts als reine Schlamperei betrifft. (Hat irgend jemand den Knopf vom Autoradio gesehen? Den Zigarettenanzünder? Die hinteren Bodenmatten? Die Nummernschilder?) Es versteht sich von selbst, daß ich in diesem Alter eher die Töchter bevorzuge.

Weibliche Teenager kosten weniger als männliche, nicht nur auf dem Autosektor, auch in der Küche. Denn während sich ein siebzehnjähriges Mädchen beinahe ausschließlich von Zimtrindentee und ungebuttertem Toast ernährt, braucht ein sechzehnjähriger Junge sechs Riesenmahlzeiten am Tag, und wenigstens ebenso viele kleinere Imbisse.

Obwohl jedoch Töchter vielleicht billiger zu transportieren und ernähren sind, herrscht andererseits ein wirtschaftliches Chaos in ihren Schränken, die mit Kleidern vollgestopft sind, „die man doch unmöglich tragen kann." Ihr halbwüchsiger Sohn trägt einen Pullover und ein Paar Blue jeans durchs ganze Schuljahr, aber für ihre Tochter wäre es undenkbar, sich zweimal im selben Kostüm sehen zu lassen.

Als eine Mutter, die dem Schuldgefängnis bis jetzt dadurch entkommen ist, daß sie fortwährend mit den Kreditkarten verschiedener Bekleidungshäuser jongliert hat, habe ich Eltern heranwachsender Kinder einen Rat von Bedeutung anzubieten. Bringen Sie Ihre Teenager dazu, nach der Schule (oder wenigstens im Sommer) eine Teilzeitbeschäftigung auszuüben, damit sie selbst für ihre Kleidung, Autokosten, Unterhaltung und Verkehrsstrafen bezahlen können, denn Sie werden jeden Dollar, den Sie verdienen, dazu brauchen, um sie aufs College zu schicken.

Und das ist ein sogar noch bedeutenderer Rat: Schikken Sie sie aufs College. Ich meine, *fort* aufs College.

Ganz gleich, ob Sie in Cambridge, New Haven, Palo Alto oder South Bend leben, bedienen Sie sich nicht der akademischen Bildungsmöglichkeiten Ihrer Heimatstadt. Sie können es sich einfach nicht leisten. Das Essen, das er aus dem Kühlschrank stiehlt, und die Kleider, die sie in ihrem Kasten hortet, werden viel mehr kosten als Unterricht, Unterbringung, Bücher, und sogar „unbedingt Erforderliches" in einem heimatfernen College.

Wo, zum Beispiel? Haben Sie vielleicht schon an die Universität von Pago-Pago gedacht?

4

Geld einteilen

„Was ist los mit dir?“, fragte ich gestern meine junge Freundin Diane, und sie jammerte:

„Mein Mann hat mir das Scheckbuch und die Kreditkarten weggenommen!“

„Gratuliere!“ rief ich strahlend, bevor sie mit der bekannten Erklärung fortfuhr: Sie gebe zu viel Geld aus; sie könne ihr Konto nicht ausgeglichen halten; sie habe keine Übersicht über die Kreditkarten-Rechnungen ... jede Hausfrau kennt die Geschichte.

„Aber wie konnte das geschehen?“ schluchzte Diane. „Mein Mann ist kein kleinlicher Chauvinist; er ist ganz für die Emanzipation der Frauen, gleiche Rechte, gleiche Pflichten und das alles!“

„Mach dir keine Sorgen deswegen, Diane“, lehrte ich aus meiner jahrelangen Erfahrung mit dem Jonglieren von Schulden, mit Kontoüberziehungen und einem sparsamen Ehemann. „Es dauert nicht lang.“

„Was meinst du, es dauert nicht lang?“

„Gib deinem Mann sechs Monate Zeit, sich mit den Banken herumzuschlagen und mit den Computern zu streiten, und ich garantiere dir, er wird dir den ganzen Mist wieder hinwerfen, obwohl ich nicht weiß, warum du das überhaupt möchtest. Offen gesagt, ich habe immer die Hausfrauen beneidet, die mit einem einfachen Taschengeld auskommen müssen, während ihre Männer alle Rechnungen bezahlen und die ganze Buchführung besorgen."

Wie sind wir Hausfrauen eigentlich zu dem Buchführungsgeschäft gekommen? Seit wann gehört es zu unseren Aufgaben, Rechnungen zu bezahlen, das Budget auszugleichen, ein Loch aufzureißen, um das andere zuzustopfen, und die Überziehungen zu verheimlichen? Wie geriet diese traditionelle Gattenrolle in den Verantwortungsbereich der Frau?

Ich weiß nicht, ob meine Reaktion typisch weiblich ist, aber ich bin allergisch gegen Geld. Ich breche in kalten Schweiß aus, wenn ich es ausgebe, und mir wird todübel, wenn ich es verrechnen muß. Ich hasse sogar den Anblick; letzten Monat fand ich eine Fünfdollarnote die ich in einer Sommertasche vergessen hatte, und das rief eine häusliche Krise hervor. Mein Sohn behauptete, es sei sein Geld. (Wie kam es dann in *meine* Tasche?) Meine Tochter sagte, es müsse ihres sein, da sie sich die Tasche im letzten August ausgeliehen habe, und sie sei „fast sicher", daß sie Geld darin gelassen hätte. Als mein Mann davon hörte, war ihm „plötzlich eingefallen", daß ich ihm fünf Dollar schulde, doch bevor irgend jemand von uns die Sache regeln konnte, wurde die Tasche „verlegt", und als man sie schließlich fand, war die Fünfdollarnote (Sie haben's erraten!) weg. Da wir nicht wußten, welches Kind sie genommen hatte, mußten wir sie alle bestrafen, und unseren Tag begleiteten Schreie wie: „Unfair!", „Ungerecht!", „Meine Geschwister sind Diebe und Lügner!". Sie verstehen gewiß, warum ich Geld hasse.

Fassen Sie das bitte nicht falsch auf. Ich hasse nicht den *Reichtum.* (Wie könnte ich? Ich habe ihn nicht einmal kennengelernt, geschweige denn damit gelebt.) Nein, es ist nicht das Luxusleben, das ich hasse; es sind diese schäbigen Moneten, diese kleinen Münzen und

Scheine, die so schwer anzuhäufen und zusammenzuhalten, und so unmöglich zu verrechnen sind!

Geld hat mein Leben seit meinem vierten Geburtstag kompliziert, als mir mein Vater ein glänzendes neues Fünfcentstück schenkte und ich nicht wußte, was ich damit anfangen sollte. Oh, ich wußte wohl, was es wert war: fünf Kaugummikugeln, oder eine Zuckerstange, oder eine Flasche Brauselimonade. Doch war ich schrecklich frustriert, weil ich plötzlich wohlhabend und gleichzeitig „arretiert" war. Wenigen Vierjährigen ist es gestattet, sich so mir nichts dir nichts zum Süßwarenladen zu trollen.

Also tat ich nach sorgfältiger Überlegung das einzig Mögliche. Ich vertraute mein Fünfcentstück dem Nachbarjungen an – der sich als erfahrener Siebenjähriger über die zwei Straßen zum Süßwarenladen wagen durfte – und bat ihn, mir eine Zuckerstange zu kaufen. Überflüssig zu sagen, daß ich das Fünfcentstück niemals wiedersah, und auch die Zuckerstange nicht, denn der Junge hatte die ganze Transaktion zweckdienlicherweise „vergessen", obwohl er mit schokoladeverschmiertem Gesicht von dem Laden zurückkam.

Um alles noch schlimmer zu machen, fragte mich mein Vater an diesem Abend, was ich mit meinem Fünfcentstück getan hätte, und so begann ein Zeitalter der Erklärungen an den Mann meines Lebens, wie, warum und wo ich denn eigentlich sein Geld verschwendet habe.

Zugegeben, in den nächsten paar Jahren hatte ich dieses Problem nicht, denn während der Grund- und Mittelschule schmarotzte ich fröhlich bei meinen Eltern, indem ich sowohl das unbedingt Erforderliche wie auch die Luxusartikel als mir zustehend betrachtete, und mein wöchentliches Taschengeld mit der gleichen Entschuldigung verrechnete, die Kinder seit Jahrhunderten vorgebracht haben: „Ich habe alles für Schulsachen ausgegeben."

Erst im Alter von achtzehn Jahren geriet ich in diesen finanziellen Wirbel, der im Lauf der Jahre so viele arglose Wirtschaftsneulinge in den Abgrund gezogen hat; ich eröffnete mein erstes Scheckkonto.

Scheckkonten sind diabolische Erfindungen, deren Zweck es angeblich ist, uns davor zu bewahren, unsere Hände mit diesen „schäbigen Moneten" zu besudeln. Wir deponieren unseren Gehaltsscheck in der Bank, bezahlen für unsere Einkäufe mit Schecks und haben es nie mehr nötig, diese schmutzigen kleinen Münzen und Scheine zu berühren.

Was man Ihnen nicht sagt, wenn Sie ein Scheckkonto eröffnen, ist folgendes: Es stimmt zwar, daß Sie nie mehr Geld in die Hand zu nehmen brauchen, aber Sie werden auch nie mehr genau wissen, wieviel Geld Sie wirklich haben, obwohl Sie sicher sein können, daß es weniger ist, als Sie glauben.

Zwei einschlägige Punkte, an die jedermann denken sollte, wenn er mit einer Bank zu tun hat, sind:

1. Wenn Sie eine Einzahlung vornehmen, müssen Sie damit rechnen, daß das Geld mindestens fünf Tage vom Schalter des Kassierers quer durch den Raum bis zum Schreibtisch des Buchhalters braucht, und dann dauert es noch zwei oder drei Tage, bis es der Computer Ihrem Konto gutschreibt.

2. Wenn Sie hingegen einen Scheck ausschreiben, dürfen Sie annehmen, daß er vom Kassierer über den Buchhalter und den Computer bis zu Ihrem Konto schätzungsweise siebzehn Sekunden benötigt.

Das erklärt auch, warum ein am fünften Juli mittags ausgeschriebener Scheck um 12.03 wegen ungenügender Deckung retourniert werden kann (und die Nachricht von besagter Transaktion erreicht Ihren Mann im Restaurant, wo er gerade zu Mittag ißt). Ihr Argument, daß Sie am ersten Juli eine Million Dollar eingelegt haben, wird Sie bei der Bank nicht rehabilitieren, auch nicht bei Ihrem Mann, oder – was noch wichtiger ist – beim Computer, der *Sie* von etwaigen Überziehungen immer erst eine Woche später benachrichtigt, wenn Sie schon einige weitere „faule" Schecks ausgeschrieben haben, für die Sie pro Stück $ 7.00 Strafe von der Bank aufgebrummt bekommen. (Sie haben doch nicht geglaubt, diese Leute arbeiten zum Spaß, oder?)

Um Überziehungen, geplatzte Schecks und Manipulationsgebühren für eines oder das andere (oder für beides) zu vermeiden, tun Sie gut daran, in Ihrer Schecktabelle Datum, Betrag, Empfänger und Zahlungszweck jedes ausgeschriebenen Schecks zu notieren sowie den Restbetrag, der dann noch auf Ihrem Konto verbleibt.

Diese kleine Tabelle – von der Bank kostenlos zusammen mit den Schecks überreicht (die *nicht* kostenlos sind, aber das ist ein ganz eigenes Kapitel) – ist sehr praktisch zum Notieren von Telephonnummern, Einkaufslisten oder Memoranden oder Erledigungen, die letzten Donnerstag fällig gewesen wären. Doch ist sie nutzlos für die Kontrolle der Schecks, denn gleichgültig, wie gewissenhaft Sie die Nummern notieren oder wie sorgfältig Sie jeden Betrag subtrahieren, Ihre Endsumme stimmt doch niemals mit dem Saldo des monatlichen Kontoauszugs der Bank überein, der Ihnen Mitte des nächsten Monats zugesandt wird, wenn Sie schon weitere dreiundzwanzig Schecks ausgeschrieben haben, die noch keineswegs angenommen wurden.

Um also herauszufinden, wieviel Geld Sie wirklich in der Bank haben, müssen Sie den Rest des Nachmittags (oder, wenn Sie das gleiche Durcheinander haben wie ich, den Rest der Woche) darauf verwenden, die stornierten Schecks abzuhaken, die ausstehenden Schecks zu addieren, selbiges von Ihrem Kontoauszugs-Saldo zu subtrahieren und wild zu fluchen, weil es immer weniger ist als der Saldo in Ihrem Scheckbuch.

In manchen Monaten kann die Differenz an die hundert Dollar betragen; öfter aber wird es ein so lächerlicher Betrag wie etwa siebenunddreißig Cent sein, was Sie in ein regelrechtes Dilemma stürzt. Ist es die Mühe wert, einen ganzen Nachmittag mit der Suche nach siebenunddreißig Cent zu verbringen?

Nein, für mich nicht. Um also jeden Monat den Saldo in meinem Scheckbuch auszugleichen, notiere ich einfach alles Wesentliche folgendermaßen: „37 Cent zum Vertuschen einer Unterschlagung durch irgend jemanden in der Bank."

Wenn Sie meinen, der Kontoauszug einer Bank sei verwirrend, dann vergleichen Sie ihn einmal mit einer Kreditkarten-Abrechnung. Ich spreche hier nicht von Einkaufskonten; da schickt Ihnen Ihr benachbartes Kaufhaus eine Kontonachricht, die klar besagt, daß Ihr Sohn Dan am achten August in der Musikabteilung eine Rechnung für drei Rockalben unterschrieben hat. Durch diese nette, deutlich formulierte Benachrichtigung erfahren Sie nicht nur, welches Kind Sie umbringen müssen sondern auch, welche Ware zu retournieren ist, und wohin.

Ich beziehe mich stattdessen auf diese Kreditkarten-Auszüge der Bank (Sie hätten es sich ja denken können, daß die Bank da im Spiel ist), die nur darauf hinweisen, daß die Rechnung Nr. 79203 im Geschäft Nr. 67, Abteilung Nr. 86, von einer unbekannten Person unterschrieben wurde, die Ihre Scheckkarte benützte. (Ein unleserlicher Code auf der Rückseite der Aufstellung soll wahrscheinlich ihr Nummernsystem verdolmetschen, doch niemand hat ihn je zu entziffern vermocht.)

So haben Sie also keine Möglichkeit zu erfahren, welches Mitglied Ihrer Familie (und Sie können nur hoffen, daß es ein Mitglied Ihrer Familie war) was, wo oder um wieviel gekauft hat, denn wenn die Post (und das ist ein ganzes, neues Buch!) Ihnen die Kontonachricht endlich zugestellt hat, sind 18 Prozent Spesenbelastung hinzugekommen. (Versuchen Sie nur ja nie herauszufinden, wie oder worauf diese 18 Prozent berechnet werden; Sie haben weder die Zeit noch die Geduld, diesen Kampf auszufechten. Finden Sie sich einfach damit ab; es ist unvermeidlich, wie der Tod und die Steuern.)

Ich habe immer wieder beschlossen, keine Bank-Kreditkarten mehr zu benützen, doch so allergisch ich auch gegen Geld bin, so verfallen bin ich den Kreditkarten. Sie sind viel zu bequem: keine schmutzigen Münzen und Scheine in den Händen; kein sofortiges Verrechnen . . . und wenn ich nur ein bißchen Glück habe, falle ich tot um, bevor der Monatserste da ist und ich das ganze Schlamassel meinem Mann erklären muß.

In periodischen Abständen zerreiße ich alle meine Kreditkarten (oder – öfter noch – die Bank verlangt, daß ich meine Kreditkarten zerreiße) und beschließe, nie mehr irgendwo irgendwann irgend etwas zu unterschreiben. Doch nach einigen Monaten beginnt mich die Bank zu vermissen und umwirbt mich aufs neue mit Liebesbriefen verlockenden Inhalts, wie: „Kaufen Sie jetzt, zahlen Sie später“, und da ich es dann schon reichlich satt habe, die Kontrolle über das Geld in meiner Tasche behalten zu wollen (oder das Kind ausfindig zu machen, das sich mit besagtem Geld davongemacht hat), fülle ich das beigelegte Antragsformular aus und fange wieder von vorn an.

Ich gebe zu, daß es mir in den fünfundzwanzig Jahren des Jonglierens mit meinem Haushaltsbudget noch nie gelungen ist, mein Scheckbuch richtig zu führen oder eine Kreditkartenrechnung zu bekommen, die besagt hätte: „Saldo ausgeglichen." Mein Mann billigt das natürlich nicht, doch er hat schon vor langer Zeit gelernt, nicht über meine Art der Buchführung zu nörgeln. Er hat das einmal versucht – in den ersten Jahren unserer Ehe –, und ich warf ihm das Scheckbuch, die Kontoauszüge und Kreditkarten hin und sagte: „Da! Jetzt erledigst du die Geldangelegenheiten und das ganze fürchterliche Drumherum. Alles, was ich will, sind fünf Dollar Taschengeld pro Woche."

Drei Monate und sechzehn Überziehungen später warf er mir den ganzen Mist wieder zurück. Recht geschah mir, weil ich so gierig gewesen war; wofür wollte ich fünf Dollar die Woche? Mit drei Kleinkindern am Hals hatte ich wieder einmal „Hausarrest" und keine wie immer geartete Möglichkeit, das Geld auszugeben.

Ich beneide Diane wirklich um ihre geldlosen Monate, obwohl ich sie gewarnt habe, daß sie nicht andauern werden. Doch in ihrem Fall könnte es vielleicht sogar klappen. Schließlich ist sie eine junge, emanzipierte Hausfrau, und als energische Feministin wird sie ihren Mann möglicherweise doch dazu bringen, die Kontrolle der Finanzen für immer an sich zu reißen!

5

Kinder rüsten sich für die kommenden schweren Zeiten

Meine Frustration bezüglich meiner eigenen Finanzen ist nichts gegen die Verzweiflung, die mich immer dann befallen hat, wenn es um das ging, was ich für den größten Reinfall in der Wirtschaftsgeschichte halte: das Taschengeld für Kinder.

Ich weiß nicht, welcher Idiot auf die Idee gekommen ist, daß Kinder finanziell unabhängig sein sollten, aber ich hoffe, er muß dafür eine angemessene Zeitspanne im Fegefeuer verbringen und versuchen, genügend Fünfcent-, Zehncent- und Vierteldollarmünzen herbeizuschaffen, um ein Achtjähriges mit Eiscreme-Waffeln, ein Elfjähriges mit Schulbedarf und einen Teenager mit allem Luxus dieser Welt zu versorgen.

Als mein Mann und ich unsere Familie gründeten, kamen wir überein, nicht dem Beispiel unserer älteren Freunde zu folgen, die ihre Kinder dafür zu bezahlen schienen, daß sie so herkulische Aufgaben wie Atmen, Essen und Streiten bewältigten. Wenn unsere Kinder Geld zum Ausgeben haben wollten, würden sie es sich verdienen müssen, indem sie bei den Haushaltsarbeiten halfen, den Garten pflegten, unseren Wagen wuschen etc. Wir beabsichtigten sie für die Tätigkeit zu bezahlen, nicht pro Stunde. (Kinder können durch Trödeln ein Vermögen verdienen.) So konnte jedes Kind mit genügend Initiative Geld fürs Kino verdienen, für Unterhaltungen oder Tennisstunden, während sein Bruder, der faule Sack, nicht mehr bekäme als das Essen.

Unglücklicherweise hatten wir einen schlechten Start. Unsere ersten vier Söhne waren *alle* faule Säcke.

Ich weiß, man erwartet von Kleinkindern im Alter von ein, zwei, drei und vier Jahren üblicherweise nicht, daß sie im Haus arbeiten, aber ein Haushalt mit vier Kindern unter fünf Jahren konnte kaum als üblich angesehen werden. Wenn ihre Mutter überleben sollte, würden diese Kinder trotz ihres zarten Alters mithelfen müssen, auch wenn es nicht mehr bedeutete als Spielsachen aufheben, Papierkörbe ausleeren oder unters Sofa tauchen, um Babys Schuhe hervorzuholen, Babys Klapper oder – nicht selten – das Baby selbst. (Wenn Sie neun Monate alt wären und in einem Zimmer voller Brüder unter und zwischen deren rasenden Füßen herumkrabbeln müßten, würden auch Sie unter dem Sofa Zuflucht suchen.)

Doch unsere Söhne ließen sich nicht verlocken. Versprechungen wie: „Hilf Mama die Windeln zusammenlegen, dann kauft sie dir ein gutes Eis" prallten an ihnen ab, denn unsere Kleinen hatten leider alle ihre Eigenmittel.

Ich will hier nicht andeuten, daß jeder ein privates Einkommen aus einem Familien-Trust bezog (um es Ihnen ehrlich zu sagen – ich weiß nicht einmal, was ein Familien-Trust ist), aber was sie wirklich hatten, waren Großeltern, die hinschmolzen für ein Lächeln, eine Umarmung und eine winzige, ausgestreckte Handfläche.

Meine Schwiegereltern, typische Großeltern, kamen nie mit leeren Händen zu Besuch. Sie brachten immer ein Geschenk für das Baby – ein Brauch, der sich im Lauf der Zeit erweiterte: ein Geschenk für das Baby, und ein Spielzeug für jedes der Kinder.

Nachdem wir vier Babies in vier Jahren bekommen hatten, begannen sich die Spielsachen bis zum Gipfel des Absurden anzuhäufen, also kaufte Oma allen Jungen Sparbüchsen und sagte ihnen, sie würde jedem von ihnen einen Vierteldollar geben, wenn sie zu Besuch käme, und „ehe ihr's merkt, werdet ihr genug Geld haben für ein Fahrrad". Anläßlich jedes Besuchs wurden mit großem Zeremoniell die Vierteldollarmünzen in die Sparbüchsen geworfen, mit denen die Jungen dann enthusiastisch rasselten, um ihren Großeltern zu versichern, daß das Geld noch da sei.

Auf diese Weise lernten meine Söhne in sehr jungen Jahren drei bedeutende Fakten des Lebens kennen: (1) Es ist tatsächlich möglich, fürs Nichtstun bezahlt zu werden, wenn man seine Trümpfe richtig ausspielt; (2) wenn man nur genug Geduld und Mühe aufwendet, kann man einen Vierteldollar selbst aus dem schmalsten Schlitz einer Sparbüchse herausfischen; und (3) wenn man damit rasselt, klingt eine Sparbüchse voller Pennies erstaunlich ähnlich wie eine Sparbüchse voller Vierteldollars.

Als diese vier das Schulalter erreicht hatten, war ihre Großmutter zu Gott gegangen, ihr Großvater in den Ruhestand, und die Vierteldollars waren auch verschwunden. Nicht verschwunden aber war ihr fortwährendes Bedürfnis nach Geld. Da waren die Schulartikel, Pfadfindergbühren, Süßigkeiten, Kaugummi und Baseball-Karten, und da war kein Geld, um dafür zu bezahlen. Es machte mir nicht so viel aus, daß ich sie unterstützen mußte, nur das Rechnen störte mich: wem hatte ich wie viel wofür gegeben?

So beschlossen mein Mann und ich, unsere Theorien bezüglich des Taschengeldes neu zu überdenken; vielleicht würde es trotz allem besser sein, ihnen ein Taschengeld festzusetzen und sie zu lehren, mit ihren Mitteln auszukommen.

Wie setzt man ein Taschengeld für Kinder verschiedener Altersstufen fest? Wir versuchten die übliche chronologische Annäherungsmethode: zehn Cent für jedes Jahr eines Kindesalters, aber das stellte sich als undurchführbar heraus. Ein Vierjähriger braucht bestimmt keine vierzig Cent die Woche, und ein Vierzehnjähriger könnte sich nicht einmal eine halbe Kinokarte um $ 1,40 kaufen. Also taten wir, was Budgetverwalter seit Jahrhunderten getan haben: wir nahmen es dem einen weg, um es dem anderen zu geben. Die noch nicht schulpflichtigen Kinder und die Volksschüler bekamen gar nichts; die jüngeren Mittelschüler bekamen einen Dollar die Woche, die Oberschüler drei Dollar die Woche. Als sie fünfzehn waren, sagten wir den Kindern, sie sollten sich „Arbeit suchen", denn wir hatten nicht genug Geld in unserem Budget (oder, was das anbelangt, in der ganzen Staatskasse), um die Aktivitäten unserer Teenager zu unterstützen.

Als die Frage des „Wieviel" einmal geregelt war, stellte sich uns die Frage des „Wofür". Was sollten die Kinder von ihrem Taschengeld oder aus dem Verdienst durch Nachmittagsbeschäftigungen zahlen, und welche Zahlungen durften sie von uns – ihren Eltern – erwarten?

„Also, jetzt legen wir fest, wer wofür bezahlt", sagte ihr Vater. „Wir teilen alles in Notwendigkeiten und Luxusartikel ein. Eure Mutter und ich werden für Notwendigkeiten bezahlen – wie Schulmahlzeiten, Pfadfindergebühren, Sport und andere schulische Belange, und ihr bezahlt für Luxusartikel wie Eiscreme, Süßigkeiten, Kino, Rock-Platten, Posters und Bibliotheksstrafen."

„Bibliotheksstrafen?" fragte Tim. „Seit wann sind

Bibliotheksstrafen ein Luxus?"

„Seit wann sind sie notwendig?" konterte sein Vater. „Wenn ihr diese Strafen von eurem Taschengeld zahlen müßt, lernt ihr vielleicht, eure Bibliotheksbücher rechtzeitig zurückzugeben."

„Heißt das, daß *alles* entweder als Luxus oder Notwendigkeit klassifiziert werden muß?" erkundigte sich Peg. „Als was würdet ihr Schuhe bezeichnen?"

„Schuhe sind natürlich eine Notwendigkeit", antwortete ihr Vater. „Ich werde euch die Schuhe kaufen."

„Gut", sagte Peggy. „Ich brauche ein Paar himmelblaue Ballettschuhe für Lauries Kostümparty. Sie kosten siebzehn Dollar und etliches. Kann ich sie mir heute kaufen?"

„Moment mal", meldete sich Dan zu Wort. „Ich habe mir gerade ein neues Paar Schuhe fürs Laufen gekauft, die ich mit meinem eigenen Geld bezahlt habe. Wenn ihr für Pegs Ballettschuhe bezahlen wollt, Dad, könntet ihr mir nicht die Auslagen für diese Laufschuhe vergüten?"

„In Ordnung", seufzte sein Vater. „Ich nehme an, Laufen gehört zu den schulischen Belangen. Wieviel schulde ich dir?"

„Vierundfünfzig Dollar."

„Vierundfünfzig Dollar!" ächzte sein Vater. „Wo läufst du? Bei der Olympiade? Wärst du lieber zum Ballett gegangen!"

„Daddy", mengte sich Tim schüchtern ins Gespräch, „wenn du für schulische Belange zahlst, zahlst du dann meine Strafe in der Schule?"

„Strafe?", fragte sein Vater. „Welche Strafe?"

„Ach, dieser blöde Lehrer hat mir fünfundzwanzig Cent Strafe aufgebrummt, weil ich einen Schneeball auf Jenny Morris geworfen habe; das ist ein neues Mädchen in unserer Klasse."

„Schande über dich, Tim", schalt sein Vater, „und nein, ich werde deine Strafe nicht zahlen."

„Aber Papa", wandte unser Tim ein, „du hast gesagt, wenn wir für den Luxus zahlen, zahlt ihr für die Notwendigkeiten."

„Richtig, das habe ich gesagt", stimmte sein Vater zu. „Aber ich betrachte es kaum als Notwendigkeit, einen Schneeball nach Jenny Morris zu werfen."

„O doch, das war es", sagte Tim aufrichtig. „Weißt du, wenn ich nicht vor drei Uhr mit zehn Cent angekommen wäre, hätte ich in der Schule nachsitzen müssen, und ich konnte nicht nachsitzen, weil ich Fußballtraining hatte, also war es absolut notwendig, daß ich diese zehn Cent anschaffe –"

„Da komme ich nicht mit, Tim", unterbrach ihn sein Vater. „Wofür hast du denn die zehn Cent gebraucht?"

„Die Strafe von gestern", gestand Tim. „Ich bin erwischt worden, wie ich Kaugummi gekaut habe, und der Lehrer sagte, ich muß heute zehn Cent bringen, oder es passiert *sonst was.*"

„Aber was hat das alles damit zu tun, daß du einen Schneeball nach Jenny Morris geworfen hast?" fragte sein Vater.

„Na ja, weißt du, Dad, ich habe mit Doug um zehn Cent gewettet, daß ich Jenny Morris dazu kriege, mit mir zu reden, ich meine, daß sie mehr sagt als nur ‚Hi', und Doug hat gewettet, daß ich das nicht kann. Also hab ich den Schneeball nach Jenny geworfen, und sie hat sich umgedreht und gesagt: ‚Tim Bloomingdale, du läßt das sofort sein!' Doug zahlte mir die zehn Cent, aber der Lehrer hat mich wieder zu fünfundzwanzig Cent verdonnert."

„Sag mir, Tim", sprach sein Vater sinnend, „hast du

dich gefreut, als Jenny zu dir sprach?"

„Und ob!" antwortete Tim. „Jenny ist das süßeste Mädchen in der Schule!"

„Also dann", entschied sein Vater nach richterlicher Überlegung, „würde das die ganze Episode als Luxus klassifizieren, denke ich. Tut mir leid, Tim; mehr Glück beim nächstenmal."

Einige Zeit später gerieten wir wieder in eine Diskussion über Luxus kontra Notwendigkeit, als unser siebzehnjähriger Sohn Dan zu mir kam und sagte:

„Mami, nächste Woche ist der Schulball, und ich würde wirklich gerne gehen, aber ich versuche das, was ich verdiene, für wichtigere Dinge zu sparen. Es käme für dich nicht in Frage, mir das Geld für den Ball zu geben, oder?"

Ich bin überaus empfänglich für Sentimentalitäten, und in meiner Erinnerung ist der Abschlußball der Oberstufe das sentimentalste Ereignis der Mittelschulzeit. Dan sollte dieses einmalige Erlebnis genießen, und ich verstand, daß er seine College-Ersparnisse nicht angreifen wollte.

„Also, Dan", sagte ich, „wieviel, glaubst du, wird es kosten?"

„Ich hab schon alles ausgerechnet", antwortete Dan. „Der ganze Abend wird nur etwas über hundert Dollar kosten."

„Hundert Dollar!" rief ich. „Das ist verrückt! Wie ist es möglich, daß es so viel kostet, ein Mädchen zu einem Ball zu führen?"

„Die Miete für den Smoking allein wird mich dreißig Dollar kosten", sagte Dan, „dann die Lackschuhe, Gamaschen, Zylinder, Stock –"

„Augenblick!" protestierte ich. „Mit dem Smoking bin ich einverstanden; ich bin sogar mit den Lackschuhen einverstanden, wenn ich überlege, daß du nichts anderes hast als diese schäbigen Tennisschuhe, die du zweifellos mit Freuden zum Smoking tragen würdest, aber ich zahle nicht für Gamaschen, Zylinder und Stock."

„Okay", räumte er ein, „das sind also vierunddreißig Dollar für Smoking und Schuhe. Dann brauche ich noch fünfundzwanzig Dollar, um für mein Mädchen Blumen zu kaufen . . ."

„Fünfundzwanzig Dollar für Blumen?" heulte ich auf. „Was kaufst du ihr? Ein Brautbukett? Wie wär's mit einem hübschen Sträußchen für fünf Dollar?"

„Aber Mami, Sträußchen sind so *gewöhnlich;* ich dachte, ein Dutzend langstielige Rosen würde mehr Eindruck machen."

„Wenn du bezahlst, kannst du Eindruck machen", sagte ich ihm. „Wenn ich bezahle, werden wir gewöhnlich sein. Ich mache einen Kompromiß: zehn Dollar für ein Sträußchen. Das macht vierundvierzig Dollar, und weitere fünf für die Ballkarte; du müßtest mit etwas unter fünfzig durchkommen."

„Du hast das Essen vergessen", sagte Dan. „Die Jungens haben in diesem neuen französischen Restaurant reserviert, und das Dinner kostet dreißig Dollar für zwei Personen."

„Was ist nur aus deiner Vorliebe für MacDonald's geworden?" fragte ich sarkastisch.

„Oh, dort wird das Frühstück stattfinden", antwortete Dan. „Die Burschen mieten das ganze Lokal; der Manager hat sich bereit erklärt, es zu dekorieren, eine Kapelle zu organisieren und ein Spezialmenü um nur zehn Dollar für zwei Personen zu servieren."

„Okay, okay", seufzte ich, bevor er den gleichen Vorschlag machen konnte, wie sein Bruder vor mehreren

Jahren: das Frühstück in unserem Haus abzuhalten. Ich weiß genau, daß man Oberschülern nach dem Abschlußball kein Frühstück um zehn Dollar für zwei Personen vorsetzen kann. „Aber das macht erst neunundachtzig. Ich dachte, du hättest gesagt, es wären über hundert Dollar?"

„Ja", antwortete er. „Da wären noch zwanzig für die Limousine."

Ich sah ihn nur an. „Du machst doch Witze, nicht wahr, Dan?"

„Witze?" fragte er, plötzlich auf der Hut. „Was meinst du?"

„Du hast doch nicht wirklich vor, eine Limousine zu mieten, oder?"

„Okay", räumte er gnädig ein. „Keine Limo. Aber was ist mit dem anderen Zeug? Kannst du dir's leisten, mir die neunundachtzig Dollar zu geben?"

„Natürlich kann ich es mir nicht leisten", seufzte ich, „und natürlich werde ich das Geld irgendwie herschaffen. Schließlich ist das dein einziger Abschlußball."

Also prüfte ich mein Scheckkonto, krümmte mich beim Anblick des Saldos und ging im Bewußtsein, daß ein Scheck für neunundachtzig Dollar meinem Bankmann einen Schlaganfall bescheren würde, zur Sparkasse und zog das Geld von meinem Weihnachts-Sparkonto ab.

„Da hast du, Dan", sagte ich. „Genieße den Ball. Übrigens, wen nimmst du mit?"

„Oh, ich gehe nicht zu dem Ball", antwortete Dan, während er rasch das Geld einsteckte. „Ich dachte nur, daß ich ein Recht auf das Geld hätte, das es dich kosten würde, wenn ich wirklich zu dem Ball ginge."

„Aber Dan", rief ich, „du hast mich angelogen!"

„Nein, hab ich nicht, Mami", sagte er. „Wenn du dir

unser Gespräch in Erinnerung rufst, habe ich gesagt: ‚Ich würde gerne zu dem Ball gehen.' Und ich würde wirklich gerne gehen, aber nicht so unbedingt, daß ich neunundachtzig Dollar dafür rauswerfe. Ich werde dieses Geld für das Wochenende in Kansas City verwenden, von dem ich dir erzählt habe; eine ganze Partie von uns fährt zu dem Baseball-Spiel."

„Dan, wir haben schon vor einiger Zeit darüber gesprochen, und ich habe dir gesagt, daß wir es uns nicht leisten können, dich auf diesen Wochenendausflug zu schicken."

„Wie kannst du sagen, daß ihr es euch nicht leisten könnt? Ihr könnt es euch leisten, mich zu dem Ball zu schicken; warum könnt ihr euch den Kansas-Ausflug nicht leisten?" antwortete Dan nur zu logisch. „Ich sehe nicht ein, welchen Unterschied es macht, ob ich zu einem Ball oder zu einem Baseball-Spiel gehe; beides kostet gleichviel."

Irre ich mich, oder habe ich gerade ein Kind fürs Streiten bezahlt?

6

Mir war, als rief' es: „MORDET DEN SCHLAF!“

Macbeth II, 2, 36

Als ich noch ein Kind war, erzählten mir meine Eltern, Gott habe die Nacht vom Tag unterschieden, da er hoffte, die Menschen würden Gefallen an der Idee finden, daß wir bei Nacht schlafen und bei Tag arbeiten sollten. Und wissen Sie was? Ich glaubte ihnen. Ich ging jeden Abend zu Bett und stand jeden Morgen auf, bis es schließlich eine Gewohnheit wurde . . . die ich leider nicht beibehalten konnte, als ich Mutter geworden war.

Kürzlich erläuterte ich diese Tag-und-Nacht-Theorie meinen eigenen Kindern, und als ich das Gute an einer durchschlafenen Nacht hervorhob, sahen sie mich alle an, als ob ich nicht recht gescheit sei. Vielleicht war ich es auch nicht. Die Uhr zeigte zwei Uhr früh, und um diese Stunde bin ich nicht besonders aufgeweckt.

Ich war um elf schlafen gegangen (alte Gewohnheiten sind schwer abzuschütteln) und hatte die nächsten drei Stunden mit dem Beantworten von Fragen verbracht:

„Mami, ich wecke dich ungern auf, aber hast du meinen Schuluniformblazer gesehen? Ich brauche ihn morgen für den Pep-Klub.“

„Ma, ich hab vergessen, es dir zu sagen; ich bin drei Tage von der Schule ausgeschlossen, weil ich angeblich im Umkleideraum geraucht habe, also laß mich morgen länger schlafen, okay?“

„Mutter! Jim ist am Telephon. Übernimmst du die Gebühren?"

„Da du noch auf bist, Mami, willst du ein Stück von der Pizza? Wir haben uns eine bringen lassen!"

Geht denn überhaupt niemand mehr irgendwann zu Bett? Oder sind es nur meine Kinder, die die ganze Nacht aufbleiben?

Ich hätte wissen müssen, daß alle meine Kinder Nachtmenschen sein würden, denn seit dem Tag ihrer Geburt lebten sie gegen den Uhrzeigersinn. Da brachte ich das neugeborene Baby nach Hause, legte es sanft in sein Bettchen, und es schnarchte wie ein Stück Holz ... bis elf Uhr nachts. Dann erwachte es und wollte unterhalten sein, bis zum frühen Morgen. Ich brachte ein halbes Leben damit zu, Babies die ganze Nacht lang in den Schlaf zu wiegen und den ganzen Tag lang wachzurütteln, doch es nützte alles nichts. Je länger ich wiegte, desto lauter schrien sie; und je stärker ich rüttelte, desto tiefer schliefen sie.

Als sie zu Kleinkindern herangewachsen waren, verstanden sie schon, daß sie abends zu Bett gehen mußten, aber sie dachten bei Gott nicht daran, einzuschlafen! Sie dachten übrigens auch nicht daran, im Bett zu bleiben. Sie tauchten immer wieder auf, bettelten um ein Glas Wasser, noch eine Gutenachtgeschichte, noch einen Kuß, oder Daddy soll kommen und das Ungeheuer umbringen, das im Schrank hockt. Ich nehme an, daß sie schließlich doch irgendwann einschliefen, aber ich habe es nie genau erfahren, denn wenn ich dann endlich in Bewußtlosigkeit fiel, waren sie immer noch beim Flüstern und Kichern, und wenn ich erwachte, waren sie schon auf, lachten und schrien und nahmen ihr Schlafzimmer auseinander.

Ihre Fähigkeit, im ersten Morgengrauen aus dem Bett

zu springen, endete abrupt am zweiten Schultag. Von da an bedeutete es nicht nur einen Kampf, sie abends ins Bett zu bringen, sondern einen weiteren Kampf, sie morgens herauszubekommen.

Einmal fragte mich mein sechsjähriger Sohn: „Warum müssen kleine Kinder zu Bett gehen, wenn sie *noch nicht* müde sind, und aufstehen, wenn sie *noch immer* müde sind?"

Es erscheint vielleicht seltsam, daß ich diese Frage nie beantworten konnte – auch nicht nach all den Jahren, in denen ich stets aufs neue mit meinen Kindern über die Schlafenszeit diskutiert habe.

„Neun Uhr!" pflegte ich jeden Abend meinen jüngeren Kindern zu verkünden. „Zeit zum Schlafengehen!"

„Ach, Mami, neun ist eine Zeit für Babies!" protestierten sie dann gekränkt. (Unsinn; Baby schläft nicht vor fünf Uhr früh.) „Warum können wir nicht bis halb zehn aufbleiben?"

„Weil eure große Schwester um halb zehn zu Bett geht", erklärte ich darauf mit einer Logik, die nur eine Mutter vieler Kinder verstehen kann, „und wenn ihr bis dahin aufbleibt, wird sie bis zehn aufbleiben wollen, was sie nicht kann, weil das die Schlafenszeit ihres älteren Bruders ist, und dann würde der bis halb elf aufbleiben wollen . . . und warum streite ich überhaupt mit euch? GEHT SCHLAFEN!"

Als meine älteren Kinder ins Teenageralter kamen, gab ich es auf mit ihnen; ich konnte meine Energie nicht damit vergeuden, sie abends zum Schlafengehen zu zwingen, da ich wußte, daß ich meine ganze Kraft dazu brauchen würde, sie morgens aus dem Bett zu bekommen.

Doch es sind die Kinder im College-Alter, aus denen ich wirklich nicht schlau werde. Ich kann mir nur denken, daß College-Schüler überhaupt nie zu Bett gehen. Wenn ich endlich den letzten meiner jüngeren Schulgänger abends ins Bett scheuche, beginnen meine College-Schüler gerade mit dem Lernen, da sie am frühen Abend Wichtigeres zu tun hatten – wie Haare waschen, den Kühlschrank plündern und telephonieren. (Obwohl mir ein Rätsel ist, wie sie es fertigbringen, Annie den Apparat zu entwinden.)

Wenn ich am Morgen in die Küche hinunterkomme, sitzen sie noch am Frühstückstisch – über ihre Bücher gebeugt, kalten Kaffee schlürfend und murmelnd: „Nur noch fünftausend Wörter; um acht ist die schriftliche Prüfung."

An den Wochenenden, wenn ich taktlos genug bin, meinen älteren Kindern vorzuschlagen, sie sollten vielleicht zur Abwechslung einmal zu Hause bleiben und ihren versäumten Schlaf nachholen, entrüsten sie sich:

„Machst du Witze? Ich hab keine Zeit zum Schlafen! Ich habe eine tolle Verabredung (oder ein tolles Spiel oder eine Diskussionsrunde oder eine Theaterprobe). Warte heute abend nicht auf mich; ich weiß nicht, wann ich nach Hause komme!"

Also, ich weiß, wann sie nach Hause kommen; sie sind beim Zapfenstreich zu Hause, oder ich möchte den Grund wissen!

Um die Wahrheit zu sagen: an den meisten Wochenenden verbringe ich die ersten Stunden nach Mitternacht mit dem Anhören der „Gründe" dafür, warum das eine oder andere meiner Kinder es nicht zum Zapfenstreich geschafft hat.

Unser Zapfenstreich ist wirklich brauchbar: elf Uhr abends für Mittelschulanfänger und Oberschüler; Mitternacht für das vorletzte und letzte Schuljahr; ein Uhr früh für College-Schüler.

Unsere nun erwachsenen Söhne waren zwar als Teenager notorische Zuspätkommer, doch wenn sie endlich wirklich heimkamen, wußten sie immer irgendeine simple, einleuchtende Entschuldigung vorzubringen, wie: „Ich habe den Wagen zu Schrott gefahren“, oder „Ich bin eingesperrt worden und mußte so lange reden, bis sie mich aus dem Gefängnis wieder rausließen.“ Wenn wir dann festgestellt hatten, daß der Wagen nicht gänzlich zu Schrott gefahren, sondern nur zerkratzt war (und ist dieser Kratzer nicht schon vorher da gewesen?), oder daß man den Schnellfahrer nicht wirklich eingesperrt, sondern nur verwarnt und weitergeschickt hatte, waren wir so erleichtert, daß wir die Sache mit dem Zapfenstreich völlig vergaßen.

Doch unser fünftes Kind, Mary, ist ganz anders als ihre Brüder. Sie ist eine viel bessere Fahrerin als jene (Mary weiß nicht einmal, wo sich das Verkehrsgericht befindet; die Jungen könnten es mit verbundenen Augen finden, und so fahren sie auch, meint der Verkehrsrichter), aber das Mädchen ist nicht annähernd so phantasiebegabt. Wenn sie einen Zapfenstreich versäumt, fällt ihr nie etwas Interessanteres ein als: „Ich konnte meinen Wagenschlüssel nicht finden.“

Erst gestern läutete um Mitternacht das Telephon. Es war Mary, die aus der Universität von Nebraska in Omaha anrief, wo sie für die Theateraufführung des Colleges eines ihrer geliebten Shakespeare-Dramen probiert hatte.

„Ich hoffe, ich habe dich nicht geweckt, Mutter“, sagte sie, wobei sie sehr gut weiß, daß ich niemals ein Auge schließe, bevor sie zu Hause ist, „aber ich dachte, ich sollte dich anrufen und dir sagen, daß ich vielleicht ein bißchen spät komme. Das heißt, du oder Daddy – ihr müßt mich vielleicht von hier abholen.“

„Sag's nicht", antwortete ich mit einem Seufzer. „laß mich raten: du hast deine Autoschlüssel verloren."

„Ich habe sie nicht *verloren,* Mutter", erklärte sie geduldig. „Sie sind nur *verlegt.* Ich bin fast sicher, daß ich sie im Kostümfundus gelassen habe."

„Warum gehst du nicht in den Kostümfundus und siehst nach, Mary?" schlug ich freundlich vor.

„Der Fundus ist abgesperrt. Aber ich habe den Wachmann angerufen, und er wird herunterkommen und mich hineinlassen, damit ich sie suchen kann."

„Na also, dann ruf mich zurück, wenn du sie nicht findest, und ich werde dafür sorgen, daß Papa dir die Reserveschlüssel bringt."

„Mhmm ... das wird vielleicht ein kleines Problem sein, Mami. Die Schlüssel, die ich heute Abend benützt habe, waren die Reserveschlüssel; ich hab die meinen am letzten Wochenende verloren. Ich wollte sie nachmachen lassen, ehrlich, aber ich hatte einfach keine Zeit! Reg dich nicht auf. Ich lasse auf meine Kosten ein paar Reserveschlüssel machen, wenn ich die hier nicht finde. Aber ich bin sicher, sie sind im Fundus; da kommt der Wachmann. Bis später!"

„Ruf mich an!" sagte ich in eine tote Leitung. Ich legte auf und begann meine Wochenend-Ausschau ... Ausschau nach der Uhr, Ausschau nach Mary, Ausschau nach meinem Mann –, um zu sehen, ob er aufwachen und an dem ganzen Jux Anteil nehmen würde.

Um halb eins war Mary weder nach Hause gekommen, noch hatte sie sich am Telephon gemeldet, also rief ich den Nachtwächter der Universität von Omaha an.

„Mary Bloomingdale?" fragte der Beamte freundlich. „Klar kenne ich sie. Das ist die Studentin, die nie ihre Wagenschlüssel findet. Ich habe sie eben in diesem Augenblick verlassen."

„Ist sie auf dem Weg nach Hause?" fragte ich. „Hat sie ihre Schlüssel gefunden?"

„Diesmal nicht", antwortete er bedauernd. „Das ganze tut mir auch sehr leid. Wir konnten uns bis jetzt immer hundertprozentig darauf verlassen, daß ich Marys Schlüssel finde."

„Wo ist Mary jetzt? Ist sie bei Ihnen?"

„Nein. Als ich sie zuletzt gesehen habe, ging sie zum Universitätsparkplatz. Ich hab gedacht, sie wird schon wissen, wohin sie geht."

Ich weiß nicht, warum er das dachte; er mag viel von Marys Schlüsseln verstehen, aber er versteht nicht viel von Mary.

Als ich den Hörer auflegte, wachte mein Mann auf, und ich mußte ihm sagen, daß es nach Mitternacht war und daß seine Tochter ganz allein dort draußen im Universitätsgelände umherirrte und keine Möglichkeit hatte, nach Hause zu fahren, weil sie die Autoschlüssel verloren hatte.

Als er sich müde aus dem Bett wälzte, gab ich ihm eine Schuhschachtel und sagte:

„Da. Sieh das durch; es müßte ein GM-Schlüssel irgendwo unter dem ganzen Kram sein. Vielleicht paßt er zu unserem Kombi."

„Und was machst du einstweilen?"

„Was soll ich schon machen? Ich mach mir Sorgen."

Während die Minuten vergingen und wir nichts von Mary hörten, versuchte mein Mann, mir die Sorgen ein wenig zu zerstreuen, indem er humorvolle Bemerkungen über die Schachtel machte.

„Ah, hier ist der Schlüssel zu Opas Buick; bin wirklich froh, daß du den aufgehoben hast; wir werden ihn brauchen, wenn der alte Kasten jemals vom Autofriedhof aufersteht. He, weck Patrick auf, sag ihm, daß ich endlich seinen Rollschuh-Schlüssel gefunden habe! . . . Und was ist das? Ein Motel-Schlüssel. Hebst du den für einen bestimmten Zweck auf? Ein Rendezvous? Eine Erinnerung?"

„Ein Irrtum!" gab ich zurück. „Den hab ich von dem Motel in den Ozark-Bergen mitgenommen. Nichts als ein Irrtum."

„Klarer Fall", stimmte er schaudernd zu, als er sich an dieses schreckliche Motel erinnerte. Erstaunlich, daß es überhaupt Schlüssel hatte, so alt, wie es war.

„Ich glaub es nicht!" jauchzte er. „Ein Schlüssel zu dem Kombi! Komm, wir fahren rüber zur Universität und sehen nach, ob wir den Wagen finden."

„Wir müssen warten, bis wir etwas von Mary hören!" sagte ich, allmählich einer Panik nahe. „Wo kann sie nur sein? Es ist fast eine Stunde her, daß sie angerufen hat!"

In diesem Moment ging die Tür auf, und Mary fegte herein.

„Hi!" zwitscherte sie fröhlich. „Seid ihr noch auf, ihr Lieben? Tut mir leid wegen der Autoschlüssel –"

„Wo bist du gewesen?" unterbrach ich sie.

„Bei Perkins", sagte sie unschuldig. „Cindy hat mich heimgebracht, und da ich noch eine halbe Stunde bis zum Zapfenstreich hatte, sind wir zu einer Tasse Kaffee stehengeblieben. Du hast dir doch keine Sorgen gemacht, oder?"

„Wer, ich? Sorgen? Bei so vielen Sorgen hätte sie wenigstens den Wagen zu Bruch fahren können. Ich hasse es wirklich, so grundgute Sorgen zu vergeuden!

„Ich nehme an, du hast die Schlüssel nicht gefunden", sagte ich.

„Nein", antwortete sie. „Tut mir leid. Aber ich lasse morgen ein neues Paar machen."

„Ich habe einen Schlüssel", sagte ihr Vater. „Du

kommst jetzt mit mir; ich fahre dich zur Universität, und du folgst mir nach Hause."

„Ach, Dad", säuselte Mary, „könnte Mami statt mir fahren? Ich hab morgen einen anstrengenden Tag, und ich muß ein bißchen schlafen."

„Shakespeare ist des Schlafes Mörder!" brüllte ihr Vater. „Nimm deinen Mantel und komm!"

Ich glaube nicht, daß Mary in dieser Nacht überhaupt noch geschlafen hat; als sie nach Hause kamen, fiel ihr ein, daß am nächsten Tag eine Semesterarbeit fällig war, und sie ließ sich am Küchentisch nieder, um zu büffeln.

Ich mache mir wirklich Gedanken um die Zukunft Amerikas. Ist Ihnen klar, daß in zehn oder zwanzig Jahren das ganze Land von Individuen kontrolliert sein könnte, die nicht mehr geschlafen haben, seit sie siebzehn waren?

7

Wer nimmt „integrierende Algebra und Trigonometrie“?

„Ich geb's auf!“ seufzte unsere Tochter Peggy, während sie ihren Schulkatalog quer über den Tisch schob. „Morgen ist der letzte Tag für die Einschreibung, und ich habe noch immer keine Ahnung, welche Fächer ich nehmen soll. Es sind so viele zur Auswahl!“

„Nimm recht viele solide Hauptgegenstände“, riet ihr älterer Bruder Dan, der ebenfalls an seinem Stundenplan für die Oberstufe arbeitete. „Das beeindruckt die Lehrer immer, und es wirkt gut in der Bewerbung fürs College.“

„Es wird nicht gut wirken, wenn ich darin durchfalle“, sagte Peggy. „Und ich weiß nicht, warum ich Fächer nehmen soll, die mich überhaupt nicht interessieren. Ich habe nicht die Absicht, irgend jemanden zu beeindrukken, und ich werde sicher nicht so tun, als ob ich das Genie des Jahrhunderts wäre.“

Letzteres war ein direkter Seitenhieb auf Danny, der sich selbst als eine Art Gelehrten betrachtet. Der Umstand, daß keiner seiner Lehrer sich dieser Betrachtungsweise anzuschließen vermag, beeinflußt Dans Meinung von sich selbst gar nicht – nur die über seine Lehrer.

Dannys Lehrer sind auf vielen Gebieten bemerkenswert, nicht zuletzt auf dem der Selbstbeherrschung. Kein einziger von ihnen hat jemals dem wohl zwingenden Verlangen nachgegeben, ihn umzubringen. Denn Dans

Meinung von sich selbst ist gar nicht so abwegig; er ist (oder könnte es sein) ein wirklicher Gelehrter. Er ist außergewöhnlich belesen, hat ein absolutes Gedächtnis, und nennt rasch und korrekt Namen, Daten, Begebenheiten, Theorien und Formeln.

Doch er hat eine Aversion gegen Kleinigkeiten – wie den Besuch des Unterrichts und das Ablegen von Prüfungen. In einer geschichtsphilosophischen Diskussion zwischen Professoren und Schülern der Mittelschule führte Dan sein Team zum Sieg, indem er Antworten lieferte, mit denen Henry Kissinger nicht aufwarten könnte. Dan wußte nicht nur die Antworten, er ergänzte sie auch durch zusätzliche interessante Details, so daß die Mitglieder der geschichtlichen Fakultät sich veranlaßt sahen, Dans Lehrer zu einem so bemerkenswerten Schüler zu gratulieren.

„Dieser Junge ist brillant!" konstatierte ein Geschichtsprofessor der Oberstufe staunend. „Ich frage mich, wessen Klasse er nächstes Jahr besuchen wird?"

„Wahrscheinlich meine", seufzte Dans Lehrer, „denn wenn Herr Brillant nicht öfter zum Unterricht erscheint, werde ich ihn durchfallen lassen!"

Peggy ist nicht so überzeugt von sich wie Dan, und sie weiß auch noch nicht so genau wie er, wo ihre Zukunft liegen wird. Die Mittelschüler von heute tun mir wirklich leid; wenn sie jemand fragt, welchen Beruf sie ergreifen wollen, müssen sie schon längst einen Entschluß gefaßt haben, denn wenn sie es unterlassen, in der Mittelschule ein bestimmtes Fach zu belegen, kann es sein, daß ihr ganzes College-Programm durcheinandergerät. Die Voraussetzungen für bestimmte College-Lehrgänge werden schon im zweiten Jahr der Mittelschule festgelegt. Also konnte ich Peggys mißliche Lage verstehen.

Ich nahm Pegs Katalog zur Hand und begann ihn durchzublättern. Kein Wunder, daß sie entmutigt war; man betrachte den ersten Absatz: „Eine kurze Erklärung unseres variablen Lehrplans, zusammen mit den Richtlinien, denen Sie bei der Auswahl Ihrer Fächer folgen sollen, geht der Beschreibung jedes Lehrganges voran. In dieser Beschreibung finden Sie die Voraussetzungen, den Zeitaufwand und die Anrechnungspunkte."

Zeigen Sie mir eine Vierzehnjährige, die diese Erklärung versteht, dann zeige ich Ihnen ein Kind, das nicht mehr zur Mittelschule zu gehen braucht.

Die Beschreibungen der Lehrgänge entsprachen der Einleitung; sie klangen wie College-Kurse: *Wahrscheinlichkeit und Statistik, Politik und Macht, Literarische Meisterwerke, Literatur großer Entscheidungen, Moderne TV-Produktion, Soziologie, Psychologie, Distributives Bildungswesen, Krieg und Frieden.* (Letzteres ist nicht von Tolstoi; es ist ein Kurs darüber, wie man Außenminister wird.)

Ein Lehrgang für die „Unterstufe" ist „Medizin-I". Da er Schülern im ersten Jahr angeboten wird, könnte man annehmen, daß es ein Erste-Hilfe-Kurs ist. O ja, sie lernen wirklich Erste Hilfe. Und sie lernen auch „Krankenpflege, grundlegende Lebenshilfe, medizinische Abkürzungen und Terminologie, Spitals- und Sterilisationstechniken, verschiedene Krankheiten (ihre Symptome, Behandlung und Pflege), Pädiatrie, Geriatrie, Pflege des bewußtlosen Patienten, Pflege des Tracheotomie-Patienten, Pflege des Gips-Patienten und die psychologischen Effekte von Tod und Sterben".

Wer braucht einen Doktor? Rufen Sie Ihren kleinen Mittelschüler!

Es gibt auch einen Lehrgang mit der Bezeichnung „Medizin-II" für Oberschüler. Ich weiß nicht mehr, was dieser umfaßt, doch ich denke, er sieht vor, daß man sich in einem allgemeinen Krankenhaus internieren und auf Chirurgie spezialisieren läßt.

Der Lehrgang, der mich am meisten faszinierte, war *Int. Alg. u. Trig.* Da ich mit Algebra böse Zeiten erlebt hatte, als ich zur Schule ging, verschwendete ich damals nicht einmal einen Gedanken an Trigonometrie – einen Lehrgang, der Mathematikstudenten vorbehalten war. Also nahm ich nun an, daß ein Kurs über „Integrierende Algebra und Trigonometrie" für die besten und klügsten Mathematikstudenten gedacht wäre.

Im Gegenteil, der Katalog sagt: „Int. Alg. u. Trig. ist primär für Schüler gedacht, die in vorangegangenen Kursen Schwierigkeiten hatten." Dieser Kurs ist also für *dumme* Kinder. Können Sie sich vorstellen, was man von den *gescheiten* Kindern erwartet?

Der Fremdsprachenteil des Katalogs liest sich wie ein Adreßbuch der Vereinten Nationen. Vierzehnjährigen, die der englischen Sprache noch nicht mächtig sind, bietet man nicht nur die einfachen Sprachen wie Französisch und Spanisch an, sondern auch Latein, Griechisch, Deutsch, Russisch und Hebräisch.

Als Dan sich für Latein eintrug, war ich erfreut und überrascht. Das gute alte Latein!

„Ich dachte, Dan würde Russisch nehmen", sagte mein Mann, als ich ihm erzählte, daß Dan Latein gewählt hatte.

„Russisch! Wieso Russisch?" fragte ich. „Ich könnte mir vielleicht Deutsch vorstellen, weil das jeder für so gelehrt hält. Aber Russisch?"

„Die Deutschen sind keine Imperialisten mehr", erwiderte mein Mann, „wozu also die Sprache lernen? Aber bei den Russen weiß man nie, und Danny ist ein Bursche, der alle wesentlichen Fächer belegt. Du mußt zugeben, er wäre ein großartiger Kollaborateur!"

Während Dan und Peg sich weiter mit ihren Lehrplänen abmühten, konnte ich nicht umhin, mich daran zu erinnern, wie einfach die Schule zu meiner Zeit gewesen war. Am Einschreibungstag hockten wir nicht über Katalogen oder besprachen uns mit Studienberatern, ob wir Metallkunde oder Metaphysik nehmen sollten. Wir tauchten einfach am ersten Schultag auf und erhielten die Weisung: „Das sind eure Unterrichtsstunden. Anwesenheitspflicht." Es gab keine Wahlfächer, keine Spezialkurse, kein Blocksystem, keinen variablen Lehrplan. Der Schultag hatte sechs Stunden, also gab es für uns sechs Gegenstände, jedes Jahr die gleichen: Englisch, Geschichte, Mathe, Latein, Sprachkunde und Naturwissenschaft. Latein war natürlich Pflichtfach.

Englisch war genau das, was das Wort ausdrückt: die englische Sprache, gesprochen, geschrieben und gelesen. Und wehe dem, der aus der achten Klasse kam, ohne die ersten beiden Punkte fließend zu beherrschen, und mit dem dritten zumindest am Rande vertraut zu sein. Alle Schulanfänger mußten eine Englischprüfung absolvieren, und wenn ein Wort falsch geschrieben oder ein Komma nicht an der rechten Stelle war, wurden wir stracks in die englische Anfängerklasse versetzt, wo wir Satzbestimmungen vornahmen, unsere Interpunktion vervollkommneten und Regeln auswendiglernten – bis wir für qualifiziert erachtet wurden, Literaturkurse zu belegen, die alle den Titel *Prosa und Poesie* trugen.

Prosa und Poesie I, II, III und IV (das arme Mädchen, das mit dem Anfängerenglisch aufgehalten wurde, ist zu bemitleiden; sie versäumte P. und P. IV und kam so nie dazu, *Moby Dick* zu lesen) bestand aus sorgfältig ausgewählten Gedichten, Kurzgeschichten, weitschweifigen Essays und langweiligen Romanen.

Zusammen mit unseren Lehrbüchern erhielten wir auch zwei Bücherlisten: eine mit Titeln, die wir im Lauf des Jahres lesen sollten, und die andere mit solchen, die wir nicht lesen durften. (Der damals bekannte, seither jedoch abgeschaffte INDEX.) Es versteht sich von selbst, daß wir alle Bücher der zweiten Liste lasen, und so wenige wie möglich von der ersten Liste, und ich wunderte mich später darüber, daß einige kluge Lehrer die Listen nicht einfach vertauschten.

Einer tat es vielleicht. Vor einem Monat brachte meine Tochter ein Buch nach Hause, das man ihr für den Englischunterricht zugeteilt hatte, und ich sah überrascht, daß es ein Roman war, den ich als junges Mädchen in meinen Schlafsaal geschmuggelt und unter der Bettdecke gelesen hatte. Ich las damals das ganze Buch unter gewaltigem Erröten und verbrannte es hernach, damit jene heiligen Hallen nicht durch seine bloße Gegenwart entweiht würden. Gestern bemerkte ich, daß das Buch noch immer auf dem Schreibtisch meiner Tochter lag, also fragte ich sie, ob sie es gelesen habe.

„Nein, es ist zu dick und zu langweilig."

„Aber wie kannst du etwas darüber schreiben, wenn du es nicht liest?" fragte ich sie.

„Kein Problem", antwortete sie. „Es kommt nächste Woche im Fernsehen; ich halte mich dann an die TV-Version."

„Diese Geschichte wird im Fernsehen gezeigt? Nicht im Hauptabendprogramm, hoffe ich!"

„Nein, als Trickfilm am Samstagvormittag."

Oh, diese Modernisten! Was für eine schlaue Methode, sich ein Publikum zu sichern!

Mein Geschichtsunterricht in der Mittelschule umfaßte amerikanische, englische, Kirchen- und Weltgeschichte, letztere so umfassend, daß wir mehr vergaßen, als wir behielten. Von unseren Mathe-Kursen behielten wir überhaupt nichts, da man damals von Mädchen nicht erwartete, daß sie Algebra und Geometrie begriffen, obwohl beides für den Eintritt ins College erforderlich war. Die Mädchen, die nicht aufs College wollten, durften Kaufmännisches Rechnen wählen – ein simpler Kurs, der ihnen sowohl die Verachtung ihrer zum College strebenden Mitschülerinnen eintrug, als auch in späteren Jahren die ersten leitenden Positionen für Frauen. (Sie wurden auch die einzigen Hausfrauen, die stets mit ihren Scheckkonten zu Rande kamen.)

Ebenso tolerant waren die Lehrer bezüglich unserer naturwissenschaftlichen Fächer, indem sie uns aufsteigen ließen, wenn wir die Bedeutung von H_2O erlernten und daran dachten, unsere Bunsenbrenner auszumachen.

Doch von uns allen erwartete man, daß wir in den Fremdsprachen brillierten. Obwohl Spanisch angeboten wurde, riet man uns, Französisch zu nehmen, das alle Lehrer fließend beherrschten und als Universalsprache betrachteten. So nahm ich denn vier Jahre Französisch – und habe noch immer niemanden getroffen, der es spricht, außer meinen früheren Mitschülerinnen, die, wann immer wir einander begegnen, stets ins Englische zu verfallen scheinen.

Trotz des einfachen Lehrplans meiner Mittelschulzeit schien auch ich damals immer mit Arbeit überlastet und fühlte mich in der Examenszeit besonders im Druck. Als mir nun klar wurde, welche Lasten meine Kinder zu tragen hatten, begann ich mir Sorgen zu machen und war nicht überrascht, als Peggys Studienberater mich anrief und bat, ihren Stundenplan zu überprüfen.

„Sind Sie mit diesen Lehrgängen einverstanden?" fragte er mich.

„O ja", antwortete ich. „Habe ich ihre Karte nicht

unterschrieben?“

„Es ist ein wenig schwierig, ihre Karte zu lesen. Sie hat so viele Änderungen vorgenommen.“

„Änderungen?“ wiederholte ich, indem ich an die vielen soliden Hauptgegenstände dachte, die Peggy gewählt hatte.

„Ja. Möchen Sie, daß ich Ihnen ihren revidierten Stundenplan vorlese?“

„Ja, bitte.“

„Orchester, Basketball, Chor, Gesangsverein, Keramik, Aquarell und Photographie.“

„Wie seltsam – glauben Sie, daß sie eine Karriere auf dem Gebiet der bildenden Kunst oder Musik anstrebt?“

„Sie strebt überhaupt keine Karriere an. Als ich sie darauf hinwies, sagte sie, zum Teufel damit; sie wird sich ihren Lebensunterhalt nicht durch Arbeit verdienen. Sie sagt, sie wird heiraten und Kinder kriegen, und alles, was sie von der Schule braucht, sind Kurse, die ihre Hobbies ergänzen!“

„Das klingt mir ziemlich vernünftig – können wir ihr das nicht gestatten?“

„Natürlich nicht!“ donnerte er. „Sie muß ein Literaturfach belegen, und eine Fremdsprache, und Mathe –“

„Sie braucht kein Literaturfach“, belehrte ich ihn. „Sie sieht die Samstagvormittag-Trickfilme. Und was die Sprache betrifft, so spricht sie fließend Englisch, was mehr ist, als Sie von den meisten Teenagern heutzutage behaupten können.“

„Und was ist mit Mathe?“ flüsterte er schwach.

„Oh, machen Sie sich wegen Mathe keine Gedanken“, antwortete ich ihm. „Was ist schon dabei, wenn sie ein Jahr ausläßt? Sie kann es immer noch nachholen. Da nimmt sie dann eben *Int. Alg. u. Trig!*“

8

Ausreißer

„Ist eines Ihrer Kinder schon einmal von zu Hause weggelaufen?", fragte mich kürzlich ein Kinderpsychologe.

„Natürlich nicht!" antwortete ich in einem Ton (wie ich hoffte) rechtschaffener Entrüstung. (Ich habe jahrelang versucht, mir einen Ton rechtschaffener Entrüstung anzueignen. Ich bin großartig in der Entrüstung, doch aus irgendeinem Grund kann ich anscheinend die Rechtschaffenheit nicht perfektionieren.) Ich hätte ihm die Wahrheit sagen sollen; unsere Kinder sind aus dem einfachen Grund nie ausgerissen, weil ich ihnen nie erlaubte, den Wagen zu nehmen.

Tatsächlich ist eines unserer Kinder einmal ausgerissen, aber ich rede nicht gern darüber – nicht weil es so schrecklich war, sondern weil es so peinlich war. Unser kleiner „Ausreißer" zählte erst acht Lenze, und – ich schäme mich, es zu sagen – ich vermißte ihn nicht einmal, bis er weinend zu Hause anrief und uns bat, ihn zu holen.

Natürlich hatte ich die Schuld. (Habe ich sie nicht immer?) Es war einer von diesen feucht-schwülen Nachmittagen, die für das sommerliche Nebraska so typisch sind, und ich war gerade wieder mit einem Baby – unserm achten – vom Hospital nach Hause gekommen. Unsere vier älteren Jungen – sechs, sieben, acht und neun Jahre alt – spielten mit ihren Freunden aus der Nachbarschaft in unserer Zufahrt „Karambolage", indem sie auf Fahrrädern, Rollern oder Rollschuhen herumflitzten und sich die Kehlen heiser schrien. Unsere drei Kleinen – fünf, drei und zwei Jahre alt – lärmten im oberen Stockwerk, während sie begeistert einer des anderen Spielzeug zerschlugen. Ich hatte die Kleine soeben zu einem Schläfchen niedergelegt, und in meiner üblichen postnatalen Nervosität (die immer so lange zu dauern schien, bis das nächste Baby geboren war) ertappte ich mich dabei, wie ich in regelmäßig wiederkehrenden Abständen schrie, daß „ich den ersten Bengel umbringe, der das Baby aufweckt!".

Also, ich bin wirklich ziemlich fair, was mein Geschrei betrifft. Ich schreie mit meinen eigenen Kindern nicht lauter als mit den Nachbarskindern, dem Milchmann, dem Gasmann oder sonst jemandem, der es wagt, Babys Schläfchen zu stören. Doch offensichtlich war unser Achtjähriger an diesem Tag sehr sensibel gestimmt, denn er nahm mein Geschrei ernst, und da er weder still noch umgebracht sein wollte, schwang er sich auf sein Rad und fuhr los.

Ich hätte ihn beim Abendessen vermissen müssen, doch muß ich zu meiner Schande gestehen, daß ich es nicht tat. Es war eines von diesen stehend und eilig eingenommenen Abendessen, wobei noch einige von den Nachbarskindern mitaßen, da mein Mann alle, die „alt genug" waren, zum Flutlichtspiel der „Little-League-Baseballmannschaft" mitnehmen wollte. Nach dem Abendessen hatte mein Mann die älteren Jungen zum Baseballplatz verfrachtet, während ich zu Hause blieb, um nach den Kleinen zu sehen und die Küche aufzuräumen. Sogar als sie alle nach dem Spiel heimkamen, fiel mir nicht auf, daß einer der Jungen fehlte.

Gegen neun Uhr, gerade als es dunkel wurde, läutete

das Telephon und eine zittrige kleine Stimme sagte:
„Kann ich mit Daddy sprechen?"

„Wer ist da?" fragte ich.

„Ich bin's, Mama", weinte mein kleines Kerlchen. „Kann Daddy mich holen kommen?"

„Aber wo bist du?" fragte ich ungläubig. „Ich dachte, du wärst in deinem Zimmer!"

„Ich bin in einem Drugstore neben einem leeren Platz gegenüber einer Kirche – und ich möchte nach Hause, aber ich weiß nicht, wie!"

Mir wurde ganz schlecht. Ich rief seinen Vater ans Telephon, und zusammen bekamen wir dann doch heraus, wo unser Sohn sich befand. Mein Mann holte ihn ab und maßregelte ihn sanft während des ganzen Heimwegs (... und maßregelte mich weniger sanft, als sie endlich zu Hause waren).

Seit diesem Tag bin ich dazu übergegangen, meine Kinder regelmäßig zu zählen ... vor und nach den Mahlzeiten, vor dem Zubettgehen, und manchmal auch nach dem Zubettgehen – wie ich es einmal nachts einige Jahre später tat.

Ich erwachte gegen drei Uhr früh in einer heißen Sommernacht und stellte fest, daß ich vergessen hatte, meine übliche Volkszählung zu machen. Also schleppte ich mich von Schlafzimmer zu Schlafzimmer (keine leichte Aufgabe, wenn ein Kind in einem ebenerdigen Zimmer schläft, andere Kinder im zweiten Stockwerk schlafen, und wieder andere im dritten), und zählte Kinder. Plötzlich war ich hellwach, als ich merkte, daß ich eines zu wenig herausbrachte. Unser Fünfzehnjähriger war weg!

Er war ausgerissen. Ich wußte es. Wir hatten gerade ein TV-Special über entlaufene Kinder gesehen, und er hatte dazu bemerkt, daß es aussehe, als wäre das ein großer Spaß. Spaß! Wie konnte er mir das antun? In fieberhafter Eile durchsuchte ich jeden Raum des Hauses; er war nirgends zu finden. Was sollte ich tun? Die Polizei anrufen? Den „heißen Draht" für Ausreißer? Den „persönlichen Krisendienst"? Oder sollte ich etwas wirklich Drastisches tun . . . zum Beispiel meinen Mann aufwecken?

Während der nächsten Stunde ging ich erregt auf und ab, rang die Hände und sandte Stoßgebete zu den Heiligen Leokadia, Didakus und Irenäus (ich rufe nie die bekannten Heiligen an; sie sind bestimmt zu beschäftigt). Wo war mein Baby? Was hatte ich getan, um ihn fortzutreiben?

Als der Morgen dämmerte, öffnete ich die Eingangstür, um meine Panik in der Morgenbrise zu kühlen, und als ich auf die Glasveranda hinaustrat, stolperte ich über einen Körper. Unser Sohn! War er tot? Nein, er schnarchte.

„Oh, Liebling, du bist zurückgekommen!" rief ich und warf mich über das Bündel Mensch, das entsetzt emporfuhr. „Gott sei Dank! Aber wo bist du gewesen? Warum bist du weggelaufen? Bist du unglücklich hier? Fühlst du dich zurückgesetzt? Was kann ich tun, um unsere Beziehung wiederherzustellen? Dein Taschengeld erhöhen? Den Kühlschrank frisch anfüllen? Deinen Zahnarzttermin absagen? Komm herein, wir reden über alles!"

„Ach, um Himmels willen, Mami, laß mich doch, ja?" Er wachte mißgelaunt und langsam auf. „Ich bin nirgendwo gewesen. Es wurde so warm im dritten Stock, daß ich in die Veranda schlafen gegangen bin. Wie kommst du darauf, daß ich ausreißen wollte?"

Natürlich wollte er nicht ausreißen. Er konnte gar nicht. Er hatte nicht einmal einen Führerschein.

Da unsere Kinder älter werden, sorgen wir uns nicht so sehr um die möglichen Ausreißer, wie um die möglichen Heimkehrer. Nun, da fünf von unseren zehn Kindern die Mittelschule verlassen haben, und vier davon nicht mehr zu Hause wohnen (zumindest ergab das die Zählung um zehn Uhr heute Morgen), erleben wir das, was eine meiner Freundinnen einmal als „Jo-Jo-(oder Springball-)Syndrom" bezeichnete.

Wissen Sie, warum man College-Schüler Jo-Jo-Kinder nennt? Sie gehen nämlich von zu Hause fort . . . und sie kommen nach Hause zurück . . . und sie gehen wieder von zu Hause fort . . . und sie kommen wieder zurück . . . Oder sie treten ins College ein, dann treten sie aus dem College aus, dann gehen sie auf das College zurück, dann treten sie aus dem College aus . . . und immer verlassen sie das College zwei Tage nach Ablauf der vierwöchigen Frist, innerhalb der das Schulgeld zurückerstattet werden könnte, wenn sie nicht dortbleiben wollen; und dann gehen sie wieder hin, zwei Wochen nachdem ihr Vater ihnen endlich einen Arbeitsplatz verschafft und eine Erklärung unterschrieben hat, daß sein Sohn bestimmt nicht daran interessiert ist, wieder zur Schule zu gehen, und daher für immer an diesem Arbeitsplatz verbleiben wird.

Wir schickten einige Kinder nach Lincoln, Nebraska (zur Universität, nicht in die ebenfalls dort befindliche Besserungsanstalt), und einige andere behielten wir zu Hause und ließen sie die Universität von Nebraska in Omaha besuchen. Was den Registrator beider Universitäten zu verwirren scheint, und mich ebenso, ist der Umstand, daß niemals dieselben zwei Kinder zur selben Zeit im selben College sind.

Als unser ältester Sohn Lee die Mittelschule beendete, wollte er seine Teilzeitbeschäftigung nicht aufgeben, also blieb er zu Hause und trat in die Universität von Nebraska in Omaha ein.

Ein Jahr später beendete sein Bruder John die Mittelschule und entschied sich für die Universität von Nebraska in Lincoln, da es für ihn natürlich nicht in Betracht kam, dasselbe College zu besuchen wie sein Bruder.

Als unser dritter Sohn Mike die Mittelschule beendete, gewann er ein Stipendium der UNL und trat dort ein, worauf John sofort austrat und Arbeit annahm.

Im folgenden Semester ging Lee ab, um ein Semester lang zu arbeiten, also kam John nach Hause und ging zur UNO, doch als Lee zur UNO zurückkehrte, wanderte John wieder nach Lincoln.

Nun hatte ihre Schwester Mary die Mittelschule beendet, und auch sie wollte nach Lincoln gehen, doch sie hatte ein Stipendium der UNO gewonnen, also ließen wir sie zu Hause bleiben und hier zur Schule gehen. Im folgenden Semester lief Mikes UNL-Stipendium aus, also wechselte er zur UNO, damit er zu Hause wohnen konnte, bis er genügend Geld gespart hätte, um wieder nach Lincoln zu gehen.

Wenigstens glaube ich, daß er jetzt dort ist, und ich bin fast sicher, daß Mary diejenige in der UNO ist. Wenn der Registrator mit allen seinen Akten und der Hilfe seines ganzen Büros nicht die Übersicht über meine Kinder behalten kann, dann weiß ich nicht, wie ich seiner Meinung nach die Übersicht behalten soll. Und ich kann sicherlich nicht ihre überfälligen Leihbücher im Auge behalten, die ständig die Einschreibung des einen oder anderen von ihnen behindern – aber niemand weiß, von welchem, weil meine Kinder schon vor langer Zeit gelernt haben, ihre Bücher auf der Karte des anderen einzutragen.

Ein anderer von unseren Söhnen entschloß sich, nicht aufs College zu gehen. Der vierte unserer kleinen Rasselbande, Jim, wurde den Großteil seiner Kindheit hindurch von seinen drei schrecklichen älteren Brüdern herumgestoßen, bestochen, bedroht und verprügelt; trotzdem betete er sie an und folgte ihnen überallhin, stets willig ihren Anweisungen gehorchend. Der einzige Ort, an den er ihnen nicht folgen wollte, war das College; stattdessen entschied er sich für den Militärdienst. Jim trat in das Marinekorps der Vereinigten Staaten ein, wo er Judo, Karate, Nahkampf- und Guerillataktiken lernte – nicht in der Erwartung des Krieges, sondern in der Erwartung seiner Besuche zu Hause. Zu Jims Verdruß haben seine älteren Brüder nun das Interesse daran verloren, ihn zu terrorisieren. (Ich frage mich warum.)

Sogar jetzt, da Jim beim Marinekorps und unser ältester Sohn verheiratet ist, scheinen unsere erwachsenen Kinder immer wieder nach Hause zu „springen" („Jo-Jo"!), oder zumindest oft genug, um die Nachbarn zu verwirren.

Als ich gestern Nachmittag im Hinterhof arbeitete, winkte mir meine Nachbarin Mary Jo und rief:

„Ich sehe, Mike ist zu Besuch da!"

„Nicht Mike", antwortete ich. „John ist für ein paar Tage nach Hause gekommen."

„Oh", meinte sie und schlenderte in meinen Hof herüber,. „Ich habe gar nicht gewußt, daß John Brillen trägt."

„Das ist nicht John, den du mit Brillen gesehen hast", erklärte ich. „Das ist Jim; er hat gerade Heimaturlaub."

„Er hat wirklich eine hübsche Frau."

„Jim hat keine Frau. Du meinst bestimmt seine Schwägerin."

„Johns Frau? Ich habe nicht gewußt, daß John

verheiratet ist."

„John ist nicht verheiratet", sagte ich ihr, und plötzlich fiel mir auf, daß ich John diesen Morgen noch nicht gesehen hatte; konnte er letzte Nacht ausgerissen sein? „Das Mädchen, das du gesehen hast, ist Lees Frau Karen; sie waren zu Ostern hier."

„Also, es muß nett sein, sie alle zu Hause zu haben ..."

„Aber sie sind nicht alle zu Hause", unterbrach ich sie. „Mike ist auf dem College, und ..."

„Und wer ist denn der, der hier um die Ecke kommt?" fragte Mary Jo, offensichtlich verwirrt.

„Hi, Ma!" rief Mike fröhlich, während er seinen Seesack in die Veranda schleuderte. „Ich habe ein paar Tage frei, also dachte ich, ich komme nach Hause und futtere mich ein bißchen voll!"

„Das ist wunderbar", nickte ich und schluckte einen Seufzer hinunter. „Ich nehme noch ein Steak aus der Gefriertruhe."

Ich wünschte, ich hätte mehr Zeit damit verbracht, diesem Kinderpsychologen zuzuhören. Vielleicht hätte ich etwas über Ausreißer gelernt.

Zum Beispiel darüber, wie man einen heranzüchtet.

9

Das sind Ferien?

„Ich bin so unglücklich!" klagte mir meine Nachbarin Nancy gestern, als wir in meinem Hinterhof saßen und uns an einem Krug Limonade labten.

„Warum? Was ist los?" erkundigte ich mich.

„Das ist der erste Sommer, in dem ich nicht arbeite, und wir hatten eine Autoreise mit den Kindern geplant. Aber jetzt sagt mir mein Mann, daß wir nicht fahren können, weil der Benzinpreis so hoch ist. Was bedeutet, daß ich den ganzen Sommer lang mit den Kindern zu Hause eingesperrt sein werde! Kannst du dir was Schlimmeres vorstellen?"

„O ja."

„Was?"

„Eine Autoreise mit den Kindern. Dein Problem, Nancy, ist dein Mangel an Erfahrung. Du bist mit deinen Kindern nie weiter gefahren als bis zum Spielplatz. Du hast nicht *gelebt,* bevor du nicht zehn Tage mit Kindern unterwegs gewesen bist, die zahlreicher sind als die Autofenster."

Als Mutter von zehn Kindern fühle ich mich qualifiziert, ja vielleicht sogar verpflichtet, junge Eltern vor den Risken des Familienlebens zu warnen, und ich kann mir kein ärgeres Risiko denken als den „Familienurlaub".

Eines der Hauptprobleme beim Reisen mit Kindern ist ihr Alter. Bei kleinen Kindern sind der Enthusiasmus und die Aufregung groß, wenn es auf die Reise geht, doch ist es unwahrscheinlich, daß sie das Unternehmen zu schätzen wissen. Sind sie schließlich alt genug, um es zu schätzen, dann wollen sie nicht fahren.

Trotzdem versuchen wir Eltern immer wieder, sie auf unterhaltsame Weise zu bilden, indem wir sie in ein Auto pferchen und in die Berge führen (wo wir uns dann Sorgen machen, daß sie herunterfallen), ans Meer (wo wir uns Sorgen machen, daß sie hineinfallen), oder in die „große Stadt", wo wir sie in Museen, Galerien, Theater und Restaurants führen, die die gleichen sind wie in unserer Heimatstadt – nur haben wir uns nie die Mühe gemacht, ihnen die zu zeigen.

Da meine Angst vor der Höhe nur von meinem panischen Entsetzen vor dem Wasser übertroffen wird, führten wir unsere Kinder niemals in die Berge oder an die See, doch haben wir mehrmals den Fehler gemacht, sie in die „große Stadt" mitzunehmen, damit sie die Sehenswürdigkeiten kennenlernen.

Bei zehn Kindern ist es nicht nur unpraktisch, sondern unmöglich, Ferien *en famille* zu machen. Also teilten wir unseren Nachwuchs in zwei Gruppen und nahmen die kleinen Kinder in einem Sommer, die Teenager im nächsten mit.

Ich weiß nicht, was schlimmer war.

Wir hatten für die Kleinen einen Ausflug nach Kansas City geplant. Kansas City ist eine ideale Stadt für den Familienurlaub, denn da gibt es „Worlds of Fun", den großen Vergnügungspark für Kinder, Baseballspiele der „Royals" für Papi und die vielen Museen für Mami. Die Stadt ist auch so besonders geeignet für uns, weil wir in Omaha leben . . . nahe genug, daß wir die Dreistundenfahrt mit unseren Kindern überstehen, und weit genug, daß die Kinder es als „richtige Reise" betrachten.

Wir wußten, es könnte teuer werden, also planten wir

unser Budget sehr sorgfältig. Wir wählten einen „Diskont-Tag“ in „Worlds of Fun“, einen „Familien-Abend“ auf dem Baseballplatz, und reservierten in einem dieser „erschwinglichen“ Motels.

Der erste Hinweis, daß der Ausflug mit Hindernissen gepflastert sein würde, zeigte sich, als wir ans Kofferpakken gingen und mir klar wurde, daß meine Kinder die ersten sechs Wochen des Sommers offenbar in Fetzen gekleidet verbracht hatten. (Wie kommt es, daß wir unsere Kinder immer erst dann ansehen, wenn wir denken, daß jemand anderer sie ansehen wird?) Also war die erste „unvorhergesehene Ausgabe“ neue Kleidung für alle. Ich führte die Kinder zum Einkaufszentrum und kaufte Shorts und T-Shirts, Badeanzüge und Turnschuhe, sowie ein fremdartiges Bekleidungsstück, das – wie ich ihnen erklärte – mit dem ungewöhnlichen Namen „Pyjama“ bezeichnet und oft des Nachts von zivilisierten Menschen getragen wird, die es unfein finden, in der Unterwäsche zu schlafen.

Endlich waren die Einkäufe getätigt, die Koffer gepackt, und wir unterwegs.

Nicht zu fassen, wir waren unterwegs!

Man hatte mich vor den Schrecken einer Reise mit Kindern gewarnt, und ich war wohl auf ein gewisses Maß an Balgerei und Rempelei, an Reisekrankheit und Lästigkeit vorbereitet. Nicht vorbereitet jedoch war ich darauf, daß wir dreiundzwanzigmal anhalten mußten, um die straßenseitig gelegenen Toiletteanlagen auszuprobieren, und einmal ein dichtwucherndes Gebüsch für ein kleines Kind zu sondieren, das es besonders eilig hatte.

Wie kommt es, daß ein kleiner Junge, der die ganze Kindergartenzeit hinter sich gebracht hat, ohne jemals die Knabentoilette gesehen zu haben, keine zehn Meilen lang dem Ruf der Natur zu widerstehen vermag?

Aufgrund dieser unvorhergesehenen Unterbrechungen bewältigten wir die Dreistundenfahrt in etwas unter fünf Stunden. Als wir in unserem Motel eintrafen, wurde uns klar, warum es als „erschwinglich" galt. Es gab keinen Swimming-pool, kein Kaffeehaus und kein Fernsehen. Solche Schlichtheit tat seiner Popularität jedoch keinen Abbruch. Bei unserer Ankunft erfuhren wir, daß die Gruppe, die unsere reservierte Dreizimmer-Suite bewohnte, sich entschlossen hatte, noch eine Woche zu bleiben, und wir uns mit zwei winzigen Zimmern und einigen Zusatzbetten begnügen müßten.

Ich rebellierte. Mehr kann ich nicht tun, um bei Verstand zu bleiben – sogar in unserem Zehnzimmerhaus, wo ich, wenn es nötig ist, streitende Sprößlinge voneinander separiere, oder gar mich selbst von der ganzen Welt in unserem Elternschlafzimmer im dritten Stockwerk. Ich war nicht gewillt, drei Tage lang zwei winzige Zimmer mit sechs Kindern und ihrem verrückten Vater zu teilen. Zugegeben, er war noch nicht verrückt, doch um Mitternacht wäre er es bestimmt gewesen.

Die einzig andere verfügbare Unterkunft erwies sich uns endlich im vornehmsten Hotel von Kansas City, wo wir unsere Familie bequem unterbrachten – und nur um ein bißchen weniger Geld, als es uns gekostet hätte, ein Haus im Nobelviertel von Mission Hills zu kaufen. Ich überzeugte meinen Mann, daß es das wert sein würde, indem ich ihm mein altes Lieblingsargument offerierte: „Möchtest du lieber für meine psychiatrischen Behandlungen bezahlen?"

Das Hotel ist wirklich luxuriös, und ich konnte mich kaum überwinden, es am nächsten Morgen zu verlassen, um meine Familie zu „Worlds of Fun" zu begleiten. Dieser bekannte Vergnügungspark ist genau so großartig, wie es die Prospekte versprechen, aber ich glaube, Sie sollten wissen, daß es außer den phantastischen Achterbahnen, exotischen Läden und fabelhaften Entertainern ein sehr beliebtes Gesellschaftsspiel gibt, das oft in diesem Gelände veranstaltet wird. Es heißt: „Wir suchen unsere Kinder."

Während unsere Söhne wie die Verrückten von einer Sensation zur anderen jagten, von einem Karussell zum anderen, und unsere Töchter von Laden zu Laden spazierten, stets auf der Suche nach neuen Möglichkeiten, wie sie unser Geld ausgeben könnten, versuchten mein Mann und ich verzweifelt, sie nicht aus den Augen zu verlieren. Niemand wollte zur selben Zeit in die selbe Richtung gehen, und unsere Rufe: „Wir treffen uns in einer Stunde in der Snack-Bar!" zeigten wenig Wirkung, da es dort so viele Snack-Bars gibt . . . und niemand hatte eine Uhr außer Mami und Papi.

Irgendwie schafften wir es, den Tag zu überstehen, doch das Unheil ereilte uns kurz vor der Abfahrtszeit, als wir alle versammelt hatten und plötzlich gewahr wurden, daß in den letzten zwei Stunden niemand unseren Jüngsten gesehen hatte. Er fehlte, und er war allein.

Wie konnte das geschehen? Der Bruder, der beauftragt gewesen war, auf ihn achtzugeben, hatte diese Verantwortung seiner Schwester aufgehalst, die eine andere Schwester bat, „nur einen Moment" auf ihn achtzugeben. Und das tat sie. Buchstäblich. Sie gab „nur einen Moment" auf ihn acht. Ich sagte ihr, sie solle nicht weinen; ihr kleiner Bruder ist dafür bekannt, daß er schon in der halben Zeit verschwinden kann.

Um das Risiko zu vermeiden, durch unser Ausschwärmen bei der Suche neuerlich getrennt zu werden, hielten wir es für das beste, in der Rettungsstelle um Hilfe zu bitten. Dort fanden wir unseren kleinen Sohn, wie er dem Beamten gerade ernsthaft erklärte:

„Zum letzten Mal, Mister; ich habe mich *nicht* verirrt. Ich weiß genau, wo ich bin. Ich weiß nur nicht, wo meine Familie ist; *sie* sind diejenigen, die sich verirrt haben!"

Am nächsten Tag machten wir eine Rundfahrt durch Kansas City, um die schönen Häuser, die prachtvollen Alleen, den fabelhaften Plaza-Country-Club, die berühmten Brunnen und den Swope-Park zu sehen, und am Abend gingen wir zum langersehnten Baseball-Spiel in das wirklich großartige Truman-Stadion. Die Nacht war perfekt für ein Spiel – klar und kühl –, und wir hatten sehr gute Plätze. Alle „Star"-Spieler sollten an diesem spannenden Spiel gegen New York teilnehmen.

Leider bekamen wir das Spiel nicht zu sehen. Wir mußten im ersten Viertel gehen, um nicht von der Menge gelyncht zu werden. Nein, es gab kein Stoßen und Drängeln; das Stadion ist groß und komfortabel. Aber „Royals"-Fans haben es nicht sehr gern, wenn sechs Kinder schreien: „Klasse, Yankees! Haut Kansas City in die Pfanne!"

Am letzten Tag unseres Urlaubs fuhren wir nach Independence hinaus, um die Truman-Bibliothek zu besuchen, in der sich Dokumente, Bilder und Artefakte eines höchst faszinierenden, wenn auch umstrittenen Präsidenten befinden. Doch wir bekamen keines der Dokumente, Bilder und Artefakte zu sehen, da man uns des Hauses verwies, als unser Zehnjähriger in die Präsidentenlimousine einbrach und so tat, als fahre er, während sein elfjähriger Bruder auf dem Trittbrett „ritt" und „Heil dem Führer!" schrie.

Ich verstand zwar die strenge Reaktion der Sicherheitsbeamten, doch mußte ich unwillkürlich daran denken, daß der alte Harry – wenn er selbst dagewesen wäre – die ganze Show wahrscheinlich genossen und nicht erlaubt hätte, daß sie Schadenersatz für den Türgriff von uns verlangten. Schließlich war es doch ein alter Wagen!

Der Urlaub war also ein Fiasko, doch schrieben wir das dem Umstand zu, daß unsere Kinder noch zu jung für ein solches Unternehmen waren. Wenn Sie nicht glauben, daß wir uns geirrt haben, dann versuchen Sie einmal eine Reise mit Ihren Teenagern.

10

Wieder unterwegs ...

Ein wichtiger Umstand, den Eltern in Betracht ziehen sollten, bevor sie sich auf eine Ferienreise mit Teenagern einlassen, ist der, daß die gar nicht wollen. Während Sie und ich es vielleicht aufregend finden, den Grand Canyon hinunterzuschauen, sehen Teenager in diesem Weltwunder nur ein Loch mehr in der Erde, und sie würden ihre Zeit viel lieber mit etwas Lohnenderem verbringen – wie Schlafen, Punk-Rock-Schallplatten oder Wiederholungen von „Saturday Night Live" im Fernsehen.

Ich wußte, daß unsere Teenager nur ungern mit ihrem Vater und mir in die Ferien fahren würden, doch ich dachte, wenn wir erst unterwegs wären, würden sie schon mitmachen und Anteil nehmen, und sich vielleicht sogar unterhalten. Ich rief sie zusammen und teilte ihnen die Neuigkeit mit.

„Ich habe eine Überraschung für euch", sagte ich. „Vater und ich wollen euch nach Chicago mitnehmen!"

„Warum?" fragte ein Sohn.

„Was heißt ‚Warum?'" lachte ich. „Damit ihr euch die Sehenswürdigkeiten anschaut, natürlich. Wir zeigen euch den ‚Loop', den größten Verkehrsknotenpunkt der Welt, und wir besichtigen das Museum für Wissenschaft und Industrie. Wir fahren die Sheridan Road entlang und sehen uns die großen Häuser und Universitäten an.

Wir werden sogar eine Bootsfahrt auf dem Michigan-See machen! Das wird ein großer Spaß!

Wollt ihr nicht?", fragte ich, was ziemlich dumm von mir war, aber ich bin nicht so dumm, daß ich auf eine Antwort wartete. „Natürlich werdet ihr fahren. Wir werden uns kolossal amüsieren! Und jetzt möchte ich, daß ihr eure Kleidung durchseht und feststellt, was ihr neu braucht, bevor wir unsere Koffer packen." Ich war nicht gesonnen, den gleichen Fehler zu machen, den ich bei ihren jüngeren Geschwistern gemacht hatte. Diesmal würden wir vorbereitet sein.

Die Jungen inventarisierten gehorsam ihre Habseligkeiten, dann borgten sie sich meine Kreditkarten und suchten das Einkaufszentrum auf, um ihre Garderobe zu vervollständigen.

„Habt ihr daran gedacht, Pyjamas zu kaufen?" fragte ich, als sie mit Paketen beladen zurückkehrten.

„Pyjamas?" fragten sie. „Soll das heißen, daß wir den ganzen Weg nach Chicago fahren, nur um dort ins Bett zu gehen? Wir können zu Hause schlafen! Wer braucht schon Pyjamas?"

„Also, was habt ihr denn gekauft?" fragte ich, und sie förderten widerstrebend ihre Erwerbungen zu Tage: zwei Sechserpackungen Brauselimonade, eine Dreierpackung Kartoffelchips, zwölf Zuckerstangen, eine Stange Zigaretten, vier Pfund Frühstücksfleisch, drei Wecken Sandwichbrot, ein Glas Dillgurken, vier Rock-Alben und vier Zeitschriften, deren Titelblätter dazu angetan waren, die Zuckerstangen zum Schmelzen zu bringen, die Gurken erstarren zu lassen und die Brauselimonade in die Luft zu jagen. Ich konfiszierte die Zeitschriften (die ich verbrannte, bevor mein Mann darangehen konnte, sie zu „zensurieren"), sagte den Jungen, ich sei froh, daß sie die Nahrungsmittel eingekauft hatten, weil ich wußte, daß sie während der Fahrt Hunger bekommen würden – und wenn es etwas Lästigeres gibt, als alle paar Meilen stehenzubleiben, damit ein kleines Kind die Toilette aufsuchen kann, dann ist es das Mißvergnügen, alle paar Meilen stehenzubleiben, damit ein großes Kind essen kann.

Ich füllte ihren Vorrat sogar mit einem Schokoladekuchen, Keksen und einer Thermoskanne Kaffee auf und stellte mir vor, daß sie an ihren Einkäufen und meinem Selbstgebackenem genug zu essen haben würden, um die Hälfte des Weges durch den Staat Iowa zu überdauern.

Sie überdauerten die Hälfte des Weges durch die Stadt Omaha. Folglich mußten wir in Council Bluffs zum zweiten Frühstück halten, in Avoca zu einem kurzen Imbiß, in Des Moines zum Mittagessen, in Iowa zu einem Milchgetränk und in Davenport zu einem Sandwich, um sie bis zum Abendessen bei Laune zu halten.

Wir suchten ein reizendes Hotel in Lincolnwood auf, und bevor noch das Gepäck aus dem Wagen geräumt war, hatten die Kinder schon den Limonadeautomaten gefunden, den Eisautomaten, den Süßwarenautomaten und das Telephon, mit dessen Hilfe sie „nur ein paar Kleinigkeiten“ vom Zimmerservice bestellten.

Schließlich schickte ich sie auf ihre eigenen Zimmer, mit der ernsten Ermahnung, sich zum Abendessen anzukleiden, da wir in einem sehr eleganten Club reserviert hatten. Zu meinem Entzücken präsentierten sie sich uns eine Stunde später in der Halle, ein jeder in sauberen Hosen, Sportsakko und Krawatte. Sie sahen so gut aus, ich konnte es kaum erwarten, mich mit ihnen zu zeigen! Wir fuhren zum Club, parkten den Wagen und betraten das elegante Foyer, in dem sich uns ein distinguierter Kellner näherte, um nach unserer Reservierung zu fragen.

„Ich bedaure", sagte er, indem er unsere gutaussehenden Söhne prüfend betrachtete, „aber ich kann Sie nicht placieren."

„Warum nicht?" fragte mein Mann. „Wir haben reserviert, und der Speisesaal ist ohnehin fast leer. Sie können mir nicht erzählen, daß alle diese Tische schon vorher reserviert waren!"

„Es ist keine Frage der Reservierung, Monsieur", antwortete der Kellner. „Es ist unsere Bekleidungsvorschrift. Die jungen Herren entsprechen nicht unserer Bekleidungsvorschrift."

„Selbstverständlich tun sie das!" versetzte mein Mann mit fester Stimme. „Sie tragen Sakkos, und Krawatten –"

„Ich weiß, Monsieur", unterbrach der Kellner ruhig, „aber sie tragen keine Socken. Ich bedaure, aber wir bestehen auf Socken. Vielleicht entspricht die Cafeteria gegenüber Ihrem Geschmack."

Großartig. Ich fahre fünfhundert Meilen und werfe mich in mein schönstes Abendkleid, nur damit ich mein Tablett selber tragen kann.

Die Jungen störte das nicht im geringsten. Sie aßen mit Begeisterung in der Cafeteria, denn sie wußten, in dem eleganten Club hätte man ihnen nicht zwölf Vorspeisen angeboten und sie alle zwölf wählen lassen.

Am nächsten Tag unternahmen wir eine Bootsfahrt auf dem Michigan-See, bei der ich völlig durchnäßt und die Jungen hungrig wurden, eine Liftfahrt auf das John-Hancock-Gebäude, wo ich einen Schwindelanfall und die Jungen Zuckerstangen bekamen, und einen Rundgang durch eine Kunstgalerie, der sich als katastrophaler Mißerfolg erwies. Die Kunst war superb, aber die Münzautomaten funktionierten nicht.

Und wo war ihr Vater während alledem? Versuchte

natürlich, einen Parkplatz zu finden. Sind Sie noch nie in Chicago gewesen?

Ich war sicher, daß der nächste Tag erfolgreicher verlaufen würde, da wir das Museum für Wissenschaft und Industrie besuchen wollten, ein prachtvolles Gebäude, in dem sogar das stumpfsinnigste Kind beeindruckt werden kann (und wo auch der ungeduldigste Vater einen Platz zum Parken findet).

Wir hatten dem Museum eigentlich mehrere Tage zugedacht, da es, wie jedermann weiß, unmöglich ist, alle Attraktionen an einem Nachmittag zu besichtigen. Ich wußte, die Jungen würden die Abteilung über das Raumzeitalter sehen wollen, und die über die Industrielle Revolution. Sie würden alle die neuesten elektronischen Geräte begutachten wollen, und durch das U-Boot gehen, und in der Hauptstraße von Anno 1910 promenieren. Sie würden es herrlich finden!

Sie fanden es scheußlich. Die Snack-Bar war geschlossen.

Das war das letzte Mal, daß wir es mit einem Familienurlaub versuchten, und während viele Eltern behaupten, sie fürchten den Sommer, weil sie dann ihre Kinder auf dem Hals haben, tue ich das nicht. Denn mein Mann und ich haben die perfekte Lösung für das Problem gefunden, wie man vierundzwanzig Stunden am Tag, sieben Tage die Woche, mit seinen Kindern verbringt. Die Lösung lag so klar auf der Hand, ich weiß nicht, warum wir nicht schon viel früher darauf gestoßen sind. Sie ist so einfach. Unsere Lösung?

Während der Sommermonate, vom Gedächtnistag Ende Mai bis zum Tag der Arbeit Anfang September, schlafen wir die ganze Nacht, und die Kinder schlafen den ganzen Tag.

11

Ein Mechaniker muß her!

Letztes Jahr zu Weihnachten schenkte mir mein Mann (der letzte der großen Romantiker) einen Toaster. Ich sollte dieses praktische Gerät nicht geringschätzen, denn ich hatte einen Toaster an die Spitze meiner Wunschliste gesetzt, wie es jede Mutter tun würde, die jahrelang versucht hat, Toast für zwölf in einem Zweischeibengerät zu machen.

Nun, ich hatte zwar gehofft, einen Toaster zu Weihnachten zu bekommen, doch der Toaster, den ich bekam, übertraf meine Erwartungen. Es war eine Vierscheibenvariante, gut, aber an der Stelle des einfachen Riegels zum „Herunterschieben“ befand sich ein Armaturenbrett mit Steuervorrichtungen, die kompliziert genug waren, um das ganze strategische Luftwaffenkommando zu kontrollieren.

An der linken unteren Ecke war ein Wählknopf, der die Farben hell, mittel, halbdunkel oder dunkel anbot, und gegenüber ein anderer für die Strukturbestimmung des Toasts: fest, weich, oder irgendwo dazwischen. Ein Wärmethermostat konnte die Temperaturregelung für tiefgekühltes Brot, frisches Brot, altbackenes Brot, Blätterteig und sogar Brötchen übernehmen, während ein weiterer Knopf den Toaster auf „Warmhalten“ programmierte (für das Kind, das noch immer oben ist und seine Socken sucht). Es gab eine Klemme zum Öffnen des Armaturenbretts, damit man die Bodenplatte von Krümeln reinigen konnte (nur für den Fall, daß der Toaster jemals in die Hände einer Hausfrau geriete, die ihre Bodenplatten reinigt), während zwei andere Knöpfe bedeutungslos schienen; vielleicht waren sie nur zur Zierde da.

„Das ist ein phantastischer Toaster", teilte ich meinem Mann mit, „aber er ist so kompliziert, daß ich ihn nie kapieren werde."

„Dazu gibt es ja die Bedienungsanleitung", erwiderte er. „Ist keine Bedienungsanleitung dabei?"

„Sechzehn Seiten", murmelte ich, während ich das Büchlein durchblätterte, „vier Seiten Japanisch, vier Deutsch, vier in irgendeiner Sprache, die wie Schwedisch aussieht, und vier mit graphischen Darstellungen, die auch nicht die entfernteste Ähnlichkeit mit diesem Gerät zeigen. Ich glaube, die Japaner haben da endlich Rache für den Zweiten Weltkrieg genommen."

„Du solltest keine Bedienungsanleitung nötig haben", sagte mein Mann. „Es ist doch nur ein Toaster; jedermann sollte draufkommen können, wie er funktioniert."

Um acht Uhr am nächsten Morgen war ich bereit, jedermann kommen zu lassen. Ich hatte fünfundvierzig Minuten darauf verwandt, die Farbkontrolle zu dechiffrieren, den Struktur-Regulator zu interpretieren, das Geheimnis des Thermostats zu lösen, die Bodenplatte zu untersuchen und mir über die beiden geheimnisvollen Schalter den Kopf zu zerbrechen, bis mir endlich klar wurde, daß sie „ein" und „aus" bedeuteten. Doch ich hatte alle Schalter in verschiedenen Schattierungs-, Struktur- und Temperaturgraden vor- und rückwärtsgedreht – ohne Erfolg. Der Toaster funktionierte nicht.

Als mein Mann zum Frühstück herunterkam, sagte ich: „Du wirst diesen Toaster zurücktragen müssen; er ist defekt. Ich glaube, mit dem Heizelement stimmt etwas nicht. Das Brot springt immer wieder als Brot heraus."

Mein Mann drehte den Toaster um und um, überprüfte die Knöpfe, Schalter und Regler, und dann sagte er: „Du hast recht; es ist das Heizelement. Es heizt nicht, bevor du es nicht einschaltest."

Also, wie sollte ich denn darauf kommen, wenn der Stecker und die Schnur fein säuberlich in diesem Geheimfach da außer Sicht- und Gedankenweite verstaut waren?!

Ich gebe zu, daß ich nicht elektronisch orientiert bin, doch vielleicht rührt das daher, daß ich in einer Zeit aufgewachsen bin, da die Elektronik noch nicht einmal in das Wörterbuch Einlaß gefunden hatte, geschweige denn in die herkömmliche Küche. Der Unterricht meiner Mutter in der Kunst der Haushaltsführung bereitete mich nicht für eine transistorisierte Welt vor, die beinahe zur Gänze von Schaltbrettern kontrolliert und von einem orientalischen Geist geschaffen ist.

Meine Mutter hatte es leicht. Wenn sie zum Beispiel ein Ei verschlagen wollte, mußte sie nur an dem Griff ihres *portable* Eierquirls drehen. (Sie wußte natürlich nicht, daß er *portable* war; sie wußte nur, daß man ihn nicht anstecken mußte. *Portable* und *elektrisch* waren Zukunftswörter.) Wenn ich heute ein Ei verschlagen will, muß ich die Schränke durchstöbern und ein klobiges Rührgerät hervorholen (das für gewöhnlich mit Schokolade verschmiert ist, weil die Kinder zuletzt Shakes darin gemacht haben), dann muß ich herauszufinden versuchen, wie ich „schlage", wenn auf den Knöpfen „Rühren", „Quirlen", „Schneiden", „Hacken", „Reiben", „Mahlen", „Schnetzeln", „Creme", „Frappé" und „Verflüssigen" steht, aber natürlich nicht „Schlagen".

Meine automatische Waschmaschine war als dermaschine“ propagiert. Das Wunder – so kon nur folgerichtig annehmen, nachdem ich sie hatte – besteht darin, daß sie einweicht, zweimal und dreimal spült, ohne daß die Wäsche sauber wird. Ich fürchte, das kommt daher, daß ich das Schaltbrett an der Maschine nicht begreife. Da sind siebzehn Druckknöpfe (auf keinem davon steht „Waschen“ oder wenigstens „Ein“), und ich kann die sechzigseitige Bedienungsanleitung nicht entziffern, da sie dreizehn von diesem Hersteller gefertigte Modelle behandelt, aber nicht, so dünkt mich, mein Modell.

Wenn irgend etwas mit meiner Waschmaschine schiefgeht (offen gesagt, warte ich noch immer darauf, daß irgend etwas glattgeht), muß ich einen Reparaturfachmann rufen, denn nur ein Ingenieur mit Doktorgrad kann möglicherweise eine so komplizierte Maschine verstehen.

Sie können sicher sein, daß meine Mutter keine so frustrierenden Erlebnisse mit *ihrer* Waschmaschine hatte, obwohl auch diese keinen „Ein“-Knopf aufwies. Es waren überhaupt keine Knöpfe, Schalter oder Hebel an ihr. Alles, was sie hatte, war ein Schlauch, der sich an den Wasserhahn über dem Kellerausguß anschließen ließ. Wenn ihre Maschine sich nicht mit Wasser füllen wollte, dann nur deshalb, weil sie vergessen hatte, den Hahn aufzudrehen. Wenn ihre Maschine überlief, zog sie einfach den Stöpsel unten heraus.

Und wenn die Maschine sich nicht entleeren wollte, brauchte sie nur den Arm ins Wasser zu tauchen und mit den Fingern herumzufischen, bis sie den flüchtigen Socken fand, der den Abfluß blockierte. (Ihre alte Waschmaschine strebte damals schon nach „Höherem“; sie wollte eine „Sockenfresserin“ sein wie ihre komplizierten Schwestern von heute.)

Die in Mutters Maschine gewaschenen Kleidungsstücke wurden immer sauber, und wenn auch nur aus Angst. Sie wußten, wenn sie nicht sauber herauskämen, würde sie sie auf dem Waschbrett windelweich prügeln. Ich versuchte meine Wäsche dadurch einzuschüchtern, daß ich ein Waschbrett in ihre Sichtweite stellte, doch das nützte überhaupt nichts. Meine Wäsche weiß sehr wohl, daß ich mir die Knöchel nicht an diesem Monstrum wundscheuern werde.

Es sind nicht nur der Toaster und die Waschmaschine, die über mich triumphieren; es ist auch das Bügeleisen (das von Mutter konnte auf „Ein" und „Aus" gestellt werden; meines hat eine Schalttabelle, die nur ein Wissenschaftler interpretieren könnte), der Kühlschrank (mit seinem Eismacher, Eiszerkleinerer, der Abtau-Automatik, dem Feuchtigkeitsregler, den temperaturgeregelten Fächern für Fleisch, Gemüse und Cola ... die alle nicht richtig funktionieren, weil ich sie – sagt der Service-Mann – nicht richtig verwende), und der Kochherd, auf dem ich nur einen Brenner benützen kann, weil alle anderen automatisch, thermostatisch oder einfach dreckverkrustet sind, und ich sie nicht reinigen kann, weil ich keinen blassen Schimmer habe, wie man das verdammte Ding auseinandernimmt.

Ich kann die Brenner nicht auseinandernehmen, weil meine Unkenntnis der Mechanik meiner Unkenntnis der Elektronik um nichts nachsteht. Ein Werkzeug in meinen Händen ist so fehl am Platz wie ein Meßbuch in den Händen von Irma la Douce. Ich kann eine Zange nicht von einem Schraubenschlüssel unterscheiden, und unter einem „Schraubenzieher" verstehe ich immer noch lieber ein schmackhaftes Orangengetränk mit Wodka.

Ich wuchs in einer Zeit auf, da Werkzeuge „maskulin“ waren. Außer einem kleinen Spaten oder einer Gartenschere nahm eine Dame keine Werkzeuge zur Hand. Meine Mutter hat nie in ihrem Leben einen Reifen gewechselt, einen elektrischen Anschluß repariert oder das Fangsieb unter dem Küchenausguß zerlegt. Ihr Talent lag eher auf kulinarischem als auf handwerklichem Gebiet, und während sie wörtlich aus dem umfangreichsten Kochbuch zitieren konnte, vermochte sie doch nie das einfachste Mechanik-Handbuch zu deuten.

So überrascht es vielleicht nicht, daß ich in der Meinung aufwuchs, „mein Platz“ sei in der Küche, und nicht in der Kellerwerkstatt. Aber wenn ich noch einmal die Wahl hätte, würde ich statt Hauswirtschaftslehre Werkerziehung studieren, denn die moderne Technologie ist zwar auf dem Gebiet der Konfektionsnahrung und Konfektionskleidung beträchtlich fortgeschritten, jedoch beklagenswert rückschrittlich, was Konfektions-Spielsachen betrifft.

Denken Sie doch nach. Wie lange ist es her, daß Sie ein Spielzeug gekauft haben, das man nicht zusammensetzen mußte? (Meine Schwester behauptet, daß das einzige, was man heutzutage zusammengesetzt bekommt, ein Baby ist.)

Nehmen Sie zum Beispiel Fahrräder. Wenn zu meiner Zeit ein Kind das Alter erreichte, da es ein Fahrrad lenken durfte, fürte sein Vater es in ein Sportartikelgeschäft, wo es ein Fahrrad aussuchte und damit nach Hause fuhr.

Jetzt nicht mehr. Wenn heute ein Kind alt genug ist, um ein Fahrrad zu lenken, führen Sie es in das Geschäft, wo Sie Fabrikat, Modell und Farbe aussuchen, die Sie sich leisten können (es ist nie das, was das Kind will), warten sechs Wochen darauf, daß das Bestellte einlangt, dann gehen Sie wieder hin und erhalten einen fest versiegelten

Karton mit 1746 Einzelteilen. Zuletzt schleppen Sie den Karton nach Hause und bringen die nächsten drei Tage damit zu, das Fahrrad zusammenzusetzen.

Jahrelang war das Zusammensetzen der Bloomingdale-Fahrräder die Aufgabe meines werkzeugerfahrenen Mannes, doch als wir zuletzt ein Fahrrad kauften, war er verreist, und die Sache blieb an mir hängen.

Wir hatten ein neues Fahrrad für Patricks Geburtstag bestellt, und als man uns vom Sportartikelgeschäft anrief und das Eintreffen der Bestellung meldete, bestand Patrick darauf, daß wir nicht warten sollten, bis sein Vater nach Hause käme, um das Fahrrad zusammenzusetzen.

„Holen wir das Rad ab und bringen wir's nach Hause", sagte Pat. „Ich helfe dir beim Zusammensetzen."

Da ich wußte, daß mein elfjähriger Pat mit Werkzeugen etwa so geschickt war wie seine Mutter, rief ich in dem Geschäft an und fragte, ob man mir einen Gefallen tun und das Fahrrad zusammensetzen würde.

„Sicher", sagte der Angestellte freundlich. „Sehr gerne. Es kostet Sie fünfundzwanzig Dollar, und Sie können es Donnerstag in einer Woche abholen."

Ich war nicht gewillt, fünfundzwanzig Dollar zu bezahlen, damit dieses Fahrrad zusammengesetzt würde; ich hatte bereits mehr für das Rad bezahlt als mein Opa Cooney für seinen Pontiac, und ich wußte, Pat konnte nicht noch eine Woche warten.

Also fuhren Patrick und ich zu dem Geschäft, karrten das riesige Paket nach Hause und luden es in der Zufahrt ab, wo ich das Ding zusammensetzen wollte.

„Wir müssen dieses Paket aufkriegen, Pat", sagte ich. „Lauf hinein und bring mir etwas, womit ich es aufschneiden kann."

Pat ging rasch ins Haus und kam mit meiner besten Manikürschere zurück.

„Nein, nein, Patrick, damit geht's nicht", wandte ich ein. „Ich brauche etwas Stärkeres."

Patrick fand einen Schraubenzieher und eine Küchenschere, und gemeinsam schafften wir es, den Karton aufzubrechen, den Inhalt auf den Boden zu leeren – aha! – keine Anleitung.

Ich rief das Geschäft an und beschwerte mich.

„Sie brauchen keine Anleitung", beharrte der Angestellte, „Sie müssen nur den Rahmen zusammenstellen, die Lenkstange und den Sitz anschrauben, die Pedale draufstecken, und fertig. Es ist so einfach, jedes Kind kann das."

Jedes Kind kann das. Wie ich das hasse, wenn man mir so etwas sagt. Ein Kind kann auch die Streuvorrichtung von Kuchenmasse-Paketen öffnen und die Sicherheitsverschlüsse von Medizinflaschen herunterreißen – was ich nicht kann.

Doch auf Patricks Drängen hin machte ich mich an die Arbeit. (Jetzt fragen Sie sich vielleicht, wo Patricks Brüder waren, als das alles geschah. Warum waren sie nicht da, um zu helfen? Wenn ich wüßte, wie es den Jungen immer zu verschwinden gelingt, wenn es Arbeit gibt, dann würde ich nicht dieses dumme Buch schreiben. Dann würde ich einen Bestseller schreiben.)

Endlich bekam ich den Rahmen zusammen, und – siehe da – die Lenkstange lavierte nach Süd-Südwest. Ich nahm sie ab und setzte sie wieder auf. Nord-Nordost. Noch einmal. Endlich hatten wir die Lenkstange richtungsmäßig angepaßt, als das Hinterrad herunterfiel. Wie unfair! Das war angeblich fabriksfertig! Wir drückten das Rad wieder an, steckten die Pedale auf, schraubten den Sitz fest und sahen uns nun der schwierigsten

Aufgabe von allen gegenüber: den Lenkstangengriffen.

Ich habe zehn Generationen von Dreirädern ertragen, und ich weiß um das Griff-Phänomen sehr gut Bescheid. Der Durchmesser der Lenkstange ist immer etwa zwei Millimeter größer als der Durchmesser der Griffe. Sie können drücken, ziehen, zerren oder schieben, die Griffe passen nicht auf die Stange.

Während ich mich mit dieser unlösbaren Aufgabe abmühte, kam meine sechzehnjährige Tochter Peggy den Fahrweg heraufspaziert.

„Was machst du denn da, Mami?" erkundigte sie sich liebenswürdig.

„Wonach sieht es denn aus?" gab ich sarkastisch zurück, während ich die Griffe in der vergeblichen Hoffnung vertauschte, daß der linke vielleicht größer wäre als der rechte.

„Wenn du diese Griffe draufkriegen willst", lehrte sie, „stellst du das verkehrt an."

„Und ich nehme an, du weißt, wie man's richtig macht?"

„Klar. Leg die Griffe einfach in heißes Wasser, bis sie ein bißchen weich werden, dann schmierst du die Lenkstange mit Fett ein, und die Griffe müßten sich leicht draufstecken lassen."

„Wo hast du das gelernt?" fragte ich, von Ehrfurcht übermannt.

„In Hauswirtschaftslehre."

„In Hauswirtschaft? Ich dachte, alles, was sie da unterrichten, ist Kochen und Nähen."

„Nur im ersten Semester. Im zweiten Semester lernen wir Haushaltsreparaturen, Automechanik und das Zusammensetzen von Haushaltsgeräten. Die Dinge haben sich geändert seit deiner Zeit, Mami."

Ich muß schon sagen. Zu meiner Zeit wuchsen die

Griffe von selbst auf den Lenkstangen!

Endlich bekam ich das Fahrrad zusammen, und als mein Mann es sah, war er so stolz auf mich, daß er drohte, mir eine komplett eingerichtete Werkstätte zu Weihnachten zu schenken.

„Wenn du mir eine Werkstätte schenkst, schenke ich dir eine Scheidung", antwortete ich. „Dieses Jahr möchte ich zu Weihnachten ein Geschenk, das hübsch und teuer ist, und ausgesprochen feminin. Außerdem will ich nichts Nützliches!"

Er befolgte meine Anweisungen, was letzteres betraf. Er schenkte mir eine wunderschöne, teure Tasche, die völlig nutzlos ist, weil es mir nicht gelingt, den verflixten Verschluß aufzubekommen, oder das Geheimfach zu finden, oder die widerspenstige Schlüsselkette zum Aufschnappen zu bringen, oder das Photo-Ausweis-Kreditkarten-Etui zu entwirren, oder mein Scheckbuch in das dafür bestimmte Fach zu zwängen.

Nächstes Jahr werde ich ihn um einen Diamantring bitten, und es wird mich kein bißchen stören, wenn er nicht zusammengesetzt ist.

12

Der Siegesgarten kapituliert

Es kann sehr wohl sein, daß ich vom Staat Nebraska ausgewiesen werde, weil ich diese Feststellung treffe, aber mein Gewissen – ebenso wie mein schmerzender Rücken – zwingen mich dazu:

Ich bin keine Gärtnerin.

Obwohl ich das vergangene Vierteljahrhundert in diesem landwirtschaftlich höchst fruchtbaren und ertragreichen Staat verlebt habe, mich an der Gastfreundlichkeit der Menschen freute und an ihrem agrarischen Stolz wärmte, teile ich ihre Liebe zur Scholle nicht. Ich mag nicht im Dreck wühlen; ich finde keine Erfüllung darin zu säen und zu ernten. Ich will keine Gärtnerin sein, nicht einmal eine Hobby-Gärtnerin.

Ich habe nichts gegen Gärtner, verstehen Sie. Aber ja, ich liebe sie herzlich, denn sie machen es möglich, daß ich meinem liebsten Zeitvertreib frönen kann: dem Essen. Ich beneide die Gärtner sogar um ihr Talent; nur habe ich dieses Talent nicht mit ihnen gemeinsam. Wenn ich eine saftige Tomate, frischen grünen Salat oder einen gekochten Maiskolben mit Butter essen will, gehe ich zum Gemüsehändler und kaufe sie ... oder, noch besser, ins Restaurant und bestelle sie. Was ich nicht tue, weil ich es nicht kann, ist das Züchten von Gemüse.

Ich schäme mich nicht dafür, daß ich keinen grünen Daumen habe; ich gebe sogar fröhlichen Herzens zu, daß ich gar keinen grünen Daumen will. Und was ich sogar noch weniger will als einen grünen Daumen, ist ein Garten im Hinterhof.

Warum habe ich dann die letzten drei Monate knöcheltief in gedüngter Erde gesteckt – zerfressen von Insekten, erstickt von Schädlingsbekämpfungsmittel, zerkratzt von Gurkenranken, eingeschüchtert von hohen Maisstengeln, und zur Weißglut getrieben von Kaninchen, die mit mir einen Wettlauf zum Salat veranstalteten und gewannen?

Weil ich mit einem gebürtigen Nebrasker verheiratet bin, darum.

Als ich meinen Heimatstaat Missouri verließ, um in Nebraska aufs College zu gehen, versicherte man mir, nicht alle Nebrasker seien Bauern. Manche seien Rancher, manche Geschäftsleute, manche führen Kleinstadtgeschäfte. Es ging auch das Gerücht, es gebe sogar Leute, die – geboren und aufgewachsen in der Stadt Omaha – niemals den Fuß in ein Maisfeld gesetzt, die Hand auf einen Pflug gelegt, mit dem Hahnenschrei das Bett verlassen, oder ein Kind schreien gehört haben: „Maiskolben putzen? Bei dieser Hitze? Du spinnst ja!"

Viel zu spät erst erfuhr ich, daß auch der gebildetste Stadtfrack von Nebraska sich als verhinderten Gärtner betrachtet; und wenn er einen Flecken unbepflanzten Bodens erblickt, fühlt er sich genötigt, etwas anzubauen . . . irgend etwas . . . vorzugsweise etwas Eßbares.

In meinen Collegetagen verabredete ich mich wahllos mit Bauernburschen, Viehzüchtern und sogar Fußballspielern, doch als die Zeit zum Heiraten und Seßhaftwerden kam, wählte ich – im Bewußtsein meiner Allergie gegen die Landwirtschaft – meinen Ehemann mit großer Sorgfalt aus. Ich entschied mich für einen Akdemiker – einen Rechtsanwalt, der nur im Gerichtssaal oder im

Hörsaal glücklich war. Gewiß würde mein Mann und Professor der Jurisprudenz zu sehr mit Gesetzesbüchern beschäftigt sein, um sich für Tomaten zu interessieren.

Und tatsächlich, in den nächsten zwei Jahrzehnten zeigte mein Mann keinerlei Interesse daran, irgend etwas anderes zu züchten als Kinder – ein Hobby, dem wir beide mit der gleichen Begeisterung frönten.

Sie können sich also vorstellen, wie überrascht ich war, als er nach etwa zwanzig gartenlosen Sommern eines Nachmittags vom Büro nach Hause kam und außer seiner Aktentasche einen Spaten, eine Hacke und ein 35-Dollar-Buch mit dem Titel „Wie man sein eigenes Abendessen anbaut" heranschleppte.

„Ich habe mir schon immer einen Hinterhof-Garten gewünscht!" erklärte er, während er ein Dutzend Samenpäckchen aus seiner Aktentasche zog – und aus irgendeinem seltsamen Grund begannen meine Finger steif zu werden, begann es in meinem Kopf zu pochen und in meinem Rücken zu schmerzen, als ich der Samen ansichtig wurde. *Déjà vu!*

Plötzlich sah ich mich in den Sommer 1942 zurückversetzt. Der Zweite Weltkrieg lastete auf uns, und aus Gründen, die mir jetzt unerfindlich sind und es wahrscheinlich auch damals waren, wurde jeder Amerikaner dazu ermutigt, einen Siegesgarten anzulegen. Meine Mutter, die mit ihren Ideen allen anderen in der Stadt stets weit voraus war, entschied, daß *unser* Siegesgarten kein „eigenes Fleckchen Erde in unserem Hinterhof" sein solle, sondern ein viertausend Quadratmeter großes Grundstück, auf dem wir Gemüse anbauen würden, um das Schulausspeisungs-Programm zu erweitern. Nie mehr würden wir Kinderchen mit „diesen schrecklich monotonen, trostlosen" (absolut köstlichen!) Erdnußbutter- und Marmeladebrötchen, und „diesen altbackenen, krümelnden“ (ach so himmlischen!) Kartoffel-Chips unsere hungrigen Mägen füllen müssen. Von nun an würden die Schulkinder ein *nahrhaftes* (das Wort allein hätte uns warnen müssen) Essen bekommen, und zwar mit so deliziösen Gerichten wie heißen, in Butter geschwenkten grünen Bohnen, Spinatauflauf und gratinierten Rüben. (Rüben, iiiechhhh!)

Das Essen wurde zu einem unglaublich niedrigen Preis angeboten, weil Mutter die Unkosten dadurch gering hielt, daß sie unglaublich billige Arbeitskraft verwendete. Keine Bezahlung ist ungefähr die niedrigste Bezahlung, die man bekommen kann, und wir, ihre gehorsamen aber unwilligen Kinder, waren die überarbeiteten und unbezahlten Arbeitskräfte.

Jeden Sommer dieser Kriegsjahre pflügten und pflanzten wir – mein Bruder, meine Schwestern und ich –, gossen und jäteten, rupften und pflückten, und brachten schließlich die Ernte ein, die wir dann zur Schulküche transportierten, wo wir unsere Abende damit zubrachten, den Mais zu schroten, die Bohnen zu entschoten, die Erbsen zu enthülsen und die Rüben zu verstecken. (Es war schlimm genug, daß wir die Dinger anbauen mußten; wir wollten sie nicht auch noch essen.)

Mein Rücken tut mir heute noch weh, wenn ich an das Pflügen und Pflanzen denke; meine Finger werden steif, wenn ich mich an das Entschoten und Enthülsen erinnere; und in meinem Kopf beginnt es zu pochen, wenn wir die Namen einfallen, die uns die anderen Kinder gaben, wenn sie den Spinatauflauf essen mußten.

Als ich älter wurde, begann ich mich an die grünen Bohnen und den Spinat zu gewöhnen (nicht an die Rüben; soweit bin ich noch nicht), doch glaube ich, daß das nicht durch eine Veränderung meines eigenen Geschmacks, sondern eher durch eine Veränderung im

Gemüse an sich bewirkt wurde. Dieses vorgewaschene, vorgepackte und manchmal sogar vorgekochte Gemüse aus dem Supermarkt ist sehr viel verlockender als die erdigen, schmierigen Dinger, die man in seinem eigenen Hinterhof ausgräbt.

Mein Mann riß mich aus meiner Träumerei, indem er enthusiastisch verkündete:

„Das wird ein großer Spaß, und außerdem sparen wir noch Geld dabei. Wir machen ein Familienunternehmen daraus. Ich liebe es zuzusehen, wie etwas wächst!"

Und das tat er auch. Er sah zu.

Während Danny rodete und Timmy pflanzte und Peggy goß und Annie jätete und Patrick die Kaninchen aus dem Kohlfeld jagte, saß ihr Vater stolz auf der Veranda und beaufsichtigte ihr Tun. Da die Veranda auf der dem Garten abgewandten Seite des Hauses ist, geriet die Beaufsichtigung jedoch etwas kärglich – was vielleicht erklärt, warum Danny nur den halben Garten rodete und Timmy die andere Hälfte bepflanzte; warum Peggy das Unkraut goß und Annie die Bohnen jätete (sie sehen wirklich ein bißchen wie Unkraut aus; schmecken auch so, sagt Annie), und warum Patrick die Kaninchen in den Keller jagte, wo er sie versteckt hielt, bis sie sich um ein Vielfaches vermehrt und den ganzen Heizraum bevölkert hatten.

Trotz alledem zogen wir wirklich Gemüse . . . sozusagen. Es wäre vielleicht von Nutzen gewesen, wenn irgend jemand sich die Zeit und Mühe genommen und das 35-Dollar-Buch („Wie man sein eigenes Abendessen anbaut") gelesen hätte. Denn es wäre uns gewiß von Vorteil gewesen zu wissen, daß man Mais nicht an der Schattenseite des Hauses baut, daß man Tomaten stützt – damit man nicht auf sie tritt – und besprüht – damit die Insekten sie nicht auffressen –, oder daß Gurken sparsam angebaut werden müssen. Bis zum heutigen Tag will sich Timmy (stets loyal seinem Vater gegenüber) nicht daran „erinnern“, wie viele Gurkensamen dieser ihm zu säen gebot. Es genügt wohl, wenn ich sage, daß diesen ganzen Sommer hindurch weder wir noch unsere drei nördlichen Nachbarn ihre Hinterhöfe mähen mußten, weil das Gras durch das rapide und unaufhörliche Wachstum der Gurkenranken unrettbar erstickt wurde.

Leider machten sich unsere Tomaten nicht so gut, da sie von Maispflanzen überschattet waren, die tatsächlich „in den Himmel“ wuchsen, aber nicht die Fülle an Ertrag einbrachten, die wir erhofft hatten. Wir erhielten einen Scheffel Kolben, doch kein einziger davon war länger als zehn Zentimeter. Wir fanden nie heraus, warum das so war, und ich bin nicht gesonnen, die Angelegenheit näher zu untersuchen, denn ich fürchte, mein geliebter Hinterhof-Gärtner könnte vielleicht darauf bestehen, daß wir es nächstes Jahr noch einmal versuchen.

Mit großer Erleichterung begrüßte ich den ersten Frost, und bei der nächstbesten Gelegenheit säuberte ich den Garten von Maispflanzen und Gurkenranken und stach die Erde um, damit im Frühling das Unkraut wieder unseren Hof besiedeln konnte.

Und mit dieser Erklärung habe ich mich ganz sicher zum Exil verdammt, denn wenn es etwas gibt, das die Einwohner von Nebraska mit größerem Stolz erfüllt als ihr geliebter Garten, dann ist es ihr wunderschöner Rasen – belegt mit teurem, gepflegtem Edelgras.

Wie können sie von mir erwarten, daß ich Edelgras anbaue, wenn ich nicht einmal daran denken kann, meine Hinterhofwiese „Rasen“ zu nennen?

13

Was sie am liebsten haben

Ich gebe zu, daß ich wahrscheinlich die einzige Mutter in Amerika bin, die kein Kochbuch besitzt. Es kamen mir wohl ein paar in die Hände, im Lauf der Jahre ... eines erhielt ich als Brautgeschenk von meiner Freundin Rita, mit der ich eine Wohnung geteilt hatte (und die Mahlzeiten), ein anderes anonym als Hochzeitsgeschenk (ich habe noch immer meine Schwiegermutter im Verdacht), wieder ein anderes fünf Jahre später von einer beschämten Mutter (meiner), und ein weiteres anläßlich eines Weihnachtsfestes – ein Geschenk von einem hungrigen Ehemann (leider ebenso meinem). Letztes Jahr schenkten mir die Kinder zur Feier meines fünfundzwanzigsten Hochzeitstags ein „Kochbuch für Anfänger" aus der Reihe „Bessere Heim- und Gartengestaltung". Ich fand das nicht sehr lustig.

Ich habe es bis jetzt immer geschafft, diese Kochbücher loszuwerden, indem ich sie „verlor", an Büchermärkte verschleuderte oder meiner Schwiegertochter schenkte, die zu höflich ist, um mir zu sagen, daß sie sie nicht will.

Die Wahrheit ist: Kochbücher deprimieren mich. Einerlei, wie wenige Zutaten man braucht, oder wie einfach der Kochvorgang ist, ich komme mit den Rezepten nicht zurecht. Ich erwarte immer, daß das fertige Produkt so aussieht wie das Bild im Kochbuch, und das tut es natürlich nie.

Ich habe es sogar mit den bilderlosen Kochbüchern versucht, diesen „Hausrezept"-Büchern, die Kirchengemeinden und Herbergsverbände herstellen und verkaufen, um Geldmittel für ihre Organisationen zu beschaffen. Immer behaupten sie, in diesen Büchern befänden sich „leichte, einfache Rezepte", zusammengestellt von Frauen, die das Kochen genau so hassen wie ich. Wenn das so einfache Rezepte sind, wie kommt es dann, daß man zweiunddreißig Zutaten braucht, um Spaghetti zu machen? Ich kaufe diese Kochbücher noch immer, weil sie zur Geldmittelbeschaffung für gute Zwecke dienen, aber ich schenke sie immer so schnell wie möglich weiter – aus Angst, meine Familie könnte sie finden und mir nahelegen, sie zu benützen.

Ich gehe ihnen allen aus dem Weg – seien es Kochbücher für Feinschmecker, sparsame Küche, Bestseller, kostenlose Zugaben der Supermärkte, oder Ausschnitte aus Illustrierten und Zeitungen. Doch neulich begegnete mir in meiner Küche ein Kochbuch, das mir das Herz wärmte, wenn auch nicht meinen Herd. Unter dem Titel „Was wir am liebsten haben" war es von einer ersten Klasse der katholischen Knaben- und Mädchenschule in St. Joseph, Missouri, verfaßt, und ich ergänze es hier durch einige ausgewählte Rezepte der ersten Klasse der Grundschule Zur Heiligen Johanna von Orleans in Omaha, Nebraska. Die Rezepte sind zwar ein reines Vergnügen, doch muß ich Ihnen sagen, daß ich sie Ihnen nur als Lesevergnügen empfehle . . . kochen und essen Sie auf eigenes Risiko!

Um das „Aroma" zu erhalten, sind die Rezepte genau so abgedruckt, wie sie von den Kindern niedergeschrieben wurden.

TACOS

Zuers kochst du den Teigboden eine Stunde dan nimst du den Teigboden aus dem Ofen. Wenn du Tomahten hast, dann gieb sie in eine Schüßel. Dan nimst du Hakfleisch, wenn du eines hast. Dan giebst du es in eine Pfane. Dan nimst du Kähse, wen du Kähse hast. Dan wirfst du alles auf den Teig.

GEMISCHTER SALAT

Reiß das Zeug aus und gieb es in eine Schüßel. Gieb Salatressing drauf.

HUHN

Hol ein Huhn aus dem Laden und wikel es aus. Gieb ein Pulfer drauf. Gieb es in eine Pfane. Stel den Herd auf 15 Grat und koche bis die Gloke leutet.

MASKETTI UND FLEISCHKLÖSE

Geh in den Laden und kaufe Fleisch und mache Klöse ungefär so gros wie dein Mund. Gieb die Klöse in die Bratpfane auf deinen Ofen – warte bis das Fleisch gar ist. Nim es vom Ofen und gieb es in eine große Schüßel. Kaufe lange harte Masketti und gieb sie in einen Topf mit Waßer. Mach den Ofen an und warte bis es fertig ist. Nim es vom Ofen und gieb es in die Schüßel mit den Fleischklösen. Misch es zusamen.

STEHK

½ Zwiebel in kleine Stüke geschnitten und ein Stehk. Wenn du es auf dem Grilla machen wilst, machst es so: erst bitest du einen erwachsenen er sol Holzkole holen und einen Grilla und dan legst du die Zweibelstüke oben drauf und dan holst du den Grilla und legst das Stehk auf den Grilla und das ist ales.

GEKOCHTE EIER

Nim soviele Eier wie du wilst dan gieb sie in einen Topf dan koche sie bis sie sprudeln dann mach ein X drauf dan gieb sie in den Külschrank.

SÜSE BRÖTCHEN

Nimm einen Kübel Pilsberry-Süsbrötchenzutatn. Bake es. Erhize es 800 Stunden dann nim es heraus. Iß.

BRAUSELIMMONADE

Du giebst die Brauselimmonade in ein glas und du kanst Äpfel oder Weindrauben hineingeben und fertig.

KUCHEN

Nim zwei Taßen Waßer. Rüre das schwarze Zeug hinein das so gut schmekt. Gieb es in eine Pfane. Gieb es in den Ofen. Stel den Ofen auf kochen.

MAKRONI

Du kochst sie. Gieb sie in eine Schüsel. Dan läst du das Waßer heraus. Dan kochst du es ein bischen meer dan giebst du es auf einen Teler.

SCHOCKOLADEKEKSE MIT ERDNÜSE

2½ Meter Erdnusbuter; 1.000 Erdnüse oder meer; 30 Schockolade Tafeln. Alles zusammenmischen. In Pfanen geben. 1000 Sekunden bei 30 grad kochen.

SCHOCKOLADEFLOCKENKEKSE

1 Tase Zimtzucker; 1 Tase Milch; 1 Sak Schockoladeflocken. Verüren. Nim einen Löfel. Mach Teigkugeln. Gieb es in Pfane. Dan gieb es in Ofen bei 1 grad. Dre das Licht an im Ofen. Öfne und schliese tür bis sie fertig sind.

ERDBERKUCHEN

Nim eine Bakpfahne. Sieb Sane in die Pfane. Nim den teig und role in. Vergis nicht die Erdberen in die Sahne zu geben. Jetz is es Zeit für den lezten teil. Gieb den Zuker hinein. Dan gieb den Teig in den Zuker dan gieb den Kuchen in die Pfane dan gieb die Pfane hinein und bake 20 Min. Dan ister Kuchen fertig.

PIZZA

Nim zwei Taßen Meel und eine Taße Zuker und ein Stük Buter und mische es mit einem Schlahgbesen. Koche Hakfleisch und Domatentschus und wen es fertig ist gieb es auf dem Teig. Dan gieb Fleisch drauf und fiele grüne Oliwen und Sadeln.

DEUTSCHER SCHOCKOLADEKUCHEN

7 Tehlöfel Bakpulfer. 2 Taßen Meel. 4 aufgeschlagene Eier. Zukerglasuhr. 3 Tasen Kokosnus. Bake 1 Stunde.

SCHWEIN IM SCHLAFROK

Du brauchst Schpek, Keese, Würstel. Nim das Würstel. Wikel den Kese um das Würstel. Leg den Schpek oben drauf. Koche 10 minuten oberhize. Dan umdren. Serwian.

HAMBUAGA

Kaufe Hakfleisch. Schlag das Hakfleisch zusammen. Gieb Salts auf die Hambuaga. Gieb es in den Ofen bei 509 Tempraduhr. Koche 2 dagelang.

ZIDRONENLIMMONADE

Nim eine Zidrone heraus und nim eine kanne und DRÜKE SIE FEST AUS. Gieb es in den Kühlschrank.

KEKSE!!!

4 Eslöfel Bakpulfer, 2 Teelöfel Salz. Gut mischen. Bake bis 35 grat 3 stundenlang. Gieb 2 Eier dazu, 4 Tasen Meel. Misch bis keine glumpen sin. Dan bake bis 35 Grat zwei stundenlang. Dan nim es heraus und las es abkülen. DAN ISS!!!

REISKNUSPERLEKUCHEN

2 Tasen Reisknusperle – 1 halbes Stük Buter – 1 Glas Sirub. Gieb 1 Tase Pfefer, 2 Eslöfel Zuker, 1 Briese Salz. Las buter schmeltzen bei 150 C. gieb Reisknusperle hinein. Gieb Sirub dazu. Rüre 1 stunde. Gieb es in Pfane in Ofen und stehle die Zeit auf 24 Stunden. Es ist super. Versuches!

SPAGETTI

Sez einen Topf heises Waser auf und las es eine halbe Stunde kochen dann gieb die Sapgetti in den Topf zen minuten dann las das Waser abfliesen und gieb die Spagetti in eine Schussel.

KNOBLAUCHTOST

Gieb einen Eslöfel Knoblauch auf Brot und gieb es in den Ofen 20 Minuten bei 200 Grat.

HAMBURGA

Mache mit der hand kleine Leibchen. Koche im Ofen 70 grad 20 stunden. Wen sie nicht fertig sin, stele die Ur wider auf 20 stunden. Gieb sie auf brötchen. Gut mit Semf und Ketschap.

ZUKERL

Du nimst ein bischen Speisefarbe und du nimmst eine Austechform und du giebst sie in den Külschrank und fertig.

PIZZA

Du nimmst den Teigrand dan nimst du den teig dan streichst du in an dan geibst du Kese drauf dan bakst du es.

ÜBERASCHUNGSKEKSE: SCHMATZ!

1 Eier. 2 Tasen Zuker, ½ Tase Meel, 1 Teelöfel Waser, 3 Eslöfel staubzuker, ½ Stüke Buter. Nicht vergesen. Gut mischen. Rolle mit einem Rolholz. Dan in die helfte schneiden. Nim eine helfte und schneide in fünf Finger breite Vierecke. Gieb Rosienen oder Gumizukerl drauf oder was du wilst. Gieb es in den Ofen 8 Minuten wenn sie gut durch sein solen. Fiel glük.

SAUERAHMPFANKUCHEN

Saueram – 1 Tase Mel – 1 Tase Sierupp – koche 5 Minuten Temperadur 150. Dan servien.

HAMBUGE

Mama nimt das Hakfleisch in die hand und sie drükt es flach. Und kocht es bis 301 Graden. Wenn es fertig giebt sie Senpf und Ketschab drauf und ich esse es. Und manchmal wil ich noch eins.

TACOS

Gieb 2 millimeter Fleisch und 2 Eslöfel und eine Tase Kopf Salat und 2 Tasen Kähse und Schafe Sos.

PIZZA

Nim eine teigrole und walze sie zu einen greis. 1/2 Tase Domatensos, 3 Pfund Kese, 1 Pfund Hakfleisch, 3 Tasen faschieten Spek. Sträue die Sos auf den teig dan gieb den Kese drauf dan das Hakfleisch, dan den faschieten Spek. Koche bei 300 gieb die Pizza forsichtig hinein. Koche 30 Minuten und es ist fertig!

SPAHGEL

Zurest wascht du in ab dan kochst du in.

SCHOCKOLADEKUCHEN MIT SCHOCKOLADEGLASUHR

Richte in her. Bake in. Is in.

Ich weiß nicht, wer diese letzten beiden Rezepte geschrieben hat, aber ich möchte wetten, daß es jemand war, der mit mir verwandt ist.

14

Geschichte, weibl. – *männl.!**

Mein Wörterbuch sagt: Geschichte, w., (-n).

Daß ich nicht lache. *Die* Geschichte? Welche Geschichte? Meine, deine, seine, ihre ... *seine* – *ihre??* Wozu denn die Geschlechtsangabe? Es ist doch klar, daß *Geschichte* „männlich" sein muß. *Seine Geschichte.* Nach *ihrer Geschichte* hat noch nie jemand gefragt.

Was ist denn überhaupt Geschichte? Nichts als die Version eines Menschen von einem aktuellen Ereignis, die einfach dadurch Glaubwürdigkeit erlangt hat, daß sie im Druck erschienen ist. Je älter die Geschichte wird, desto glaubwürdiger findet man sie; wenn sie dann endlich in den Geschichtsbüchern erscheint, wird die Glaubwürdigkeit zur untrüglichen Gewißheit.

Doch was, wenn der Mann die Tatsachen von Anfang an verdreht hat? Denken Sie doch einmal über die „Geschichte" nach. Wir verschlingen den ganzen Stoff über das alte Griechenland, die Gallischen Kriege und die Roosevelt-Regierung, und denken nie auch nur einen Augenblick darüber nach, ob es vielleicht eine andere Version der Geschichte gegeben haben könnte. (*Ihre,* zum Beispiel.)

Je älter ich werde, desto öfter denke ich über die Genauigkeit der „Geschichte" nach. Wir akzeptieren diese Erzählung von einem Menschen, der möglicher-

* Die Originalüberschrift lautet „History vs. Herstory"; unübersetzbares Wortspiel (Anm. d. Ü.)

weise nicht einmal dabei war. Höchstwahrscheinlich stützt er seine Geschichte auf bruchstückhafte Informationen, die er von den Nachbarn aufgeschnappt hat oder, noch schlimmer, von irgendwelchen Kindern. Mich schaudert, wenn ich an die Verläßlichkeit solcher Quellen denke.

Nehmen Sie zum Beispiel eine Geschichte, die in der heutigen Morgenzeitung unter folgender Schlagzeile erschien: FEUERSBRUNST GERÄT AUSSER KONTROLLE, WÄHREND MUTTER HILFLOSES KIND SCHLÄGT. Ein Begleitphoto sollte den Tatbestand verifizieren: herumsausende Feuerwehrleute, die große Helme trugen und lange Schläuche schleppten, während im Vordergrund ein nicht identifizierbarer Feuerwehrmann offenbar versuchte, eine Frau zu bändigen, deren Kind auf dem Boden kauerte.

Ich habe die Geschichte nicht gelesen, weil ich sie kannte. Ich war dabei.

Es war keine „Feuersbrunst“. Nur ein bißchen Rauch von unserem Holzkohlengrill, der ein paar Funken sprühte, als ich ein wenig Kerosin auf die Kohlen spritzte. Na ja, es war vielleicht ein bißchen mehr Kerosin, und die Funken mochten wie Flammen ausgesehen haben, aber ich hatte alles unter Kontrolle. Es war wirklich kein Grund vorhanden, daß die Nachbarn die Feuerwehr anriefen, oder daß diese dann die Zeitungen verständigte. Niemand war überraschter als ich, als aus zwei Richtungen Sirenen zu hören waren (ist es eigentlich üblich, daß zusätzlich zu den Feuerwehrwagen gleich eine ganze Rettungsmannschaft kommt?) und ich sah, wie in meinem Hinterhof Feuerwehrmänner landeten, Äxte schwangen und dreißig Meter Schlauch über meinen frisch gesäten Rasen zerrten – gefolgt von einem Zeitungsphotographen mit drei Kameras um den Hals.

Ich glaube, ich hätte nicht die Beherrschung verlieren und sie anbrüllen sollen. Und wenn ich noch dazu gewußt hätte, daß mein Bild in sämtlichen Morgenzeitungen erscheinen würde, hätte ich mir nicht gerade diesen besonderen Moment ausgesucht, um meinem siebzehnjährigen Sohn ein Kopfstück zu geben, als er auf der Szene erschien und fragte: „Wo werden wir essen?"

Also wiiklich, gibt Ihnen das nicht zu denken?

Betrachten Sie die Französische Revolution. Ist es jemals irgend jemandem in den Sinn gekommen, daß Marie Antoinette vielleicht eine unverstandene Hausfrau war, die einen ganzen Nachmittag damit verbrachte, Kekse und Kuchen für die Bauern zu backen, nur daß diese Undankbaren dann hingingen und ihr sagten, sie wollten lieber Brot essen?

Denken Sie doch an die Möglichkeiten *ihrer* Geschichte. Sicher würden Geschichtsstudenten, die sich durch Schlesinger und White gekämpft haben, *Inside Camelot* lieber von Jacqueline Kennedy lesen, oder gar von Ethel. Wenn Winston Churchills *Schönste Stunden* die Bestsellerlisten geschafft hat, dann stellen Sie sich vor, welcher Sensationserfolg Clementine vielleicht geglückt wäre, hätte sie über Churchills *Glückliche Stunden* geschrieben! Und wie sehr würde unsereins es begrüßen, diese Roosevelt-Biographen durch ein Nachwort von Eleanor auf den ihnen gebührenden Platz verwiesen zu sehen. Ja, ja, ich weiß, sie verfaßte ihre Autobiographie unter dem Titel *Daran erinnere ich mich ...* aber ich wünschte, sie könnte zurückkommen und lange genug leben, um eine Fortsetzung zu schreiben: *Das habe ich vergessen.*

Die Wahrheit ist, Frauen sehen das Leben anders als Männer.

Das erkannte ich eines Abends vor mehreren Jahren, als ich eine zu Ehren unseres neugewählten Kongreßabgeordneten und seiner Frau gegebene Party besuchte. Vor dem Abendessen hörte ich zufällig, wie die Frau des Abgeordneten auf der Damentoilette über ihren ersten Besuch im Weißen Haus sprach.

„Es war himmlisch!" erzählte sie begeistert. „Es war eine warme Nacht, doch zum Glück hat es leicht geregnet, so daß wir nicht vor Hitze umgekommen sind, während wir in der Reihe standen, um ins Weiße Haus hineinzukommen. Und was glaubt ihr, wer direkt hinter uns war? Ted und Joan Kennedy! Und die Howard Bakers waren vor uns. So viele Berühmtheiten! Wir haben alle dem Präsidenten und der First Lady die Hand geschüttelt, und dann sind wir in den Speisesaal gegangen, wo es ein hinreißendes Bankett gab: Coq au Vin Beaujolais, Petits Pois à la almondine, Tangerines Vouvray . . . es war superb! Aber der schönste Teil des Abends war das künstlerische Programm: Pablo Casals, der berühmte Cellist! Es war phantastisch!"

Eine Stunde später hörte ich den Kongreßabgeordneten das Ereignis beschreiben:

„Gott, was für eine Nacht!" stöhnte er. „Es war schrecklich. Wir mußten im strömenden Regen in der Reihe stehen, eingequetscht zwischen Teddy Kennedy und Howard Baker, die dauernd boshafte Bemerkungen über irgendeinen langweiligen Gesetzesentwurf austauschten, und ihre Frauen standen da und sahen sich an, als ob sie sagen wollten: ‚Und da wundern sich die Leute.' Es hat so lange gedauert, durch diese verdammte Begrüßungsschlange zu kommen, daß wir vor dem Abendessen nicht einmal einen Drink bekamen . . . wenn man das überhaupt ein Abendessen nennen kann. Hühnerfrikassee, süße Erbsen und saure Orangen. Und dann, nicht genug des grausamen Spiels, nein – dann mußten wir die nächsten zwei Stunden im Ostflügel sitzen und irgendeinem Kerl zuhören, der vor sich hinfiedelte. Wenn ich daran denke – ich hätte zu Hause sein und das Footballspiel sehen können! So ein Fiasko!"

Ich behaupte nicht, daß seine Geschichte nicht stimmte; ich sage nur, wenn ich in der sechsten Klasse Sozialkunde zu unterrichten hätte, würde ich mich für *ihre* Geschichte entscheiden.

Ein anderes historisches Ereignis, das die weibliche Komponente vermissen läßt, war der Blizzard von '75. Wir im Mittelwesten neigen dazu, jedes Schneegestöber einen Blizzard zu nennen, aber tatsächlich bekommen wir in unserem ganzen Leben selten mehr als einen richtigen Blizzard zu sehen. Ich habe den meinen erlebt, o ja.

Am 10. Januar 1975 erwachten wir während eines Schneesturms, der bald alle Kennzeichen eines richtigen Blizzards tragen sollte: schwerer Schneefall, Minustemperaturen, stürmische Winde und tiefe Verwehungen. Der Verkehr stand still; alles war geschlossen, inklusive der Schulen ... ein Umstand, der die Mütter zur Verzweiflung trieb, da wir uns noch nicht von dem „Familienfest Weihnachten" erholt hatten.

Für gewöhnlich ist meine Speisekammer voll mit Nahrungsmitteln, doch hatten sich unsere Lieblinge in den Ferien so überfressen, daß ich die nächsten fünf Tage eingeschneit mit zehn Kindern, zwei Hunden, vier Gläsern Erdnußbutter, einer Flasche Ketchup und sechzehn fast leeren Schachteln Cornflakes verbrachte.

Wo mein Mann war? Er ging natürlich zur Arbeit. Gewiß, die Straßen waren unpassierbar; er konnte nicht fahren. Doch er warf nur einen Blick auf uns – die Kinder, die Hunde, die verstörte Frau – und beschloß, lieber den Naturgewalten trotzen zu wollen als seiner Nachkommenschaft.

Ich verübelte es ihm nicht, daß er Leib und Leben riskierte, um zu seinem stillen, friedlichen Büro mit den wohlgefüllten Automaten und der Bibliothek voll Lesestoff zu gelangen – und zu der günstig gelegenen Bar gleich gegenüber. Ich verübelte ihm nur, daß er mich nicht mitnahm.

Es war, um es milde zu sagen, eine denkwürdige Woche. Während draußen die Stürme heulten, heulten die Kinder drinnen. Sie stritten, sie kämpften, sie balgten und wälzten sich; sie trieben ihre Mutter zum Wahnsinn. Ich schlug vor, sie sollten Monopoly spielen. Sie sagten, die Einzelteile fehlten. Ich schlug vor, sie sollten sich ans Feuer setzen und Lieder singen; das Feuer wollte nicht anbrennen, und die Lieder konnte man nicht singen. Jetzt weiß ich, warum ihre Generation es anscheinend nötig hat, mit Haschzigaretten auszuflippen, wenn sie in diesen Monsterkonzerten hocken. Sie haben keine andere Möglichkeit, die Musik zu ertragen. Geschweige denn, einander.

Ich konnte sie nicht einmal hinausschicken, damit sie die Zufahrt ausschaufelten, da wir die Schaufeln nicht finden konnten. Irgend jemand hatte sie unter vierzig Zentimetern Schnee liegenlassen.

Am vierten Tag waren die Kinder schon so verblödet, daß sie Algebra-Aufgaben lösten, und ich war so überreizt, daß ich mich im Keller verkroch und die ganze Bügelarbeit erledigte. So nahe war ich der Hysterie. Kann Klaustrophobie eigentlich tödlich sein?

Während dieser ganzen Zeit faulenzte Er natürlich in seinem Büro herum, kaute Zuckerstangen, las Illustrierte und pilgerte über die Straße zu Bier und Roastbeef. Wir sprachen mehrmals täglich am Telephon, und obwohl er mir versicherte, er hole eine Menge Arbeit nach, habe ich den Verdacht, daß er den Großteil des Tages damit verbrachte, Kreuzworträtsel zu lösen und Briefe zu schreiben. Meine Mutter zeigte mir übrigens einen Brief, den er ihr während dieses Blizzards schrieb und der meine Überzeugung stützt, daß *seine* Geschichte nie ganz *ihrer* Geschichte gleicht. Er lautete:

Liebe Mrs. Burrowes,

nur ein paar Zeilen, um Ihnen mitzuteilen, daß hier alles in Ordnung ist, trotz des Wetters, das nicht so schlecht ist, wie die Nachrichtensendungen es darstellen. Ich weiß nicht, warum sie die Schulen geschlossen haben; zu meiner Zeit sind wir durch zweimal so tiefe Schneewehen gewatet. Teresa und die Kinder sind wohlbehalten und gemütlich zu Hause und spielen wahrscheinlich ein Monopoly-Marathon, oder machen sonst eine Menge Unfug. Wie ich sie beneide! Ich fand es unerläßlich, ins Büro zu gehen, und nun scheint es, daß ich hier festsitze. Aber machen Sie sich keine Sorgen um mich; es gibt Zuckerstangen im Automaten (sie sind ein bißchen alt, aber ich werde mich opfern), und ich kann mich, wenn nötig, dazu überwinden, die schrecklichen Sandwiches aus dieser schmierigen Bar gegenüber zu essen. Ich habe gerade mit Teresa telephoniert; es hörte sich an, als ob sie sich glänzend unterhielten! Die Kinder haben furchtbar komische Geräusche im Hintergrund gemacht, und Teresa lachte so heftig, daß es klang, als weinte sie. Wie gerne würde ich dort sein!

Alles Liebe, Lee.

In manchen Fällen stelle ich erleichtert fest, daß seine Geschichte genauer ist als ihre Geschichte. So geschehen in der Nacht, da unser Sohn John meinen Wagen zuschanden fuhr. Zum Glück war niemand verletzt, was ans Wunderbare grenzt, wenn man den Schaden an dem Wagen in Betracht zieht, und die Tatsache, daß er voller Mädchen aus der achten Klasse war.

John hatte sich widerstrebend bereit erklärt, seine kleine Schwester und ihre Freundinnen zum „Football-fan-Training" zu chauffieren, das auf dem Sportplatz der Volksschule stattfand; kurz nachdem er die letzte Claqueführerin abgeholt hatte, bog er in eine belebte Hauptstraße ein und wurde seitlich von einem anderen Wagen gerammt. Trotz des heftigen Zusammenstoßes und des ausgestandenen Schreckens konnten sich die Passagiere an alles erinnern.

Johns Version: „Ich bin bei Rotlicht stehengeblieben; alle Mädchen kicherten und wetzten herum, und Mary quasselte unaufhörlich wie immer, aber ich achtete überhaupt nicht auf sie . . . ich wartete nur darauf, daß die Ampel umschaltete. Als sie grün wurde, schaute ich nach beiden Seiten, sah niemanden, bog in die Kreuzung ein, und WUMMM! Ich hatte den Kerl nicht gesehen, weil er kein Licht anhatte; er hat das auch zugegeben; er sagte, er hätte nicht gemerkt, wie dunkel es geworden war. Fragt mich nicht, warum er durchs Rotlicht gezischt ist. Tut mir leid wegen dem Schaden an dem Wagen; es wäre ja nicht so schlimm gewesen, wenn ich nicht vor Schreck das Lenkrad ausgelassen hätte und in einen Baum gedonnert wäre. Ich glaube, ich hatte solche Angst um die Kinder, daß ich nicht darüber nachgedacht habe, wogegen ich sonst noch fahren könnte."

Die Version seiner Schwester: „Er hat vor meinen Freundinnen eine Show abgezogen, und ich hab ihm immer wieder gesagt: PASS AUF, WO DU HINFÄHRST; FAHR LANGSAMER; BIEG HIER AB; NEIN, NICHT HIER, HIER!; PASS AUF DIE AMPEL AUF, SIE IST GRÜN, BLÖD-

MANN; BEEIL DICH, SONST KOMMEN WIR ZU SPÄT; SEI VORSICHTIG!, aber er wollte nicht auf mich hören. Warum hört er bloß nie auf mich?"

Version der blonden Claqueführerin: „Es war einfach schrecklich! Ich meine, es war wirklich total verrückt, wissen Sie? Also, ich meine, es war wirklich schlimm. Ich kann nicht einmal daran denken. Meine Lieblingsfahne ist zerrissen!"

Version der brünetten Claqueführerin: „John hat keine Schuld; er war einfach wunderbar. Du warst so gut, John! Ich hab mich nicht ein bißchen erschrocken oder verletzt oder sowas. John war so tapfer; er war einfach wunderbar. Ehrlich. Sag mal, John ... findest du nicht auch, daß ein Mädchen in der achten Klasse, das fast vierzehn Jahre alt ist, schon ein Rendezvous haben dürfte?"

Version der rothaarigen Claqueführerin: „Unfall? Was für ein Unfall? Weißt du nicht mehr? Ich war gar nicht dabei! Ich hatte doch Klavierstunde! Ach, meine Mutter wird mich umbringen!"

Je länger ich die Geschichte betrachte, desto stärker wird meine Überzeugung, daß unser Land einen Ersten Historiker haben sollte ... eine Art Hofdichter mit Bezahlung. Andernfalls werden wir weiterhin widersprüchliche und verwirrende Darstellungen jedes Ereignisses erhalten. Würden Sie beispielsweise nicht verzweifeln, wenn Sie als Geschichtsstudent der kommenden Generation die Kennedy-Jahre zu verstehen suchten, nachdem Sie zuerst Schlesingers Bericht gelesen haben, und dann den von Victor Lasky? Und was ist mit Watergate? Welche Version glauben Sie? Die von Woodward und Bernstein? Haldeman? Jaworsky? John Dean? Präsident Nixon? ... oder Art Buchwald?

Da haben Sie's! Das ist der perfekte Kompromiß. Von

nun an wird es weder *seine Geschichte* noch *ihre Geschichte* geben, sondern *seine und ihre Geschichte.* Ich sehe es jetzt schon vor mir: *Eine umfassende Studie über das Amerika des Zwanzigsten Jahrhunderts* von Buchwald und Bloomingdale.

Ich würde ihr Glauben schenken; Sie nicht?

15

Würde mir jemand ein Taxi rufen, bitte?

15. Juni 1975

Ms. June Welty,
Assistant Manager,
Allgemeine Versicherungsgesellschaft
Alexander und Alexander Inc.,
Omaha, Nebraska

Sehr geehrte Ms. Welty,

ich darf Ihnen mitteilen, daß wir kürzlich einen neuen Wagen gekauft haben, und bitte um einen Nachtrag zu unserer Polizze betreffend unsere vier jugendlichen Söhne Lee, John, Michael und James. Danke vielmals.

Mit freundlichem Gruß,
Mrs. A. Lee Bloomingdale (Teresa)

25. Juni 1975

Ms. June Welty,
Allgemeine Versicherungsgesellschaft
Alexander und Alexander Inc.,
Omaha, Nebraska

Sehr geehrte Ms. Welty,

ich erhalte soeben die erste Prämienvorschreibung unserer geänderten Auto-Polizze, und ich habe nur eine Frage: IST DAS IHR ERNST? Es ist mir klar, daß die

Prämie für unverheiratete Männer unter 25 Jahren etwas höher sein muß, aber das ist lächerlich.

Bitte um Aufklärung.

Mit freundlichem Gruß,
Mrs. A. Lee Bloomingdale (Teresa)

3. Juli 1975

Ms. June Welty,
Allgemeine Versicherungsges.
Alexander und Alexander Inc.,
Omaha, NE.

Liebe Ms. Welty,

Oh. Ich wußte nicht, daß Unfälle oder Verkehrsübertretungen die Prämien so erhöhen könnten, und ich hatte wirklich vergessen, daß alle vier Jungen im vergangenen Jahr Unfälle hatten und drei von ihnen gebührenpflichtige Verwarnungen erhielten. (Eine Mutter versucht solche Kleinigkeiten zu vergessen.) Ich sende den Scheck ab, sobald unsere zweite Hypothek bewilligt worden ist.

Mit dankbarem Gruß,
Mrs. Lee Bloomingdale (Teresa)

16. September 1975

June Welty, AVG
Alexander und Alexander Inc.,
Omaha, NE.

Liebe Ms. Welty,

ich muß Ihnen mitteilen, daß unser Sohn Lee letzte Nacht ein kleines Mißgeschick mit unserem Wagen hatte. Schadensgutachten werden Ihnen von allen vier beteiligten Parteien zugesandt. Der Unfallbericht wird eingereicht, sobald Lee eine zufriedenstellende Erklärung darüber abgeben kann, wie es ihm gelungen ist, drei Personenwagen und einen Lastwagen zu rammen, die alle auf demselben Parkplatz standen.

Mit freundlichem Gruß,
Mrs. Lee Bloomingdale (Teresa)

9. Januar 1976

June Welty
A und A Inc.,
Omaha, NE.

Liebe June,

ich bedaure Ihnen mitteilen zu müssen, daß während des heftigen Unwetters der letzten Nacht ein Hydrant meinem Wagen in die Quere kam, während unser Sohn John am Steuer saß. Es entstand kein Schaden an dem Wagen, doch die Stadtverwaltung verlangt eine Entschädigung für den Hydranten. Die Rechnung wird Ihnen zugesandt.

Mit freundlichem Gruß,
Teresa Bloomingdale (Mrs. A. Lee Bloomingdale)

16. April 1976

Liebe June Welty,

hier ist wieder eine. Tut mir sehr leid. Mike sagt, er hat wirklich nach beiden Seiten gesehen, aber das Motorrad ist „einfach aus dem Nichts gekommen". Glücklicherweise war der Motorradfahrer nicht verletzt. Unglücklicherweise war der Motorradfahrer ein Polizist. Ändert das nun etwas an unserer Prämie?

Mit freundlichem Gruß,
Teresa Bloomingdale

10. Juni 1976

Liebe June,

ich muß Ihnen mitteilen, daß unser Sohn Lee nach Süd-Dakota übersiedelt ist. Da er nicht mehr hier wohnt, streichen Sie ihn bitte aus unserer Auto-Polizze. Gibt es da eine Rückvergütung aus unserer letzten Prämie?

Mit freundlichem Gruß,
Teresa

5. Juli 1976

Liebe June,

ich retourniere die Rückvergütung aus unserer letzten Prämie als Teilzahlung für die Erhöhung unserer nächsten Prämie infolge Jims Unfall vom 28. Bitte senken Sie unseren Bonus auf $ 100 und erhöhen Sie unsere Haftpflicht auf eine Million Dollar. Vielen Dank.

Mit bangem Gruß,
Teresa

4. September 1976

Liebe June,

ich teile Ihnen mit, daß unser Sohn John am Montag nach Lincoln übersiedeln wird und daher aus unserer Auto-Polizze gestrichen werden kann.

Mit freundlichem Gruß,
Teresa

2. Januar 1977

Liebe June,

hinsichtlich des Unfalls vom Neujahrsabend, dessentwegen ich Sie heute morgen anrief, kann ich keinen vollständigen Bericht schicken, bis Mike und Jim sich erinnern, welcher von beiden gefahren ist, und was es denn war, in das sie hineingefahren sind.

Ich wünsche Ihnen ein glückliches Neujahr.

Teresa

19. März 1977

Liebe June,

bitte tragen Sie unsere Tochter Mary in unsere Auto-Polizze ein. Ich nehme an, daß sie eine Ermäßigung bekommen wird, da sie Nichtraucherin ist.

Mit freundlichem Gruß,
Teresa

11. April 1977

Liebe June,

deckt unsere Polizze Brandschäden im Wageninneren? Bitte streichen Sie Marys Nichtraucher-Ermäßigung.

Mit freundlichem Gruß,
Teresa

2. September 1977

Liebe June,

bitte setzen Sie Lee wieder in unsere Auto-Polizze ein, da er zurück nach Hause übersiedelt ist. Bitte streichen

Sie Mike aus der Polizze, da er ins College umgezogen ist.

Danke,
Teresa

1. Dezember 1977

Liebe June,

bitte streichen Sie unseren Sohn Lee aus unserer Auto-Polizze, da er geheiratet hat. Bitte setzen Sie unseren Sohn John ein, da er wieder nach Hause übersiedelt ist.

Ich hoffe, das alles verwirrt Sie nicht ebenso sehr wie mich.

Mit freundlichem Gruß,
Teresa

15. März 1978

Liebe June,

bitte streichen Sie unseren Sohn Jim aus unserer Auto-Polizze, da er ins Marinekorps eingetreten ist. (Er wurde der Fahrbereitschaft zugeteilt; ich möchte wissen, was das Marinekorps an Prämien zahlt?)

Mit optimistischem Gruß,
Teresa

1. Oktober 1978

Liebe June,

danke für die Abänderung unserer Polizze zugunsten unseres Sohnes Dan. Beiliegend finden Sie Kostenvoranschläge über die Schäden, die unseren beiden Wagen zugefügt wurden, als Dan den Kombi rückwärts aus der Garage fuhr und die Limousine rammte.

Werden unsere Prämien erhöht, wenn der hauptsächlich damit fahrende Eigentümer des Kombiwagens anfängt, Beruhigungsmittel zu nehmen?

Mit pessimistischem Gruß,
Teresa

2. Januar 1979

Liebe June,

heute ersuche ich Sie um eine neuerliche Änderung unserer Polizze. Unser Sohn John ist in eine eigene Wohnung gezogen und kann daher aus unserer Polizze gestrichen werden.

Sein Bruder Michael ist wieder nach Hause übersiedelt und muß daher neuerlich in unsere Polizze eingetragen werden.

Wäre es möglich, unsere Haftpflicht zu verdoppeln, während Jim auf Urlaub zu Hause ist? (Würde man hinter das Lenkrad jedes Militärfahrzeugs einen Marineinfanteristen setzen, brauchten wir keine Atomwaffen, um den Feind einzuschüchtern.)

Mit freundlichem Gruß,
Teresa

P. S. Mary möchte wissen, ob sie eine Prämienermäßigung bekommt, da sie seit über 12 Monaten nicht mehr hinter dem Volant gesessen ist.

29. Dezember 1979

Liebe June,

heute habe ich eine gute Nachricht, und eine schlechte.

Die gute Nachricht ist: Mike übersiedelt in eine

eigene Wohnung und ist somit gleich seinen drei Brüdern aus unserer Auto-Polizze zu *streichen.*

Die schlechte Nachricht: in der Nacht, bevor er ausgezogen ist, hat Mike seinen Wagen total beschädigt.

Kostenvoranschläge liegen bei. Bitte stellen Sie den Scheck auf meinen Namen aus, damit ich ihn dem Sportartikelgeschäft überreichen kann. Ist es wahr, daß man das Radfahren niemals verlernt?

Mit freundlichem Gruß,
Teresa

„Hallo, Alexander und Alexander? Hier ist A. Lee Bloomingdale. Kann ich June Welty sprechen, bitte? . . . June, Lee Bloomingdale spricht. Ich überrasche Teresa mit einem neuen Wagen, und wir brauchen die volle Deckung dafür, weil die Kinder damit fahren werden. Das sind dann natürlich Mary und Dan, und Peg auch, da sie diesen Monat ihren Führerschein bekommt. Muß Ann drin sein, wenn sie ihre Anfängerlizenz bekommt? Um Tim und Pat brauchen Sie sich noch nicht zu kümmern. Und da ich Sie schon am Apparat habe, June, unser Sohn John hat mich gestern angerufen und gefragt, ob Sie seine Motorradversicherung erledigen könnten. Werden Sie das alles für mich besorgen, June? . . . June? . . . June? Sind Sie noch da, June? Hallo? . . .“

16
Keine Zeit für die Scheidung

Wenn die Leute meinen Mann und mich fragen, wie wir es geschafft haben, unsere Ehe so viele Jahre lang aufrechtzuerhalten (am kommenden zweiten Juli werden wir seit einer Ewigkeit verheiratet sein), dann gestehen wir, daß wir wohl schon unzählige Male geschieden worden wären, hätte es da nicht einen wichtigen Faktor gegeben: wiederholte Störungen.

Jedesmal, wenn wir in einen nervenzerfetzenden Streit gerieten, fiel eines oder das andere unserer Kinder von einem Dreirad oder legte sich mit Mandelentzündung zu Bett oder spie den ganzen Wagen voll – und wenn dann endlich die zerschundenen Knie geküßt, die Mandeln entfernt oder der Wagen gereinigt waren, konnten wir uns nicht mehr daran erinnern, worüber wir eigentlich gestritten hatten.

Das ist natürlich nicht das einzige, das unsere Ehe erhalten hat. Da waren auch Liebe, Treue, das Bewußtsein, daß meine Mutter mich umbringen würde, wenn es mir auch nur am Rande in den Sinn käme, ihren geliebten Schwiegersohn zu verlassen, und auch dieses größte aller Scheidungshindernisse: die Frage der „Obhut der Kinder". Bei zehn Kindern nimmt man diese Sache nicht auf die leichte Schulter, das sage ich Ihnen. Mein Mann würde zwar zweifellos darauf bestehen, daß ich die Kinder bekäme (und ich wäre genau so erpicht darauf, daß ihm dieser Segen zufiele), doch gibt es da noch ein anderes Problem. In diesen modernen Prozessen überläßt der Richter die Frage der Obhut allzu oft den Kindern selbst. Sowohl mein Mann als auch ich schütteln uns vor Entsetzen bei dem Gedanken daran, wie unsere Kinder in einem Gerichtssaal voll kritzelnder Journalisten sitzen, das Pro und Kontra von Mami und Papi erwägen und letzteres eindringlich hervorheben. Die Nachbarn wissen genug über uns, danke. Ich denke nicht daran, unsere Kontras über die ganze Abendzeitung verbreitet zu sehen.

Ich nehme an, das ist der Grund, warum so viele Ehepaare warten, bis ihre Kinder erwachsen und aus dem Haus sind, bevor sie die Scheidung einreichen – aber ist das nicht dumm? Wenn die Kinder erwachsen und aus dem Haus sind, wozu braucht man dann eine Scheidung?

Offen gestanden, ich habe nie begreifen können, warum Ehepaare, die zwei Jahrzehnte Ehe überstanden haben, den Weg nicht zu Ende gehen können. Sicher ist sie dann schon an sein Schnarchen gewöhnt und daran, daß er Kekse im Bett ißt, und er hat sich wohl mit ihrer Weigerung abgefunden, Maisbrei zu kochen oder Pyjamas zu bügeln. Und doch sieht man es immer wieder: Ehepaare in den Fünfzigern, Sechzigern und sogar Siebzigern trennen sich, und jeder geht seinen eigenen Weg.

Erst gestern abend kam mein Mann aus dem Büro nach Hause und erzählt mir, er habe gehört, daß sich gute Freunde von uns scheiden lassen wollen.

„Das kann ich nicht glauben!“ rief ich aus. „Es ist einfach nicht möglich! Warum sollte ein netter Kerl wie Jed seine süße kleine Frau sitzenlassen? Nach so vielen Jahren?“

„Es scheint, der alte Jed hat sich eine Freundin zugelegt“, sagte mein Mann, „und er will sie heiraten.“

„Warum?“ fragte unser Sohn, der aufs College ging, mit der ganzen Logik des modernen Mannes.

„Manche Menschen denken eben *doch*, daß die Ehe das einzig Richtige ist“, erwiderte ihm sein Vater, „so merkwürdig das einem von deiner Generation auch scheinen mag.“

„Und jemandem von *meiner* Generation scheint es merkwürdig“, sagte ich, „daß ein Mann, der seit fünfundzwanzig Jahren verheiratet ist, der seine Kinder von ihren ersten Lebensjahren über die Schrecken der Volksschule bis zu den gräßlichen Teenagerjahren durchgebracht hat, das Risiko eingehen wollte, noch einmal von vorn anzufangen. Wie alt ist seine Freundin eigentlich?“

„Fünfundzwanzig, glaube ich“, sagte mein Mann.

„Du lieber Gott! Jed fängt wirklich noch mal von vorn an. Was für ein entsetzlicher Gedanke!“

„Was ich nicht verstehe, ist, wie gelingt es einem so alten Kerl, eine Frau an sich zu binden, die halb so alt ist wie er? Mit mir flirten diese hübschen jungen Dinger nie!“

„Na ja, du brauchst das nicht so traurig zu sagen. Übrigens, was bringt dich zu der Annahme, daß immer die Frauen diese Affären beginnen? Ich wette, für einen Großteil dieser Flirts sind in Wirklichkeit die Männer verantwortlich.“

„Wirklich?“ fragte mein Mann aufrichtig staunend. „Wo, meinst du, nehmen sie die Zeit für sowas her?“

„Wo, meinst du, nehmen sie das Geld für sowas her?“ fragte ich lachend zurück. „Etwas Gutes hat unsere kostspielige große Familie doch: du könntest keinem Mädchen den Hof machen, selbst wenn du wolltest!“

„Was würdest du tun, wenn Daddy doch einmal eine Freundin hätte, Mami?“ erkundigte sich Tim, während er mir half, das Geschirr wegzuräumen.

„Ich würde ihm sagen, er soll sie nach Hause mitbringen, damit sie in den Geschirr-Turnus einsteigen kann", antwortete ich und tätschelte ihn beruhigend. Machen sich Kinder eigentlich wirklich wegen solcher Dinge Sorgen? Offenbar tun sie es, denn Annie fragte entsetzt:

„Wäre es nicht furchtbar, wenn Daddy eine Affäre hätte?"

„Reg dich nicht auf deswegen, Kleine", sagte ihr großer Bruder Dan. „Das wird nie passieren."

„Wieso bist du so sicher?" fragte Annie.

„Weil ich Daddy kenne", erklärte Dan. „Wenn Daddy jemals ein Mädchen um eine Verabredung bitten wollte, würde er sie von Mami anrufen lassen; er würde sie von mir abholen und heimbringen lassen; er würde darauf bestehen, sie hier zu treffen, denn du weißt verdammt gut, daß er es haßt, auszugehen; und sie würden hier sicher nichts fertigkriegen, weil ihr kleinen Bengel sie immer stören würdet!"

Sagte ich es Ihnen nicht? Störungen haben schon so manche Ehe gerettet!

Was eine Ehe jedoch wirklich rettet, ist, daß man lernt, alle Fallgruben zu vermeiden, die so viele Reibereien zwischen Mann und Frau verursachen. Leider erfahren Jungvermählte erst von diesen Fallen, wenn sie schon hineingetappt sind. Da ich nun gewissermaßen eine Expertin in Fallgruben bin, möchte ich hier eine Reihe von Dingen anführen, die Mann und Frau niemals gemeinsam tun sollten:

1. *Duschen.* Diese idiotische Idee ließ sich einmal irgendein Regisseur einfallen, der ein „Begrenzt Jugendfrei" für seinen Film brauchte. (Wie sie das Machwerk jemals fertigbekamen, wird mir immer ein Rätsel sein; die Hauptdarsteller hatten sicher nach der ersten Einstel-

lung aufgehört, miteinander zu sprechen.) Es bringt nämlich alle Arten von Problemen mit sich, wenn zwei Menschen zusammen eine Dusche nehmen, und nicht das geringste davon ist die Größe der Dusche. Ich habe noch nie eine Dusche gesehen, die groß genug ist, zwei schmutzige Kinder aufzunehmen, geschweige denn zwei tobende Erwachsene. Was macht man, wenn sie es gern heiß hat, und er möchte es kalt? Oder er zieht den kräftigen Wasserstrahl vor, sie aber den Zerstäuber? Und wer bekommt zuerst die Seife? (Wer steigt aus der Dusche, um ein neues Stück zu holen, wenn schon von vornherein keine Seife da ist?) Und wer muß sich bücken, um die Seife aufzuheben, wenn sie in den Abfluß rutscht? (*Sie,* wer denn sonst.) Offen gesagt, ich kann mir nichts Schädlicheres für eine Ehe vorstellen, als miteinander zu duschen.

2. *Lebensmittel einkaufen.* Nun, ich weiß, daß viele junge Frauen ihre Männer dabeihaben wollen, wenn sie Lebensmittel einkaufen, damit er sieht, wie hoch die Preise sind und wie unmöglich es für sie ist, mit ihren Lebensmittelbudget auszukommen. Natürlich kommt sie mit dem Budget nicht aus, wenn sie ihn jedesmal mitschleppt! Es gibt keinen lebenden Mann, der mit den Händen in den Taschen durch ein Lebensmittelgeschäft gehen kann. Sie sind wie die kleinen Kinder in der Backwarenabteilung und haschen nach allen diesen Leckereien . . . doch ihre Spezialität sind „Delikatessen“. Während seine Frau in Salat und Gurken wühlt, steckt das Männchen Sardellen und Avocados ein. Sie kann natürlich darauf bestehen, daß er bei ihr bleibt, um sie zu „beraten“, aber sein Rat wird sie Geld kosten, denn während sie grübelnd vor dem Fleischregal steht und die verschiedenen Arten von Hackfleischpasteten betrachtet,

wird er die Vorzüge von Lendensteak erörtern. Wenn sie zwei Laibe Brot nimmt, wird er ein Dutzend Pfannkuchen und sechs Schokoladetörtchen in den Einkaufswagen schmuggeln, und wenn sie diesen Einkaufswagen am Süßwarenregal vorbeischiebt, dann hat sie Pech gehabt. Nein, kleine Frau; nimm niemals einen Ehemann in den Lebensmittelladen mit.

3. *Ein Kind strafen.* Ich weiß, die moderne Erziehungstheorie besagt, Eltern sollen gemeinsam über Vergehen richten. Ich nehme an, das Kind soll dadurch lernen, daß es keine Chance hat, weil es zwei gegen eins steht. Aber meiner Erfahrung nach verhält es sich so: wenn mein Mann und ich versuchen, ein Kind gemeinsam zu bestrafen, ist die einzige Person, die unbeschadet bleibt, das Kind. Ich glaube, das Problem ist, daß Väter an körperliche Bestrafung glauben („geben wir dem Kind eine Tracht Prügel und damit basta"), während Mütter das verbale Züchtigungsinstrument bevorzugen (Brüllen), das immer zuerst an Daddys Ohren dröhnt, ehe es das Kind belästigt. Wenn Daddy dazu genötigt werden kann, die Prügel zu besorgen, wird er unweigerlich mit der Floskel enden: „Okay, und jetzt hast du eine Woche Hausarrest!" – ein Edikt, das Mami zu der laut erzürnten Feststellung bringt: „Oh nein, hat er nicht; du brauchst ja nicht den ganzen Tag zu Hause zu bleiben und es mit ihm auszuhalten!" Die ideale Situation wäre, daß Mami und Daddy sich vorher zusammensetzen und die Sache ruhig und vernünftig besprechen, so daß es keine Widersprüche oder Kritikäußerungen gibt, wenn die Bestrafung schließlich durchgeführt wird. Den Kindern gefällt diese Idee, denn sie wissen sehr gut, daß zu dem Zeitpunkt, da Mami und Daddy sich endlich hinsetzen und irgend etwas besprechen, der ganze Zwischenfall wahr-

scheinlich schon längst vergessen ist. Offen gesagt, ich bin immer der Meinung gewesen, daß es fast eine Todsünde ist, wenn eine Mutter droht: „Warte nur, bis dein Vater nach Hause kommt; dann kriegst du es aber!“ Das macht dem Kind vielleicht Angst, aber es ist nicht fair dem Vater gegenüber. Wenn es die „Qual der Erwartung“ ist, die sie bewirken will, kann sie sagen: „Ich werde dich bestrafen, sobald mir etwas einfällt, das schrecklich genug ist!“ Es wird ihr nie gelingen, sich etwas besonders Schreckliches auszudenken, aber glauben Sie mir, dem Kind gelingt es, und allein das Nachdenken darüber wird Strafe genug sein.

4. *Kästen, Schränke, Dachgeschoß etcetera reinigen.* Wenn Sie darauf bestehen, Kästen, Schränke, etcetera zu reinigen (zum Glück lernen moderne Ehepaare, wie man diese Arbeit für unbestimmte Zeit verschiebt, oder gar für immer), legt man vorher fest, welche Schränke „ihre“ und „seine“ sind und beobachtet nie, was der andere aussortiert. Er wird alles aufheben wollen, was sie wegwirft, und sie kann nichts entbehren von dem, was er Plunder nennt. Schreckliche Zerwürfnisse können entstehen um so lächerliche Gegenstände wie seine Bierkrüge aus Studententagen oder so wohlgehütete Schätze wie das Programm ihres Mittelschulabschlußballs. Besser, alles lassen, wie es ist, und wenn die Kästen und Schränke zu voll werden, umziehen.

5. *Nach einer Zange suchen.* Ehemänner machen eine erstaunliche Metamorphose durch, wenn sie anfangen, nach ihrer Zange zu suchen. Schon bevor sie den Werkzeugkasten öffnen, setzen sie voraus (gewöhnlich zu Recht), daß die Zange nicht da ist. Der sanfteste Ehemann wird zum Berserker, wenn seine Zange sich

sozusagen in Luft auflöst, und Anschuldigungen werden immer der zunächst stehenden verdächtigen Person an den Kopf geworfen, die sich aus irgendeinem blödsinnigen Grund verpflichtet fühlt, ihrem Mann bei der Suche zu helfen. Die Frau macht es oft noch dadurch schlimmer, daß sie leugnet, seine kostbare Zange genommen zu haben – und kann sogar ein Scheidungsverfahren heraufbeschwören, indem sie andeutet, daß er die Zange vielleicht nicht weggeräumt hat, nachdem er sie gestern auf der hinteren Veranda gebraucht hat. (Wenn sich die Zange tatsächlich auf der hinteren Veranda findet, ist sie ganz unten durch.) Die Lösung ist, ihn ganz allein nach seiner verdammten Zange suchen zu lassen, und wenn er sie dann findet, kann er so recht drum herumlügen und behaupten, daß sie in der Küchenschublade war, wo *sie* sie „zweifellos hineingelegt und vergessen" hat.

„Ich glaube, ich sollte über Jeds Scheidung nicht so erstaunt sein", sagte ich meinem Mann gestern abend, als wir zu Bett gingen. „Ich hab sie vor kurzem im Supermarkt gesehen; sie hat sich dauernd beklagt, daß er den Einkaufswagen mit Delikatessen vollstopft, und er hat sich beklagt, daß er eine neue Zange kaufen mußte, weil sie die seine schon wieder verloren hat."

„Es war nicht die Schuld der Zange", erinnerte mich mein Mann. „Es war diese Biene in seinem Büro."

„Wie nimmt seine Frau es auf?" fragte ich. „Hat man davon was gehört?"

„Sehr gut, nehme ich an", antwortete mein Mann, „da sie soeben auf die Bahamas geflogen ist – mit dem Rechtsanwalt, der die Scheidung gemacht hat. Ich habe gehört, daß sie heiraten wollen."

„Ich gebe auf!" seufzte ich. „Meine Altersgenossinnen hören nie auf, mich zu überraschen. Kannst du dir vorstellen, daß man sich einen neuen Mann zurechtbiegt – in diesem Alter? Ich bin froh, daß ich nicht noch mal von vorne anfangen muß; ich habe nicht einmal die Energie für die zweiten Flitterwochen!"

„Wetten, daß?" raunte mein Geliebter mir zu, während er das Licht ausmachte.

Es gibt natürlich auch einige Punkte, die dafür sprechen, eine Ehe zusammenzuhalten . . .

17

Was gibt's zum Dinner, Mrs. Skinner?

„Lee möchte, daß du mir das Rezept für deine gebackenen Bohnen gibst", bat mich meine Schwiegertochter Karen am Telephon. „Er sagt, deine gebackenen Bohnen sind phantastisch, und meine sind scheußlich. Ich verstehe das nicht, weil ich das Rezept aus dem Kochbuch verwendet habe, das du mir geschenkt hast. Hast du irgendein Geheimrezept für gebackene Bohnen?"

„Geheimrezept?" wiederholte ich, um Zeit zu gewinnen. Sollte ich es ihr sagen? Ich weiß, es ist eine Tradition, daß Köche ihre kulinarischen Geheimnisse niemals preisgeben, aber was soll's? Karen gehört zur Familie! Überdies, wenn mein Sohn nicht mit dem zufrieden ist, was auf *ihrem* Tisch serviert wird, fängt er vielleicht an, wieder an *meinem* zu erscheinen.

„Ich gebe dir mein Rezept für gebackene Bohnen, Karen", sagte ich ihr, „wenn du versprichst, es niemandem weiterzuerzählen."

„Oh, das verspreche ich! Ich muß nur einen Bleistift holen, damit ich es aufschreiben kann."

„Ich glaube nicht, daß du es aufschreiben mußt. Das Rezept ist ziemlich einfach."

„Gut! In die Gourmet-Küche bin ich auch noch nicht so eingedrungen."

„Das freut mich zu hören, Liebes. Wir werden fabelhaft miteinander auskommen, wir beide. Also, das Rezept für die gebackenen Bohnen. Du nimmst eine

Dose Schweinefleisch und Bohnen; schüttest es in die Pfanne; machst es heiß und ißt."

„Das ist alles?" fragte sie überrascht. „Du meinst, das ist das ganze Geheimnis? Du machst einfach eine Dose mit gewöhnlichem Schweinefleisch und Bohnen auf? Keine Melasse? Keine Gewürze? Keine Spezialsaucen?"

„Manchmal gebe ich ein bißchen Ketchup hinein", gestand ich.

„Das glaube ich nicht!" lachte sie. „Wenn ich an die Stunden denke, die ich damit verbracht habe, diese verdammten Bohnen einzuweichen, die Zutaten abzuwiegen, zu backen und nochmals zu backen. Kein Wunder, daß Lee sie ‚scheußlich' gefunden hat; sie schmeckten nicht wie Konservenbohnen. Zufällig will er auch, daß ich dich um das Rezept für Spinat bitte. Ist es das gleiche wie das für die gebackenen Bohnen?"

„Natürlich nicht, Karen. Wer hat je gehört, daß man Ketchup in den Spinat gibt? Versuch's stattdessen mit Essig."

„Das finde ich wunderbar! Du machst das Kochen so einfach!"

„Schhh! Das ist ja gerade das Geheimnis. Laß deinen Mann niemals wissen, wie leicht das Kochen sein kann – außer natürlich, du willst ihn dazu bringen, daß er die Küche übernimmt. Ich würde es dir jedoch nicht raten. Er kann überhaupt nichts kochen außer Pissghetti."

„Außer WAS?" fragte sie.

„Spaghetti", verbesserte ich rasch. „Die Kinder haben sie so lange Pissghetti genannt, daß ich den richtigen Namen vergessen habe . . . obwohl ich nicht weiß, wie ich ihn vergessen konnte. Das ist das einzige, das sie wirklich mögen von allem, was ich koche."

Im Gegensatz zu dem, was meine Kinder behaupten, bin ich nicht ganz schlecht als Köchin, noch bin ich faul.

Ich verwende viel Zeit und Mühe darauf, das allerbeste Dosengemüse auszusuchen, die feinsten gefrorenen Vorspeisen, die schmackhaftesten Fertiggerichte. Manchmal versteige ich mich sogar dazu, ein Rezept durch eine eigene feinschmeckerische Note aufzumöbeln: ein extra Ei in die Kuchenmischung; mehr Käse in die Auflaufform; eine Tasse Wein in den Rinderbraten. Obwohl ich gelernt habe, daß der Braten besser schmeckt, wenn man den Wein zuerst hineingießt. (Nicht in den Braten. In sich selbst.)

Das erstemal wurde ich mir meiner kulinarischen Unzulänglichkeit bewußt, als ich – eine junge Braut – meinen ersten Braten machte und mich der *bête noire* jedes Küchenchefs gegenübersah: der Soße.

„Soße ist leicht", hatte mir meine Mutter gesagt. „Du nimmst nur den Braten aus der Pfanne, dann entfernst du das Fett vom Abgetropften, rührst ein bißchen warmes Wasser und Mehl ein, und da hast du sie: köstliche braune Soße."

Da hat *sie* vielleicht köstliche braune Soße; was *ich* habe, ist verbrannte Stärke.

Ich habe mich fünfundzwanzig Jahre lang an Soßen versucht, und man möchte meinen, es müßte mir nun schon klar sein, daß allein das Rezept die Unmöglichkeit des Ganzen andeutet. Der erste Hinweis ist: „Nimm den Braten aus der Pfanne." Wie? Ich kriege nie das verdammte Fleisch aus der Pfanne; immer steckt es entweder fest, oder es schwimmt im Bratensaft, und wenn ich das Fleisch von der Pfanne auf die Schüssel hebe, vertropfe ich den Saft über den ganzen Fußboden. (Glauben Sie, daß es deshalb „Abgetropftes" heißt?)

Und wie „entfernst du das Fett vom Abgetropften"? Mit einem Löffel? Mit einer Injektionsspritze? Beides nützt nichts. Es gibt nur eine unfehlbare Methode, und die ist, die ganze Pfanne in den Kühlschrank zu stellen und dort zu belassen, bis das Fett soweit erstarrt ist, daß man es abheben kann. Das mag natürlich die Cocktailstunde verlängern, aber keine Sorge. Wenn Ihre Gäste genügend trockene Martinis trinken, werden sie nicht merken, daß der Braten kalt ist.

Wenn das Fett einmal entfernt ist, wird es wieder erwärmt, da etwas davon dem Bratensaft wieder hinzugefügt werden muß. Dann gibt man warmes Wasser und Mehl dazu, rührt, bis die Soße glatt ist – und das ist sie dann, wenn sie 9674 einzelne Klumpen herausgefischt haben, die sich dadurch bildeten, daß Sie beim Rühren nicht schnell genug waren.

Wenn nun die Klumpen entfernt sind und die Soße wieder erhitzt ist, stellen Sie sie auf dem gerade nicht gebrauchten Brenner ab, um sie aus dem Weg zu haben, wenn Sie den Braten schneiden. Dann – kurz bevor Sie den Gästen servieren – öffnen Sie eine Dose Bratensaft, machen die Soße heiß und servieren sie zum Braten.

Was Sie mit dem Zeug machen, das auf dem hinteren Brenner steht? Heben Sie es im Kühlschrank auf. Es wird Ihnen von Nutzen sein, wenn Sie die Risse in den Schlafzimmerwänden Ihres Sohnes ausbessern wollen.

Ein einfacheres Rezept – obwohl von allen Köchen gemieden – ist das für helle Soße. Helle Soße ist einfacher zu machen als braune Bratensoße, weil es bei heller Soße keinen Braten zu entfernen gibt, kein Fett abzuschöpfen und kein Abgetropftes zu vertropfen. Lassen Sie nur ein bißchen Butter zergehen, rühren Sie etwas Mehl hinein, geben Sie Milch dazu, und ich garantiere Ihnen, Sie werden genau so viele Klumpen haben wie beim Bratensaft, doch mit viel weniger Arbeit. Außerdem deckt sich die helle Soße viel besser mit den meisten Schlafzimmer-Dekors.

Mein Versagen bei Bratensaft und anderen Soßen wird nur noch durch mein Versagen bei Gelatine übertroffen. Ich habe schon mehrmals passable Soßen gemacht, aber *noch nie* eßbare Gelatine, obwohl ich die Anweisungen genau befolge.

„Lösen Sie das Pulver in heißem Wasser auf; kaltes Wasser hinzufügen, rühren, bis es sich leicht verdickt, abkühlen lassen, bis es erstarrt." Klingt das nicht einfach? Wie könnte das irgend jemand verpfuschen? Ich sage Ihnen, wie. Wenn das Wasser nicht heiß genug ist, löst sich das Pulver nicht auf; wenn das Wasser nicht kalt genug ist, wird die Gelatine nicht fest. (Geben Sie zu viel Wasser dazu, erhalten Sie rosa Limonade.) Endlich fand ich das perfekte Rezept, um die Gelatine zum Festwerden zu bringen. Lösen Sie das Pulver in kochendem Wasser auf, dann rühren Sie rasch *Eiswürfel* ein. Die Gelatine wird vollkommen fest. Sie können sie natürlich nicht essen. Sie ist voller Glasscherben.

Wenn ich etwas noch mehr fürchte als das Befolgen eines Rezepts, so ist es die Erstellung eines Menüplans. Ich weiß, es gibt alle Arten von Büchern mit Menüvorschlägen für jeden Tag und jede Gelegenheit, ebenso wie eine Vielfalt von Illustrierten, die köstliche Gerichte für jeden Gaumen anbieten. Doch anscheinend besitze ich nie die erforderlichen Zutaten: „Pfeilwurzelmehl" . . . „14 Pfund Erbsenschoten" . . . „frische Fenchelkeime" . . . „frische Lammbrust" . . . und da stehe ich mit einer Gefriertruhe voll Lammbrust vom vorigen Jahr.

Warum verlangen Rezepte nie die Sachen, die ich anscheinend immer zur Hand habe? „Eine halbe Tasse Erbensuppe vom letzten Dienstag" (Oder vielleicht ist das die Hühnercremesuppe vom vorletzten Dienstag?) . . . „eine halbe Flasche Ketchup" (eine ganze Flasche Ketchup . . . ein Restchen, das noch in der

Ketchupflasche ist) . . . „zwölf offene Dosen Fruchtcocktail“ (man braucht so viele, um genügend Kirschen zu bekommen) . . . „einen angebissenen Apfel“ . . . „vier Einmachgläser verbrannte Stärke“ . . .?

Und ich bin gewiß nicht interessiert daran, eine weitere Zubereitungsart für Hamburger zu erfahren. Ich habe die erste noch nicht perfektioniert. Ich möchte Vorschläge, die aufregend, exotisch und billig sind. Und das Wichtigste – ich möchte Menüs kennenlernen, die von jemand anderem vorgeschlagen werden.

Letzten Sonntag fürchtete ich mich schon vor einer weiteren Woche der Menüplanung, als ich in „Gute Tips von Heloise“ einen Brief von einer Hausfrau las, die behauptete, daß sie keine Probleme mit dem Speisezettel hat, weil sie es einfach ihrer Familie überläßt, abwechselnd das Menü zu wählen. Können Sie sich das vorstellen? Ich auch nicht, aber ich probiere alles einmal aus.

Also fragte ich am Montagmorgen meinen Mann, was er an diesem Abend gerne essen würde.

„Das ist mir gleich“, sagte er – wie jeden Morgen in den vergangenen fünfundzwanzig Jahren. „Mach irgend was.“ Daher . . . kochte ich „Irgend was“, und das hatte er schon zu Mittag gegessen.

Am nächsten Morgen bat ich Tim und Patrick, das Abendmenü zu wählen.

„Du meinst, wir können haben, was wir wollen?“ fragten sie begeistert.

„Jawohl“, antwortete ich kühn. „Nennt es mir nur, und ich serviere es.“

„Eiscreme mit Früchten“, sagte Tim.

„Und Schokoladekuchen mit Nüssen“, fügte Patrick hinzu.

Wir schlossen einen Kompromiß; sie bekamen Kuchen und Eiscreme – doch erst, nachdem sie ihren

Hackbraten aufgegessen hatten.

Mittwoch waren die Mädchen dran, zu wählen. Nach langer und reiflicher Überlegung erklärte Ann, sie wollte „Bistecca alla Pizzaiola“, Peggy bevorzugte „Coq au Vin Rouge“, und Mary empfahl „Quiche de George de Fessenheim“. Sowas von Großspurigkeit! Das habe ich davon, daß ich meine Töchter in Restaurants herumlungern und Speisekarten lesen lasse.

Ich muß zugeben, daß ihre Vorschläge exotisch genug waren, doch ich dachte nicht daran, irgend etwas davon zu kochen; ich konnte schließlich nicht mit meiner eisernen Küchenregel brechen, die besagt, daß ich niemals irgend etwas koche, das ich weder buchstabieren noch aussprechen kann. Also gab es Pissghetti.

Am Donnerstag mußten die älteren Jungen gar nicht erst überlegen, bevor sie ihr Lieblingsmenü vorschlugen: „McDonald's!“

Man ist geneigt, McDonald's für ein preisgünstiges Eßlokal zu halten. Das trifft vielleicht auf die Durchschnittsfamilie mit 1,8 Kindern zu, doch diejenigen von uns, die ein ganzes Footballteam aufziehen, kann eine Bestellung bei McDonald's ein kleines Vermögen kosten. Aber was soll's? Es ist ja nur Geld! Auf zu den fetten Weiden!

Eines muß man den jungen Dingern, die bei McDonald's die Bestellungen entgegennehmen, zugutehalten: es gibt nichts, was sie aus der Fassung bringt. Als ich meine Bestellung abgab – zwölf einfache Hamburger, acht Big Macs, vier Cheeseburger, vier Tüten Pommes frites, sechs Tüten gebackene Zwiebelringe und zwölf Schokolade-Shakes –, schrieb die junge Dame alles auf, sah mich an, wie ich da ganz alleine stand, und fragte höflich: „Zum Mitnehmen?“

Ich widerstand der Versuchung, ihr zu sagen, nein, ich

esse es gleich hier.

Freitag abend gab es Budapester Nudeln, denn das war „Mrs. Skinners Rezept der Woche“. Meine Kinder wissen immer, was sie Freitag zum Abendessen zu erwarten haben; sie bleiben einfach auf dem Heimweg von der Schule beim Kaufhaus stehen und lesen das aktuelle Rezept auf der Teigwarenpackung mit der Aufschrift: „Was gibt's zum Dinner, Mrs. Skinner?“

Samstag wollten Lee und Karen zum Abendessen kommen, also rief ich Karen an und bat sie, das Menü zu wählen.

„Wie wär's mit deinem köstlichen Brathuhn?“ schlug sie vor. „Lee hat es schrecklich gern, und ich auch. Und da wir mit dem Auto zu euch fahren, könnten wir beim Laden stehenbleiben und es für dich mitnehmen.“

Das liebe ich so an Karen; sie lernt rasch.

18

Hello, Dolly!

Bevor unser Sohn heiratete, besuchten er und seine zukünftige Braut einen Ehe-Vorbereitungskurs, der ihrer Meinung nach darauf hinzielte, von der Ehe abzuhalten.

„Wenn wir uns nach diesem Kurs noch immer lieben", sagte er, „müßten wir uns bis an unser Lebensende lieben. Sie haben *nichts* ausgelassen."

Aber natürlich ließen sie etwas aus. Sie gingen an dem strittigsten aller häuslichen Probleme vorbei. Alles, was sie behandelten, waren Kleinigkeiten wie Sex und Geld und „Wie viele Kinder?", nur eines stand nicht auf ihrem Programm, das Problem: „Sollen wir einen Hund halten?" Ich sage Ihnen hier und jetzt: Würde man Verlobten das Heiraten nur dann erlauben, wenn und falls sie sich darüber einigen, ob sie ein Haustier „halten" oder „nicht halten" wollen, könnte das vielleicht gar die Abschaffung der Scheidung bedeuten.

Wie Sie vielleicht schon erraten haben, bin ich eine Haustiergegnerin. Nicht weil ich allergisch gegen Tiere bin; ich wünschte, ich wär's. Allergien sind gesellschaftlich akzeptabel; Aversionen nicht – besonders Aversionen gegen Tiere, die die erklärten Lieblinge kleiner Kinder und erwachsener Männer sind.

Bevor wir heirateten, waren mein Mann und ich uns darüber im klaren, daß Haustiere ein Problem darstellen könnten. Nun, wir gingen zwar nie so weit, geringfügige Punkte zu erörtern, wie etwa: sollen wir Kinder haben oder nicht, und wie viele, und welchen Geschlechts sollen sie sein (wie bringen junge Paare heutzutage nur irgend etwas zustande, wenn sie so viele Entscheidungen treffen müssen?) – doch wir sprachen über unsere Einstellung zu Haustieren und einigten uns darauf, daß wir um meiner geistigen Gesundheit willen unsere Zuneigung nur an Geschöpfe verschwenden würden, die uns in den Himmel folgen könnten, nämlich Kinder.

Was wir beide uns nicht klarmachten, ist: während Eltern es vielleicht vorziehen, ihre Liebe an Kinder zu verschwenden, ziehen Kinder es vor, ihre Liebe an Haustiere zu verschwenden. An unserem fünften Hochzeitstag hatten wir vier Söhne, und alle verbrachten die Hälfte ihrer wachen Stunden damit, jede vierbeinige Kreatur in der Nachbarschaft laufend, watschelnd oder kriechend zu verfolgen.

„Ich glaube, jeder kleine Junge sollte einen Hund haben", sprach mein treuloser Mann anläßlich eines Weihnachtsfestes, also gab ich nach und kaufte einen Hund. Keinen richtigen Hund, Sie verstehen, sondern einen wunderhübschen, naturgetreuen Collie aus Stoff, der Lassie so ähnlich sah, daß meine Mutter ihn einmal sogar füttern wollte. Es war ein herrliches Spielzeug, mit „echtem" Fell, sanften braunen Glasaugen, einer aristokratischen Nase und einem langen, schlanken Körper – niedrig genug, daß ein Zweijähriger hinaufklettern und darauf reiten konnte. Dieses lebensgroße Geschöpf hatte nur einen Nachteil: es versetzte unsere Kleinen in Angst und Schrecken. Sie wollten es nicht einmal anfassen.

„Damit ist die Sache erledigt", sagte ich zu meinem Mann. „Wenn die Jungen keinen Stoffhund wollen, der nicht einmal Zähne hat, dann kannst du dir vorstellen, welche Freude sie mit einem lebendigen hätten, der beißt. Also, vergessen wir die Haustiere."

Und so geschah's. Bis die Jungen zur Schule gingen.

Alle Eltern machen die Erfahrung, daß moderne Klassenzimmer selten so grundlegende Dinge wie Pulte, Bücherschränke und Schultafeln beherbergen. Nicht, weil diese Dinge aus der Mode gekommen sind, sondern weil sie keinen Platz haben zwischen dem Hamsterkäfig, der Wüstenmaus mit ihrem Rad, dem Vogelkäfig und dem Aquarium. Statt sich in Lesen und Schreiben und im Ausrechnen ihres Taschengeldes zu üben, lernen Schulneulinge jetzt das Füttern und Aufziehen von Tieren – was mir schon recht wäre, würde der Lehrer nicht vor jedem Ferientag Strohhalme ziehen lassen, um zu bestimmen, wer die Wüstenmäuse mit nach Hause nehmen muß, und würden meine Kinder nicht immer den kürzeren ziehen.

Einmal im Januar wurde ich von achtundzwanzig erzürnten Viertklassern beinahe liquidiert, weil ich während der Ferienzeit in meinem Keller Mausefallen ausgelegt und ihre Lieblingswüstenmaus fahrlässig getötet hatte. Wenn ich gewußt hätte, daß besagte Wüstenmaus in meinem Keller logierte, wäre ich vielleicht vorsichtiger gewesen, doch meine Söhne zogen mich vorher nicht ins Vertrauen – was auch verständlich ist. Denn hätte ich auch nur die leiseste Ahnung gehabt, daß sie ein Nagetier in meinem Keller versteckten (sie heißen vielleicht „Wüstenmäuse“, aber Sie und ich wissen sehr wohl, diese Kreaturen sind nichts als verkleidete Ratten), wäre ich für die Weihnachtszeit ausgezogen und hätte den Schlüssel zu Knecht Ruprechts Werkstatt mitgenommen.

Im Herbst begannen die Jungen ihren Vater wieder wegen eines Haustiers zu bedrängen, und er gab ihnen die entschiedene, unmißverständliche Antwort, die Generationen von Vätern auf der ganzen Welt ihren

Kindern immer wieder gegeben haben: „Geht hin und fragt eure Mutter."

„Warum *tust* du mir das an?" fragte ich meinen Mann eines Abends, nachdem die Kinder – vom vielen Bitten um ein Haustier erschöpft – ins Bett gefallen waren und endlich die Überzeugung gewonnen hatten, daß ihr über alles geliebter Vater ihnen gewiß jeden Wunsch erfüllen würde, wenn nur Mami nicht gar so gemein wäre.

„Wir werden nachgeben müssen", sagte mein Mann mit einem (sichtlich nicht ganz aufrichtigen) Ton des Widerwillens. „Jeder Junge sollte ein Haustier haben. Sicher finden wir etwas, das zivilisiert genug für dich ist."

„Wir *haben* schon etwas gefunden, das zivilisiert genug für mich ist – Kinder. Keine Mutter, die so viele Kinder aufs Töpfchen trainiert hat, sollte sich mit den Toilettegewohnheiten einer vierbeinigen Kreatur beschäftigen müssen; und erzähl mir nicht die alte Leier, daß du und die Kinder euch um den Hund kümmern werdet. Wir alle wissen, wer sich um den Hund kümmern müßte, wenn wir einen hätten, aber wir haben keinen."

„Wir müssen ja keinen Hund haben. Es gibt alle möglichen Haustiere."

„Das weiß ich, und wenn du dran denkst, den kostenlosen Hamster von dieser süßen Lehrerin der vierten Klasse anzunehmen, die bei den Elternversammlungen ständig mit dir kokettiert, dann kannst du's vergessen. Eher erlaube ich dir, die Lehrerin mitzubringen, als daß ich einen Hamster in mein Haus aufnehme."

„Wie wär's mit einem süßen kleinen Kätzchen?"

„Kätzchen, auch die süßesten, haben eine abscheuliche Angewohnheit."

„Welche?"

„Sie entwickeln sich zu Katzen. Und Katzen kratzen mit ihren Krallen, schleichen sich an dich ran und lassen ihre Haare überall auf deinem Sofa. Vergiß die Katze. Außerdem – ich dachte, wir hätten uns darüber geeinigt, bevor wir heirateten: keine Haustiere."

„Natürlich. Aber du weißt doch, wie überzeugend unsere Kinder sein können. Was denkst du über einen Vogel?"

„Nicht viel, aber genug, um ihn abzulehnen."

„Was hast du gegen Vögel?"

„Sie zwitschern. Sie zwitschern, wenn du am Telephon bist; sie zwitschern, wenn du versuchst, ein Schläfchen zu machen; sie zwitschern, wenn ich versuche, meine Schallplatten von Frank Sinatra zu hören. das heißt, sie zwitschern eigentlich immer – nur dann nicht, wenn man sie dazu bringen will zu zeigen, wie gut sie zwitschern können. Keine Vögel."

„Wenn du Stille willst, was ist mit einem Fisch? Fische machen überhaupt keinen Lärm, und es ist lustig, sie zu beobachten."

„Machst du Witze? Hast du jemals Fische beobachtet? Sie beobachten dich wieder. Ja, sie starren dich an, den ganzen Tag lang. Die blöden Dinger machen nie die Augen zu. Ich könnte nie irgendwas fertigbringen, wenn ich wüßte, daß diese Fische mich die ganze Zeit anstarren."

„Eine Schildkröte?" fragte er schwach, aber noch nicht schwach genug.

„Schildkröten verstecken sich", erklärte ich ihm. „Meine Schwester hatte eine Schildkröte, als wir Kinder waren, und meine Mutter verbrachte einen halben Sommer damit, sie zu suchen, und die andere Hälfte damit, sie zu riechen, weil die Schildkröte irgendwo im Speisezimmer eingegangen war und wir sie nicht mehr finden konnten. Bitte, keine Schildkröten. Keine Haustiere, Punktum. Haben wir uns nicht schon vor Jahren darauf geeinigt, daß wir keiner Kreatur in unserem Haus Unterschlupf geben wollen, die uns nicht in den Himmel folgen kann?"

„Du hast es gesagt, nicht ich", seufzte er.

„Was?" (Warum frage ich immer?)

„Wir werden ihnen eben einen Spielgefährten geben müssen, der ihnen in den Himmel folgen kann", entgegnete er heiter, „eine kleine Schwester oder einen kleinen Bruder!"

„Hast du jemals daran gedacht, ihnen einen Hund zu kaufen?" lenkte ich anmutig ein, obwohl es nun im Grunde keinen Unterschied mehr machte; denn im folgenden Sommer war unsere Hündin Dolly die erste, die zum Wagen hinausstürmte und mich begrüßte, als ich das Baby Ann Cecilia nach Hause brachte.

Ich bin zwar immer noch gegen Tiere, doch muß ich zugeben, daß Dolly eine wunderhübsche Kreatur war. Ein reinrassiger Irish-Setter, ein sanfter, aristokratischer Hund, entschieden zu Höherem geboren. Aber leider: vielleicht war ihr unser Haus zu niedrig – denn dafür schien sie nicht geboren; sie wollte keinen Fuß hineinsetzen. Ich konnte es ihr wirklich nicht verübeln. Wenn ich so verwöhnt und in einem luxuriösen, vollklimatisierten Zwinger geboren wäre, hätte ich mich auch geweigert, in unsere Behausung zu ziehen. Ich weiß nicht, ob es an den Laufställen in unserem mit Spielzeug vollgestopften Wohnzimmer lag (nur Eltern mit zwei Kleinkindern, die altersmäßig um weniger als vierzehn Monate differieren, können verstehen, warum wir mehr als einen Laufstall brauchten), oder ob die hohen Kinderstühle in unserer mit Nahrungsmitteln und Essensresten übersäten Küche Dolly abschreckten – doch von dem Moment an, da sie nur einen Blick in unsere Sphäre geworfen hatte, wollte sie nichts mehr davon wissen. Uns mochte sie; es war das Haus, das sie verabscheute. (Ein Nachbar äußerte den Verdacht, daß es in unserem Haus vielleicht spukte. Konnte man es wissen? Da doch jeder behauptet, daß „irgend jemand anders" die Spielsachen zerbrochen, den Teppich verdreckt, die Tür zugeschlagen oder den Fernsehapparat aufgedreht hat, wenn am nächsten Tag Schule ist – wer kann da noch sagen, daß wir wirklich kein Gespenst im Haus haben?)

Also wurde Dolly unser Hofhund und hauste fortan das ganze Jahr lang in unserem großen Hof, wo sie ihre Tage mit Graben und ihre Nächte mit Heulen zubrachte. (Die Nachbarn liebten uns.) Unser Hof begann bald wie eine dieser alten Photographien vom Mond auszusehen: eine öde, mit Kratern bedeckte Landschaft. Denn unsere aristokratische Dolly war ziemlich zerstreut: sie konnte sich nie daran erinnern, wo ihre Knochen vergraben waren. Und gleich einer typischen Halbwüchsigen räumte sie auch nie den Dreck an seinen Platz zurück.

Das Graben störte uns nicht so sehr wie das Heulen, denn ersteres zwang uns nicht, beinahe ständig Kontakt mit unseren Nachbarn zu halten, die verzweifelt in den frühen Morgenstunden anzurufen pflegten, um uns anzuflehen, wir sollten doch diesen „Sch- schauerlich heulenden Hund hineinnehmen".

Während die meisten Leute mitten in der Nacht aufstehen, um ihren Hund hinauszulassen, mußten wir also aufstehen, um unseren Hund hineinzulassen, oder zumindest versuchen, sie hineinzubekommen, doch der bloße Versuch genügte für gewöhnlich, um das Heulen zu stoppen. Denn Dolly war weder hungrig noch unglücklich; sie fühlte sich lediglich einsam, und wenn sie dann endlich zwei oder drei unserer Kinder gezwungen hatte, hinauszukommen und sie eine Weile umherzujagen, war sie völlig zufrieden.

Wenn es etwas gab, das Dolly mehr genoß als eine mitternächtliche Balgerei, dann war es ein mitternächtlicher Imbiß. Eine Weile machten wir uns Sorgen um Dollys Ernährung. Sie rümpfte die Nase über die kleinen Happen, die von unserem Tisch abfielen, und verschmähte jedes noch so teure Hundefutter. Endlich fanden wir heraus, warum. Dolly zog es vor, „auswärts zu speisen". Anscheinend hatten wir einige wohlhabende Nachbarn, die nur Gourmetgerichte aßen; daher hatten sie Gourmetabfälle. Dolly, die ihren Knochen nicht finden konnte, den sie einen Augenblick zuvor vergraben hatte, erschnüffelte diesen Gourmetabfall in dem Moment, da ihn das Dienstmädchen hinaustrug. Bevor das Chateaubriand im Mülleimer ausgekühlt war, zog Dolly los (samt Leine, Halsband und Pfosten) – zu einem Mitternachtsimbiß unter den Sternen.

Nur einmal in ihrem ganzen Leben ließ Dolly sich doch herab, ins Haus zu kommen. Am Nachmittag des 6. Mai 1975 zerstörte ein heftiger Tornado unser dreistöckiges Haus. Als das Warnsignal erklungen war, hatte die Familie im Keller Schutz gesucht, aber es war uns keine Zeit geblieben, Dolly von der Kette zu lösen und mit Gewalt hereinzubugsieren. Als wir schließlich unversehrt aus unserer Kellerzuflucht hervorkamen und unser Haus und die umliegende Nachbarschaft verwüstet fanden, fürchteten wir, daß Dolly diesem schrecklichen Sturm zum Opfer gefallen sei.

Doch wir fanden sie, benommen und zitternd durch die Trümmer unseres Erdgeschoßes wandernd und offensichtlich nach ihren Herrchen und Frauchen suchend. Als sie uns heil und unversehrt sah, kehrte sie in ihr Hofdomizil zurück; aber nie wieder begann sie zu graben oder zu heulen, oder die Nachbarschaft unsicher zu machen. Das Getöse und die Heftigkeit dieses Tornados hatten ihren Geisteszustand empfindlich gestört, und bald wurde es offenbar, daß sie dennoch ein Opfer war. Wir mußten sie einschläfern lassen.

Ich gebe zu, daß ich sie vermisse, und natürlich vermissen die Kinder sie. Aber wissen Sie, wer sie am meisten vermißt? Die Nachbarn.

Ich werde die Menschen nie verstehen.

19

Der reiche Stipendiat

„He, Mami", fragte unser Sohn Dan, als er einen Fragebogen ausfüllte, „welche Klasse sind wir?"

Ich überlegte einen Moment. Welche Klasse?

„Oberschüler", antwortete ich blasiert. „Oder vielleicht Unterschüler? Welche Klasse hat mehr Spaß?"

„Ach, Mami, sei doch ernst. Ich muß es wissen; welche Klasse sind wir? Obere? Mittlere? Untere?"

„Ich glaube, das hängt von demjenigen ab, der uns klassifiziert. Unser aufgeblasener Nachbar ist seit jeher überzeugt, daß wir ‚untere' sind, aber deine Großmutter besteht darauf, daß wir ‚obere' sind. Und die, die wirklich Bescheid wissen, würden uns wahrscheinlich in die ‚große amerikanische Mitte' einreihen."

„Wer sind die, die Bescheid wissen?"

„Das Finanzamt, wer sonst? Was füllst du da eigentlich aus?"

„Ein Ansuchen um finanzielle Unterstützung. Ich bewerbe mich um ein Stipendium fürs College."

„In dem Fall richte dich nach den Nachbarn", empfahl ich ihm eindringlich. „Schreib ‚untere' hin. Und unterstreich es. Aber schreib mit Bleistift; wenn sie denken, du kannst dir einen Füllhalter leisten, schieben sie dich in die ‚obere Mitte' und sagen dir, du sollst selbst sehen, wie du weiterkommst."

Ich hatte nicht das Herz, ihm zu sagen, daß er seine Zeit verschwendete. Ich kenne mich aus. Ich habe das alles schon durchgemacht.

Als unser erster Sohn sich aufs College vorbereitete, bewarb er sich um eine Unterstützung und erhielt die Auskunft, daß das kein Problem sein dürfte, da es über 8000 verschiedene Arten von Stipendien gäbe. Das stimmt vielleicht; was sie ihm aber nicht sagten, war, daß 7975 davon Sportlern vorbehalten sind und der Rest an Studenten vergeben wird, die mit Auszeichnung abgeschlossen haben und finanzielle Bedürftigkeit nachweisen können. Da seine sportlichen Leistungen in der Mittelschule sich so ziemlich auf innerschulische Ringkämpfe (der Koedukationsvariante) beschränkt hatten, konnte er sich kaum als Sportler bezeichnen (obwohl er tatsächlich einmal den begehrten Oktopus-Preis gewonnen hat, der jährlich vom Pep-Club der Mädchen vergeben wird). Er versuchte nicht einmal, finanzielle Bedürftigkeit nachzuweisen, da er wußte, daß es ihm mit seinem Zeugnis, das noch selten eine A-Note gesehen hatte, niemals gelingen würde, einen „ausgezeichneten Abschluß" vorzuweisen.

Unser zweiter Sohn hatte viele A-Noten, doch konnte auch er sich nicht für ein Stipendium qualifizieren, da er trotz seiner engen Beziehung zu meinem stets in den roten Zahlen befindlichen Budget (deren unmittelbare Ursache oft auch er selbst war) keine finanzielle Bedürftigkeit nachweisen konnte. Denn es begab sich vor achtzehn Jahren, daß ihm sein Patenonkel eine kleine Summe als Taufgeschenk vermachte, und wir bestanden darauf, daß er das Geld nicht anrührte, bis er aufs College ginge. Sogar mit den aufgelaufenen Zinsen konnte das Legat kaum ausreichen, um Bücher und Schulgelder zu bezahlen, doch die Unterstützungskommission betrachtete es als „Einkommensquelle" und verweigerte ihm jegliche monetäre Hilfe. (Eine Erklärung, die ihn zu dem Ausruf veranlaßte: „Seht ihr? Ich hab euch ja gesagt, ihr hättet mir erlauben sollen, daß ich das Motorrad kaufe!“)

Merkwürdig, hätte er dieses Legat für ein Motorrad oder gar für Saufereien verschwendet, wäre er vielleicht für eine finanzielle Unterstützung in Frage gekommen; dies erfuhren wir, als unser dritter Sohn (ein ausgesprochener Vorzugsschüler), der kein Tauflegat und auch keine andere Einkommensquelle besaß, seine Bewerbung um ein Stipendium einreichte. Aber ach, trotz seiner guten Bewertung und offenkundigen Bedürftigkeit belastete ihn ein Handikap, das noch größer war als ein Tauflegat. Er hatte Eltern.

„Was haben meine Eltern damit zu tun?“ fragte er den Beamten im Unterstützungsbüro, das er den ganzen Sommer belagert hatte wie Lazarus, der um einen Brosamen bettelte. „Meine Eltern wollen nicht aufs College gehen! Aber ich!“

„Ja“, antwortete der Beamte, „aber wir erwarten, daß Eltern für das Studium ihrer Kinder aufkommen, wenn es ihnen möglich ist.“

„Sie haben soeben das Zauberwort ausgesprochen“, sagte mein Sohn freundlich. „Wenn und falls es ihnen möglich ist, werden meine Eltern bestimmt die zehn Riesen herausrücken, die ich brauche, um mein Diplom zu bekommen. Augenblicklich haben sie noch neun andere Kinder, die alle ihr Essen für wichtiger halten als mein Studium.“

„Ich bin nicht verantwortlich für Ihre Geschwister!“ erklärte der Beamte nachdrücklich (eine Tatsache, die ich jedenfalls bestätigen kann). „Unsere Entscheidung gründete sich nicht so sehr auf das Einkommen Ihres Vaters, als auf den Umstand, daß Ihre Familie ein Sparkonto besitzt.“

„Tatsächlich?“ fragte unser Sohn überrascht. „Das wußte ich nicht. Sagen Sie, woher wissen *Sie* denn das?“

„Wir haben unsere Methoden", erwiderte der Beamte selbstbewußt. „Wie auch immer – wir sind der Ansicht, daß Sie aufgrund dieser Barmittel nicht für finanzielle Unterstützung in Frage kommen."

Als mir unser Sohn von diesem Gespräch erzählte, konnte ich es nicht glauben. Am nächsten Morgen rief ich selbst in dem Büro an.

„Das ist richtig, Mrs. Bloomingdale", antwortete der Beamte auf meine Frage. „Der Umstand, daß Sie dieses Sparkonto haben, indiziert, daß Sie es sich leisten können, für das Studium Ihres Sohnes aufzukommen."

„Hören Sie", sagte ich ihm aufrichtig, „dieses Sparkonto ist kein richtiges Sparkonto; es ist mein Kombifonds. Seit Jahren schon brauche ich einen neuen Kombiwagen, aber ich kann es mir nicht leisten, gleichzeitig einen Kombi zu erhalten und Kreditzinsen zu bezahlen, also quäle ich mich mit diesem zehn Jahre alten Schrotthaufen ab – und noch dreihundert Dollar, und ich habe einen neuen Kombi. Sie können meinen neuen Kombi nicht haben!"

„Tut mir leid", sagte der Beamte. „Vorschrift ist Vorschrift."

„Soll ich das so verstehen", fragte ich, einer plötzlichen Eingebung folgend, „daß Leute, die irgendwelche Barmittel erworben haben, nicht für eine Unterstützung in Frage kommen?"

„Jawohl."

„Wie kommt es dann, daß der Sohn meines Nachbarn zweitausend Dollar Beihilfe bekommen hat, während seinen Eltern drei Cadillacs, ein Motorboot und ein Sommerhaus auf Cape Cod gehören? Erklären Sie mir das!"

„Das sind keine Barmittel", seufzte der Beamte, „und es ist sehr gut möglich, daß die Fahrzeuge und das Haus mit großen Hypotheken belastet sind."

„Das also ist das Geheimnis!" jauchzte ich. „Geben Sie mir dreißig Minuten. In einer halben Stunde kann ich meine Barmittel erschöpfen und alle möglichen Rechnungen sammeln. Lassen Sie mir bis Mittag Zeit, und ich kann wahrscheinlich sogar den Bankrott erklären!"

Der Beamte zeigte sich nicht amüsiert.

„Sagen Sie mir", flüsterte ich resignierend, „wie haben Sie von diesem Sparkonto erfahren?"

„Indizien!" gestand der Beamte stolz. „Wir lernen die Indizien erkennen. Im Fall Ihres Sohnes war es die Uhr, die er trug, als er das erstemal in unser Büro kam. Es gibt hier mindestens siebenhundert Studenten, die genau die gleiche haben. Dann der Füllhalter, den er benützte, als er das zweite und dritte Formular ausfüllte. Aber das Ausschlaggebende war die Brieftasche, die er gestern mitbrachte. Dann erst wußten wir mit Sicherheit, daß dieses Sparkonto existiert."

„Aber ich verstehe nicht", beharrte ich, „was haben eine Uhr, ein Füllhalter und eine Brieftasche mit einem Sparkonto zu tun?"

„Es waren Prämien!" rief der Beamte triumphierend. „Ich habe diese Prämien wiedererkannt. Offen gesagt, ich habe selbst eine dieser Brieftaschen bekommen. Sie sehen also, ich weiß nicht nur, welche Bank Sie frequentieren, ich kann auch eine ziemlich genaue Schätzung über die Höhe Ihrer letzten drei Einzahlungen abgeben!"

„Ich glaube, ihr Kinder werdet euch euer College-Studium eben durch Arbeit verdienen müssen", sagte mein Mann an diesem Abend beim Essen. „Wir helfen euch, soweit wir können, aber es hat den Anschein, daß ‚finanzielle Unterstützung' denjenigen vorbehalten ist, die sich ganz dem Sport widmen, oder einer Minderheitengruppe angehören, oder es wirklich notwendig haben."

„Also um mich brauchst du dir keine Sorgen zu machen", sagte unser elfjähriger Pat, während er seinen dritten Hamburger verschlang. „Ich werde der Star-Verteidiger im College-Footballteam!"

„Und um mich brauchst du dir wahrscheinlich auch keine zu machen", meinte Tim, unser neuntes Kind, „denn wenn Pat weiter so frißt wie ein Schwein, wird unser ganzes Geld fürs Essen draufgegangen sein, wenn ich aufs College komme!"

„Ich glaube, ich würde für alle drei Kategorien in Frage kommen", äußerte ihre Schwester Mary, die nun schon zwei Jahrgänge auf dem „Universitäts-College der Schönen Künste" absolviert hatte.

„Wie kommst du darauf?" fragte ihr Bruder. „Du betreibst keinen Sport, du gehörst zu keiner Minderheitengruppe, und du hast es nicht notwendig."

„O doch", sagte sie. „Ich habe mich gerade in Fechten einschreiben lassen, was nicht nur als Sport gilt, sondern mich entschieden in eine Minderheitengruppe placiert. Es gibt nicht viele weibliche Fechtsportler, wette ich!"

„Und was ist mit den Noten?" beharrte ihr Bruder.

„Ganz einfach", antwortete sie mit einem Seufzer. „Ich treffe mich des öfteren mit drei Studenten, die alle einmal diesen Oktopus-Preis gewonnen haben. Junge, hab ich's nötig, fechten zu können!"

Zu unserer Überraschung und Freude bekam Dan wirklich ein Stipendium, doch nicht aufgrund von sportlichen Leistungen, sozialer Stellung oder gar Bedürftigkeit. Ausschlaggebend war einzig und allein sein Abschneiden bei den College-Prüfungen; er landete in der Prozentgruppe, die von den Prüfern als „Stipendiat" bezeichnet wird.

Ist das zu glauben? Ein Stipendiumanwärter bekommt ein Stipendium! Was soll aus diesem Land noch werden?

20

Fort aufs College

Als ich seinerzeit aufs College fortging, nahm ich einen Überseekoffer für meine Kleider und eine Einkaufstasche für Diverses wie Wecker, Schirm, Radiogerät und Tennisschläger. Ich erinnere mich noch heute daran, daß mich mein Vater belustigt fragte, warum ich denn „dieses ganze Zeug in die Schule mitnehmen" müßte, worauf ich argumentierte, daß „das alles absolut unentbehrliche Dinge" seien – wenn ich auch glaube, daß es wirklich ein bißchen viel war; besonders da ich auch eine Schreibmaschine, einen zweiten Mantel und ein riesiges Stofftier mitschleppte, an dem ich nicht so besonders hing, das aber in einem Mädchenschlafsaal dieser Zeit entschieden *de rigeur* war.

Als unser Sohn John – eine Generation später – aufs College fortging, war alles ein bißchen anders. John nahm eine Einkaufstasche für seine Kleidung (seine ganze Garderobe bestand nämlich aus zwei Jeans, einigen T-Shirts und zwölf Frottee-Stirnbändern) und einen Kleintransporter für sein Diverses: Kühlschrank, Liegestuhl, Kochplatte, Höhensonne, Fernsehapparat, komplette Stereo-Anlage, Schreibmaschine, Tonbandgerät, Zehngangrad und zahlreiche Kartons mit Schallplatten und Büchern, von denen einige teure College-Skripten waren, die er im Sommer aus zweiter Hand erstanden hatte.

„Du kannst doch nicht dieses ganze Zeug in die

Schule mitnehmen!" ermahnte ich John viel weniger belustigt, als es mein Vater vor fünfundzwanzig Jahren gewesen war.

Zu meiner Überraschung zeigte sich John einsichtig. „Du hast recht", stimmte er zu. „Ich kann dieses ganze Zeug nie in meinem Schlafsaal unterbringen. Ich werde auf etwas verzichten müssen."

Und das tat er. Er verzichtete auf die Skripten.

Wie es sich für pflichtbewußte Eltern gehört, begleiteten wir John zur staatlichen Universität von Lincoln, Nebraska, wo man ihm ein Zimmer im A-Block des Studentenheims zugewiesen hatte. Es gab wohl eine ausgezeichnete Zweigstelle der Nebraska-Universität in unserer Heimatstadt Omaha, aber natürlich war John nicht gewillt, diese zu besuchen; das hätte bedeutet, noch vier Jahre zu Hause zu wohnen! John war nicht zu glücklich darüber, daß wir ihm „da hinterherlaufen" mußten („Ihr habt mich nicht zum Kindergarten gebracht; wieso bringt ihr mich jetzt zum College?"); doch ich litt wie alle ehemaligen College-Schüler an dem Fieber, das man „Zurück zur Schulbank" nennt, und war entschlossen, zumindest einige Stunden lang in der Nostalgie zu schwelgen, die mich in der vertrauten Aura eines College-Schlafsaals gewiß umfangen würde.

Den ersten Eindruck davon, wie drastisch sich alles verändert hatte, bekam ich, als mein Mann und ich mit John den Fahrstuhl seines Wohnheims betraten. Durch den alten Fahrstuhl meines Mädchenheims im Duchesne-College schwebte damals ein beständiger Duft von Weihrauch aus der nahegelegenen Kapelle, und an den Abenden der Wochenenden verwob sich der Weihrauchdurft angenehm mit dem leisen Wohlgeruch unseres Parfums.

Die „Aura" von Johns Fahrstuhl bestand aus dem

unverkennbaren „Duft“ von Hot Dogs, abgestandenem Zigarettenrauch und ungewaschenen Trainingssocken. Aber man konnte freilich kaum erwarten, daß eine Männerunterkunft nach Mädchenparfum roch!

Als wir im dreizehnten Stock aus dem Fahrstuhl stiegen (wir fanden es ungemein passend, daß ausgerechnet unser John in einem der wenigen existierenden Gebäude landete, die ein dreizehntes Stockwerk haben), rief ich:

„Halt! Augenblick mal; hier stimmt etwas nicht.“

„Was ist los, Ma?“ fragte John, während er mit Büchern, Plattenalben und einer Lampe jonglierte.

„Wir sind im falschen Haus, das ist los“, antwortete ich und wunderte mich, daß er nicht sehen konnte, was doch so offensichtlich war.

„Nein, sind wir nicht“, sagte er. „Das ist der A-Block; ich habe meine Zuweisung hier in der Tasche.“

„Aber schau doch!“ rief ich und zeigte auf das Volk, das die Gänge entlanghastete. „Das ist ein Mädchenheim!“

„Aber Ma“, lachte John, „das ist ein Gemeinschaftsheim. Die Mädchen wohnen in den geraden Stockwerken, und die Jungen in den ungeraden.“

„Wieso sind dann Mädchen in deinem ungeraden Stockwerk?“

„Weil das oberste Stockwerk für ‚Nachzügler‘ ist, die sich zu spät eingetragen haben. Hier wohnen sowohl Jungen als auch Mädchen.“

„Willst du mir damit sagen“, rief ich ungläubig aus, „daß du mit Mädchen Wohnräume teilen wirst?“

„Wir teilen nicht die ‚Wohnräume‘, Mami“, erwiderte John ungeduldig; „wir teilen nur den ‚Wohnort‘, so wie ich unser Haus mit Mary, Peggy und Annie geteilt habe.“

„Nicht *genauso,* hoffe ich“, warf sein Vater scherzend ein. „Da wirst du hier nämlich wegen körperlicher und seelischer Grausamkeit eingesperrt.“

„Reg dich nicht auf, Mami“, meinte John. „Die Mädchen sind alle an einem Ende des Korridors, und die Jungen am anderen.“

„Und die Mädchen kommen nie zu eurem Ende herüber, nicht wahr?“ fragte ich hoffnungsvoll.

„Nur während der Besuchszeit, Mami“, antwortete John, und ich war unendlich erleichtert . . . bis ich herausfand, daß die Besuchszeit von sechs Uhr früh bis zwei Uhr dreißig morgens dauerte.

Ich hätte mir jedoch keine Sorgen zu machen brauchen, denn wenn uns auch das Gerücht erreichte, daß Johns Schlafsaal häufig von schönen Mädchen besucht war, so war er doch selten von John besucht. Ja, es gab nicht nur das Gerücht, sondern vielmehr den eindeutigen Beweis durch die Telephongesellschaft. Wann immer ich John an seinem Zimmertelephon sprechen wollte (und ich konnte mitten am Tag anrufen oder mitten in der Nacht, ganz gleich), war er nie da – ein Umstand, den ich mit gemischten Gefühlen zur Kenntnis nahm, denn irgend jemand war immer da, und dieser Irgendjemand gehörte fast immer dem anderen Geschlecht an.

Als John zu Weihnachten nach Hause kam, klagte ich ihm, daß ich ihn scheinbar nie in seinem Zimmer erreichen könne, und er erklärte, daß er wenig Zeit in seinem Schlafsaal verbringe, da der Saal sowohl zum Lernen als auch zum Schlafen zu laut wäre. (Ich wagte ihn nicht zu fragen, wo er denn geschlafen habe, und ich brauchte ihn nicht zu fragen, wo er denn gelernt habe, da seine Zeugnisse darauf hinwiesen, daß ihn dieser besondere Aspekt des Colleges nicht zu sehr belastet hatte.)

Wir kamen beide zu dem Schluß, daß er sich wohler

fühlen würde, wenn er in einem Apartment wohnen könnte, also übersiedelten er und sein ehemaliger Zimmerkollege in ein kleines Apartment in Lincoln.

Im nächsten Herbst, als sein Bruder Michael sich an der Universität von Nebraska in Lincoln einschreiben ließ, erfuhr ich mit Entsetzen, daß er gebeten hatte, man möge ihm ein Zimmer im A-Block zuweisen.

„Warum willst du in einem Studentenheim wohnen?“ fragte ich. „Warum nicht mit John zusammen? Ich kann es mir nicht leisten, noch einen Schlafsaal ‚einzurichten‘; ich dachte, wir würden es niemals schaffen, das ganze Zeug von John nach Lincoln zu bringen.“

„Beruhige dich, Mami“, sagte Mike. „Heutzutage ist das anders als zu Johns Zeiten.“ Man hätte meinen können, er beziehe sich eher auf eine ganze Generationsspanne als einen Zeitraum von zwei Semestern.

„Anders?“ fragte ich mißtrauisch. „Wie anders?“

„Erstens“, dozierte Mike, „werde ich nicht so viel Diverses in das Heim mitschleppen. Natürlich werde ich mehr Gepäck haben als John. Heutzutage laufen College-Schüler nicht mehr in Jeans und T-Shirts herum. Ich glaube, ich brauche ein paar dreiteilige Anzüge, einige Sportsakkos, Hosen, Mokassins, Lackschuhe, Tennisschuhe und Laufschuhe, ein halbes Dutzend Hemden, ein paar Krawatten, Pyjamas“ (Pyjamas? Ich wußte nicht einmal, daß er Pyjamas überhaupt *kannte!*), „einen Morgenmantel, Socken, Unterwäsche und zwei Smokings.“

„*Zwei* Smokings?“ (Warum frage ich?)

„Klar. Du erwartest doch nicht, daß ich einen Winter-Smoking zu den Frühlingsbällen trage, oder?“

Irgendwie glaube ich, daß mir die lächerlichen Fetzen, die John Kleidung nannte, lieber gewesen waren. *Die* konnte ich mir leisten.

„Wenigstens werden wir keinen Lastwagen für dein Diverses mieten müssen“, sagte ich zu Mike. „Was nimmst du *wirklich* mit? Soll ich ein paar Lebensmittelkartons aufsparen, damit du alles hineinpacken kannst?“

„Nicht nötig, Mami“, entgegnete Mike heiter. „Mein Diverses wird genau hier in diese Brieftasche passen.“

„Was soll das heißen?“ (Da frage ich schon wieder!) „Was für ein Diverses wird in deine Brieftasche passen?“

„Deine Master Charge-Karte!“ erklärte Mike überzeugt. „Damit kriege ich alles, was ich brauche . . . außer, natürlich, du möchtest mir lieber Bargeld geben?“

Der Lärm, den Sie jetzt hören – das ist mein Vater im Himmel, der vor Lachen brüllt.

21

Briefe

An den Dekan der
Universität von Nebraska
Lincoln, Nebraska

Sehr geehrter Dekan,

besten Dank für Ihr Schreiben betreffend unseren Sohn 486-30-1223, der gegenwärtig an der Universität von Nebraska registriert ist.

Ich verstehe Ihre Besorgnis darüber, daß der Junge nun schon fünf Semester lang die Universität besucht und erst neun anrechenbare Vorlesungsstunden aufzuweisen hat. Auch wir sind deshalb ein wenig besorgt; ja, wir sind geradezu bestürzt, denn wir haben stornierte Schecks erhalten, die die Bezahlung von fünfundsechzig Vorlesungsstunden bestätigen.

Nach Erhalt Ihres Schreibens baten wir unseren Sohn telephonisch um Aufklärung.

Nach dreizehn unbeantworteten Anrufen in seinem Schlafsaal, sieben erfolglosen „Bleiben Sie dran; ich lasse ihn ausrufen" im Studentenzentrum, vier interessanten, aber vergeblichen Anrufen in „Bill's Bar und Grill" und einem Anruf in einem gewissen Apartment in der N-Straße erreichten wir 1223, der die Situation folgendermaßen erklärte:

Im ersten Semester schrieb er sich für fünfzehn Vorlesungsstunden ein, ließ jedoch Volkswirtschaftslehre fallen, da dies ein höherer Lehrgang ist. (Auch beginnt da der Unterricht um acht Uhr früh, doch bin ich sicher, daß das irrelevant ist.) Als das Semester sich dem Ende näherte, entschied er sich – in der Annahme, er würde in jedem dieser Lehrgänge eine A-Note bekommen, wenn er die Weihnachtsferien zum Überarbeiten seiner Skripten verwendete – für drei „Nicht abgeschlossen". Er sagte: „Herrje, ich dachte, ich hätte diese Skripten eingepackt . . ." Er wird seine Sachen durchsuchen, und dann wollen wir weitersehen. (Warten Sie nicht darauf; ich habe „seine Sachen" gesehen; das könnte Monate dauern.)

Im zweiten Semester trug er zwölf Stunden ein, ließ aber zwei Wissenschaftslehrgänge fallen und nahm zwei kaufmännische dazu, die ihm leider nicht angerechnet wurden, da er den einen als Gasthörer besuchte und den anderen als ordentlicher Hörer, dann aber vergaß, welcher welcher war, und das falsche Examen ablegte. Er bekam auch in diesem Semester wieder ein „Nicht abgeschlossen", doch war das eigentlich nicht seine Schuld, da der Professor das Abschlußexamen auf einen anderen Termin verlegte und ihn nicht davon verständigte. (Ich fragte ihn, ob er die Anschlagtafel gelesen habe, worauf er in hysterisches Gelächter ausbrach.)

Im dritten Semester verliebte er sich. (Er behauptet, „es ist eine blöde Vorschrift, daß man den Unterricht besuchen muß, um den Lehrgang angerechnet zu bekommen".)

Im vierten Semester schrieb er sich für fünfzehn Stunden ein, ließ sechs fallen, nahm drei dazu und wechselte die Klassen in Englisch und Psychologie, vergaß aber den Registrator davon zu verständigen und bekam daher keinen der Lehrgänge angerechnet. Das „Nicht abgeschlossen" in Chemie wird durch eine

Zensur ersetzt werden, sobald er die Laboratoriumsausrüstung bezahlt hat.

Im fünften Semester wechselte er sein Hauptfach und vergaß die fünfzehn Stunden, für die er eingeschrieben war, doch er behauptet, daß das Semester nicht vergeudet war, da sein Studentenheim-Team das Ping-Pong-Turnier der Universität gewonnen hat.

Er versicherte uns, daß in diesem Semester „alles in Butter" sei, obwohl er die leise Befürchtung hege, daß er „vielleicht nicht rechtzeitig an die juristische Fakultät kommen" werde.

Ich versicherte ihm, daß dieses Problem nicht so dringlich sei.

Danke für Ihr Interesse.

Mit freundlichem Gruß,

Sehr geehrter Master Charge,

betr. meine Januar-Abrechnung. Ich betrachte soeben mit Erstaunen eine Rechnung über $ 473,22 für Zimmer, Restaurant- und Barbesuche im „Hawaiian Village Hotel". Da ich noch nie in Honolulu war, es auch jetzt nicht bin und keinerlei Hoffnung habe, jemals dorthin zu gelangen, muß es sich hier offensichtlich um einen Irrtum handeln. Bitte streichen Sie den Betrag von meinem Konto.

Mit freundlichem Gruß,

Sehr geehrter Master Charge,

betr. meine Februar-Abrechnung. Ich bin ein ein wenig beunruhigt über die Feststellung, daß die Januar-Rechnung über $ 473,22 (plus Mehrwertsteuer) noch nicht von meinem Konto gestrichen ist. Auch finde ich hier eine weitere Rechnung, die offensichtlich nicht mir gehören kann. Wenn ich in Tokio gewesen wäre, hätte ich sicher nicht $ 72 in einem Geisha-Haus ausgegeben! Ja, selbst wenn ich es mir leisten könnte, nach Tokio zu reisen, würde ich es nicht tun; ich würde statt dessen nach Honolulu reisen und im „Hawaiian Village" auf die Pauke hauen. Da ich ich keines von beidem getan habe, würde ich es schätzen, wenn Sie beide Rechnungen von meinem Konto streichen könnten.

Mit freundlichem Gruß,

Sehr geehrter Master Charge,

das wird jetzt schon lächerlich. $ 96 für diverse „Lianen-Cocktails" in der „Singapur-Bar zur lockeren Schlingpflanze"? Bitte lösen Sie mein Konto sofort auf. Und obwohl ich nicht die Absicht habe, diese Rechnungen zu bezahlen, würde es mich doch interessieren, die unterschriebenen Empfangsbestätigungen zu sehen. Es ist nicht leicht, einen Namen wie BLOOMINGDALE falsch zu lesen, aber irgend jemand in Ihrem Büro hat das ganz offensichtlich fertiggebracht.

Mit freundlichem Gruß,

Sehr geehrter Master Charge,

danke für die meiner April-Abrechnung angeschlossenen Empfangsbestätigungen. Ein Scheck über den vollen Betrag liegt bei; bitte entschuldigen Sie. Ist es auf Grund der Höhe des Betrages in Ordnung, wenn ich mit der Bezahlung der Rechnung über $ 122 des Playboy-Clubs von Pago-Pago bis nächsten Monat warte?

Mit sehr ergebenem Gruß,

Mein lieber Sohn Jim,

wie geht's im Marinekorps? Dein Vater läßt Dir sagen, er macht sich ziemliche Sorgen über die „erbärmlichen Lebensumstände“, die Du seit Deiner Versetzung in den Südpazifik zu ertragen hast. Durch „alle diese moskitoverseuchten Sümpfe“, „Guerilla-Kämpfe in der Wildnis des Dschungels“ und die „langen, ermüdenden Stunden des Wachdienstes“ muß Dir Dein Leben einfach schrecklich werden ... aber nicht so schrecklich, wie es sein wird, wenn Du mir nicht *pronto* meine Master Charge-Karte zurückschickst. Ich wäre Dir auch für eine Geldanweisung zur Begleichung der beiliegenden Rechnungen sehr dankbar.

Nur noch eine Frage aus reiner Neugier: was hast du bei Tiffany in Tasmanien gekauft? Ein Muttertagsgeschenk vielleicht?

In Liebe,
Mutter

Sehr geehrter Herr Staatsanwalt,

betr. Ihr Schreiben, in dem Sie nach der Adresse unseres Sohnes fragen, der gegenwärtig an der Universität von Nebraska in Lincoln immatrikuliert ist, habe ich einige Fragen:

1. Wenn ich Ihnen seine letzte Adresse gebe und es sich herausstellt, daß das seine derzeitige Adresse ist, wollen Sie ihn bitte fragen, warum er nicht auf meine Briefe antwortet?

2. Wenn ich Ihnen seine Adresse gebe, glauben Sie wirklich, daß Sie ihn je zu Hause erwischen werden?

3. Wenn ich Ihnen seine Adresse gebe, und Sie stellen fest, daß er noch dort wohnt, bin ich verantwortlich für

seine Miete?

4. Wenn ich Ihnen seine Adresse gebe, und Sie gehen hin und eine große üppige Blondine macht die Tür auf, dann will ich es nicht wissen.

5. Was steht eigentlich in dem Haftbefehl?

Mit freundlichem Gruß,

Sehr geehrter Herr Staatsanwalt,

Überziehungen? Sie meinen, Sie bringen Menschen ins *Gefängnis,* weil sie ihre Konten überzogen haben? Junge, bin ich froh, daß ich nicht in *Ihrem* Verwaltungsbezirk lebe.

Ich habe die derzeitige Adresse unseres Sohnes überprüft. Es scheint, daß es sich um eine frühere Adresse handelt, doch werde ich ihn für Sie aufspüren. (Sie sind nicht zufällig dieser Blonden begegnet, oder? Ich wette, *sie* weiß, wo er ist.)

Mit freundlichem Gruß,

Sehr geehrter Herr Staatsanwalt,

ich habe mit meinem Sohn Kontakt aufgenommen. Er erklärt, daß er sich in keiner Weise der Tatsache bewußt ist, über den ganzen Bezirk Lancaster Schecks verstreut zu haben. Ein einfacher Anruf in seiner Bank klärte die Sache auf. Allem Anschein nach deponierte unser Sohn, als er sich im letzten Herbst aufs College vorbereitete, seine Ersparnisse des Sommers auf einem Scheckkonto in Omaha. In Lincoln angekommen, fand er jedoch eine Bank, die gebührenfreie Kontoabhebungen für Studenten anbot, worauf er sein Kapital an die Lincoln-Bank überweisen ließ.

Dann steckte er unabsichtlich das falsche Scheckbuch

in seine Brieftasche und schrieb so in den nächsten sechs Monaten Schecks der Omaha-Bank aus, während sein Kapital in der Lincoln-Bank ruhte. Auf die Frage nach Überziehungs-Benachrichtigungen gab er zu, daß er wohl ziemlich viele Briefe von der Omaha-Bank erhalten, aber nicht geöffnet habe; warum sollte er auch, da er doch kein Geld in ihrer Bank hatte? In der Anlage mein persönlicher Scheck, der seine Überziehungen, Gebühren und Strafen decken sollte. (Ich wäre Ihnen verbunden, wenn Sie ihn nicht vor dem Monatsersten einlösen würden.)

Mit freundlichem Gruß,

Sehr geehrter Herr Energie-Kommissär,

betr. Ihre jüngste Anregung, daß das Land die Viertagewoche einführen sollte, um Energie zu sparen, würde ich gerne eine persönliche Stellungnahme abgeben!

Sie sind nicht normal.

Vielleicht haben Sie bei Ihrem Vorschlag bezüglich dieser Viertagewoche eine spezielle Gruppe von Arbeitnehmern außer acht gelassen: die Lehrer. Es ist Ihnen doch hoffentlich klar, daß auch sie die Viertagewoche wünschen werden (sie sind ganz begeistert von Ihrem Versprechen bezüglich eines Zehnstundentages), was dann bedeutet, daß unsere Kinder jede Woche einen ganzen Tag mehr zur Verfügung haben werden, um hemmungslos Energie zu konsumieren.

Wissen Sie, was das heißt? Jeden Freitag (oder Montag), wenn unsere Kinder in der Schule sein sollten, wo sie weder auf Temperatur noch Beleuchtung Einfluß nehmen können, werden sie zu Hause alle neunzig Minuten ihre Haare waschen (und mit jeder Haarwäsche das ganze heiße Wasser aufbrauchen), mit Haartrocknern rumoren, Lockenwickler oder Ondulierscheren erhitzen und den Thermostat der Zentralheizung auf achtunddreißig Grad drehen, weil sie „frieren mit den nassen Haaren".

Ihre kleinen Brüder und Schwestern werden verlangen, daß man sie mit dem Auto zum Kino, zum Eislaufplatz, zum Einkaufszentrum, zur Pizzeria oder sonstwohin fährt, und wenn man sie zwingt, zu Hause zu bleiben, werden sie im Verein mit ihren älteren Geschwistern pünktlich zu jeder Stunde essen und dadurch den Gebrauch des Toasters, des Herdes, des Dosenöffners, des Mixers, der Kaffeemaschine und des Grillers nötig machen. Ich rede garnicht von dem 1746maligen Öffnen der Kühl- und Gefrierschranktüren oder von der ständigen Zankerei darüber, wer an der Reihe ist, die Wasch- und Trockenmaschine zu benützen.

Es liegt daher klar auf der Hand, daß an diesem entscheidenden „fünften Tag" der Energieverbrauch der Nation eher steigen als abnehmen würde.

Sollten Sie also, Herr Kommissär, unseren Schulkindern tatsächlich ein Dreitage-Wochenende bescheren, werden Sie sehr wahrscheinlich die kostbarste Energiequelle der Nation vernichten: Mütter.

Mit freundlichem Gruß,

Lieber Herr und liebe Frau Zobernacki,

besten Dank für die Einladung zur Hochzeit Ihrer Tochter. Doch sind wir der Ansicht, daß hier vielleicht ein wenig Unklarheit herrscht.

Als wir den Namen des Bräutigams lasen, stellten wir mit Erstaunen fest, daß er uns sehr bekannt schien; ja, nun haben wir zum erstenmal erfahren, daß unser Sohn verlobt ist. Das Erstaunen war um so größer, als er den

Namen Ihrer Tochter uns gegenüber niemals erwähnt hat. Als wir ihm die Einladung zeigten, sagte er:

„Maggie heißt sie? Komisch, ich dachte immer, sie heißt Maizie. Ja, ich glaube, ich erinnere mich an sie; nettes Mädel, aber sie hatte diese fixe Idee mit dem Heiraten. Also sagte ich schließlich, okay, heirate doch! Aber ich habe nicht *mich* gemeint! Keine Chance, Mann. Ich will nicht heiraten."

Bitte übermitteln Sie Maggie (Maizie?) unsere Glückwünsche. Nicht zur Heirat, sondern dazu, daß sie noch einmal davongekommen ist.

Mit freundlichem Gruß,

22

Bleiben Sie am Apparat!

1975, als unser Haus von einem Tornado zerstört wurde, weinte ich.

Ich weinte nicht, weil unser Haus zerstört war. Dieses Haus war über hundert Jahre alt und litt schon seit geraumer Zeit an Altersschwäche. (Es war nicht mehr „ganz richtig" im Oberstübchen.) Das Dach rostete buchstäblich vor sich hin, die Zimmerdecken dachten allen Ernstes daran, herunterzufallen, und die Toiletten hatten gründliche Reparaturen nötig, die nicht gemacht werden konnten, weil niemand mehr Spülketten erzeugte.

Überdies war das ganze Haus zu einem Zufluchtsort für alle Arten von Kreaturen aus dem inneren Weltraum geworden. Wasserwanzen schwammen in unserem Keller, Mäuse kampierten in unseren Schlafzimmern, und unsere Küche diente sämtlichen Ameisen der Gegend als Sommer-Picknickwiese.

Wir hätten uns schon lange von dem Haus befreit gehabt, wäre damit nicht der Versuch des Unmöglichen verbunden gewesen: vor den unvermeidlichen Hausbesichtigungen die Schlafzimmer der Teenager zu reinigen. Als meine Mutter hörte, daß das dritte Stockwerk, die Domäne unserer Teenager, zur Gänze im Rachen dieses verheerenden Tornados verschwunden war, seufzte sie: „Ich glaube, das war wirklich das einzige Mittel. Ich möchte wissen, wie Teresa das arrangiert hat."

Nein, ich weinte nicht, weil wir unser Haus verloren hatten. Ich weinte um unsere Telephone.

Es waren so hübsche Apparate. Von Grund auf schwarz, hatte ein jeder ein helles, lautes Läuten und eine große, leicht lesbare, leicht drehbare Wählscheibe. Doch das beste von allem war, daß sie sich nie irgendwo hin bewegten. Da sie keine Zehnmeterkabel oder herausziehbare Stecker aufwiesen, blieben sie stets an Ort und Stelle. Wenn das Telephon läutete, mußte ich nicht erst einem Kabel unter irgend jemandes Bett folgen, um abheben zu können.

Ich wußte, daß der Kauf eines neues Hauses auch die Auswahl neuer Telephonapparate nötig machen würde – und jeder, der heute ein Haus einrichtet, kann Ihnen erzählen, wie nervenzermürbend das oft ist. Bevor man die Apparate in einem neuen Haus installieren läßt, muß man einen Weltraumexperten auf dem Gebiet des Fernmeldewesens konsultieren und mit einem Innenarchitekten Farbe, Type und Design besprechen. Ich hatte schon genug Schwierigkeiten vor mir, wenn ich ein Haus finden und für meine zwölfköpfige Familie neu einrichten wollte; ich war einfach nicht gesonnen, auch noch neue Telephone anzuschaffen.

Während mich die Makler durch ein Haus nach dem anderen führten, hatte ich gegen alles und jedes etwas einzuwenden. Eines Nachmittags, als mir eine kompetente Maklerin gerade ein wunderschönes Haus gezeigt hatte, das für unsere Familie besonders geeignet schien, konnte ich wieder einmal nicht die geringste Begeisterung aufbringen.

„Erzählen Sie mir nicht, daß Ihnen dieses Haus nicht gefällt!“ sagte sie. „Es ist perfekt für Sie!“

„Das Haus gefällt mir sehr“, entgegnete ich, „aber es ist die alte Geschichte: kein Telephon.“

„Natürlich ist kein Telephon da", erklärte sie ein wenig gereizt. „Wenn ein Bewohner auszieht, werden die Apparate entfernt. Das ist so üblich."

„Das weiß ich", sagte ich. „Und ist das nicht dumm? Irgend jemand hat sich einmal sehr bemüht und viele Stunden damit verbracht, Farben zu koordinieren und die Apparate strategisch in diesem Haus zu placieren, und ich muß jetzt wieder von vorne anfangen, weil die ach so tüchtige Telephongesellschaft nicht die Spur einer Spur an einer Wand oder irgendeinen verräterischen Draht dagelassen hat, um mir einen Anhaltspunkt für Farbe und Aufstellung der Telephone zu geben."

„Machen Sie sich nur keine Sorgen deswegen", versetzte die Maklerin heiter. „Die Telephongesellschaft hat Service-Leute, die Sie in solchen Fragen beraten."

Und tatsächlich: an dem Tag, da wir in unser neues Haus einzogen, kam ein Vertreter der Telephongesellschaft mit Büchern und Broschüren zu uns, die mich inspirieren sollten, doch leider, sie verwirrten mich nur. Wünschte ich eine konventionelle Wählscheibe, Drucktasten- oder Kleincomputersystem mit spezieller Klangwahl? Standard-, Luxus- oder Antikausführung? Sollte mein Telephon auf einem Tischchen stehen, an der Wand hängen oder in einem Kästchen verborgen sein?

Ich meinerseits begeisterte mich sofort für den im Hof aufstellbaren Münzfernsprecher, komplett mit Zelle, doch mein Mann war dagegen. Er sagte, das sei nichts als Humbug; die Kinder würden nicht wirklich zahlen müssen. Ich sagte ihm: „Na und? Sie müßten aber hinausgehen!"

Schließlich entschied ich mich für das Standard-Computermodell, da es in diesem Monat „im Sonderangebot" war. (Anmerkung: Fragen Sie immer, was „im Sonderangebot" bedeutet. In diesem Fall bedeutete es

„besonders teuer".) Hinsichtlich der Farbe brauchte ich keine Entscheidung zu treffen, da alle „Sonderangebot"-Apparate, die sie übrig hatten, elfenbeinfarben waren. (Weitere Anmerkung: Wenn Sie Kinder haben, nehmen Sie keine hellfarbenen Apparate. Sie werden bald vielfarben sein: kugelschreiberblau, erdnußbutterbraun, himbeermarmeladerot, senfgelb oder schlicht und einfach schwarz vor Dreck.)

Ich muß zugeben, daß der Service-Mann sehr geschickt daranging, unsere Telephonanlage zu planen. Er verbrachte den ganzen Vormittag damit, den Kindern durch das Haus zu folgen, und entschied endlich, daß alle Apparate in den Toiletteräumen installiert werden müßten. Das verhindert ich, obwohl ich seiner Schlußfolgerung zustimmte, daß wir mehr Telephone haben sollten, als wir ursprünglich geplant hatten. (Ich glaube, er war auch zu dem Schluß gelangt, wir hätten weniger Kinder haben sollen als ursprünglich geplant, doch er war zu höflich, um es auszusprechen.)

Nachdem er seine umfangreichen Notizen zu Rate gezogen hatte, empfahl er ein Telephon im Wohnzimmer mit einem Nebenanschluß in der Küche und einem weiteren im Elternschlafzimmer des dritten Stockwerks. Er riet uns auch zu einem eigenen Anschluß für die Kinder – vielleicht in der Küche, mit einer Nebenstelle im Flur des zweiten Stockwerks und einer weiteren in unserem gemütlichen Kellerstübchen.

Ich war mit allem einverstanden, außer mit dem Wohnzimmertelephon. Ich wollte es im Vorhaus haben. Er fragte, warum.

„Sie haben keine Ahnung von großen Familien", erklärte ich ihm.

„Alle nehmen den Hintereingang – Kinder, Erwachsene, sogar Gäste. Folglich ist das Vorhaus immer leer, und immer ruhig. Es ist der ideale Ort für ein ungestörtes Telephongespräch."

Der Service-Mann sah ein wenig perplex drein, doch dann erklärte er sich bereit, das Telephon im Vorhaus zu installieren.

Ich hatte noch nie in einem modernen Haus mit Zwischenstockwerken gewohnt und wußte nicht, wie leicht erreichbar der Vordereingang war. Da es hier keine steile Treppe zu einer weitläufigen Veranda (und keine Zufahrt zum Hintereingang) gab, begannen alle unseren Vordereingang zu benützen: Gäste, Kinder, Lieferanten, Zählerableser, ich, mein Mann, und sogar meine Mutter, die noch nie in ihrem Leben den Vordereingang eines Hauses benützt hatte.

Infolge des regen Verkehrs, der durch unseren Vordereingang flutete, wurde aus unserem Vorhaus ein Konferenzzentrum, ein Garderoberaum, ein Büchermagazin, eine Schuhkammer, ein Schleichpfad für Kinder, die ihre Schmutzspuren nicht durchs Wohnzimmer ziehen durften, und – dank des nackten Fliesenbodens – ein Rollschuhlaufplatz für Regentage. Wer konnte dort telephonieren?

Niemand. Also benützten alle die Apparate in der Küche, was bedeutete, daß ich jedesmal, wenn ich zu kochen versuchte, über zwei meiner jungen Söhne klettern mußte, von denen jeder mit einem anderen Mädchen in einer anderen Leitung sprach.

Nachdem ich nun etwa einen Monat hindurch über lange Beine gestolpert war, erklärte ich die Küchentelephone für außer Verkehr, und zwar für jedermann, außer mir selbst. Am nächsten Morgen versuchte ich von einem dieser Apparate hinauszurufen und stellte fest, daß die Leitung besetzt war; irgend jemand sprach an der Nebenstelle in unserem Schlafzimmer. Es war eines der

Kinder; also erinnerte ich sie alle daran, daß sie ihre eigene Leitung haben und sich nicht der Hauptleitung bedienen dürfen.

An diesem Abend – ich räkelte mich gerade wohlig in der Badewanne – läutete das Telephon in unserem Schlafzimmer, und es läutete und läutete. Ich wußte, daß mein Mann im Keller war, also rief ich zu den Kindern hinaus:

„Warum geht denn niemand ran?"

Sie riefen zurück: „Du hast uns gesagt, wir dürfen nicht an deinem Telephon reden!"

Später erklärte ich ihnen sorgfältig, daß sie am Hauptanschluß abheben können; sie dürfen nur nicht davon hinausrufen.

Am nächsten Tag versuchte ich es wieder am Hauptanschluß in der Küche, und wieder war die Leitung besetzt. Ich überprüfte das Vorhaus; niemand sprach an diesem Apparat; er lag unter Büchern und Schuhen vergraben. Ich ging nach oben, und da saß Peggy auf meinem Bett und schwatzte fröhlich an meinem Telephon.

„Ich dachte, ich hätte euch gesagt, ihr sollt dieses Telephon nicht benützen", schalt ich.

„Aber du hast gesagt, wir sollen abheben, wenn es läutet, und als ich abgehoben habe, war es für mich."

„Also, dann sag deinen Freundinnen, sie sollen dich über die Kinderleitung anrufen."

„Oh, das ist gar keine Freundin. Das ist Annie. Sie ist unten und wollte mich was fragen, also hat sie mich von unten angerufen. Ist das nicht süß?"

Unser Telephonbetrieb komplizierte sich, als unser ältester Sohn eine Arbeit annahm, die viele Telephonate erforderlich machte. Also installierte man ihm ein eigenes Telephon in seinem Schlafzimmer. Er versicherte uns, daß er seinen Anschluß im Telephonbuch eintragen lassen und seine Rechnung selbst bezahlen werde. Es sollte keine Probleme geben.

Doch es gab ein Problem, und das war sein Anrufbeantworter . . . nämlich ich. Denn das Telephon befand sich zwar in seinem Schlafzimmer, doch unser Sohn befand sich unterwegs; er kam nur an den Wochenenden nach Hause. Wenn also sein Telephon beantwortet werden sollte, mußte es von jemandem beantwortet werden, der sich zu Hause befand. Die gute, alte Mami, die kein läutendes Telephon unbeantwortet lassen kann.

Das hätte mir nicht gar so viel ausgemacht, wäre da nicht ein weiteres Problem gewesen. Irgendwie wurde seine Nummer in der Zentrale mit der der Amerikanischen Versicherungs-Gesellschaft vertauscht, und während ich nichts dagegen hatte, durch das halbe Haus und über eine Menge Treppen hinauf zu laufen, um meinem Sohn beim Verkauf einer Versicherungspolizze behilflich zu sein, war ich doch nicht ganz so glücklich darüber, der Konkurrenz auszuhelfen. Obwohl ich das Problem täglich meldete, riefen die AVG-Kunden immer wieder an und brachten mich und sich selbst recht häufig zur Verzweiflung.

Als unser Sohn nach Süddakota versetzt wurde, ließen wir seinen Anschluß voll Dankbarkeit entfernen; nur hatten wir keine Ahnung davon, daß er die Telephongesellschaft beauftragt hatte, alle für ihn einlangenden Gespräche zu unserem Hauptanschluß umzuleiten.

Das bedeutete natürlich, daß die Anrufe für die Amerikanische Versicherungs-Gesellschaft nun auf unserer Hauptleitung durchkamen. Das ersparte mir zwar viel Beinarbeit, doch irgendwie wollte es mir noch immer nicht behagen, als kostenloser Anrufbeantworter für die

AVG zu fungieren. Schließlich verzweifelten wir und ließen unsere Telephonnummer ändern, doch das führte nur zur Verärgerung unserer Freunde und Verwandten, die die alte Nummer anrufen mußten, um die neue zu erfahren. Ihre Verärgerung war jedoch nichts im Vergleich zu dem Zorn der AVG-Kunden, die sich wie stets verwählten und die Nummer unseres Sohnes anriefen, dann zu unserer alten Nummer umgeleitet und schließlich informiert wurden, daß sie eine falsche Nummer gewählt hatten!

Bald nachdem wir den Anschluß unseres Sohnes losgeworden waren, vereinfachten wir die Sache sogar noch weiter, indem wir uns von unserer Jugendleitung befreiten. Es war eine drastische Entscheidung, die unter unseren Jugendlichen Anarchie auslöste, doch wurden wir von unseren Teenagern selbst dazu gezwungen. Sie hätten uns beinahe in den Bankrott gestürzt. Es waren nicht nur die spätnächtlichen Ferngespräche mit ihren Cousins und Cousinen oder gar die (unter dem Motto „Wetten, daß ich ihn erreiche?" laufenden) Anrufe bei John Denver oder den Bee Gees. Es waren so unsinnige Telephonate . . . wie zum Beispiel siebenundvierzigmal in einem Monat in eine kleine Stadt in New England. Ein Rechnungsabschnitt mit der Nummer in New England deutete darauf hin, daß es niemand war, den wir persönlich oder auch nur vom Hörensagen kannten, und der Teilnehmer in New England erinnerte sich nicht, mit irgend jemandem aus Nebraska gesprochen zu haben, obwohl man allerdings in letzter Zeit etliche Anrufe erhalten habe, ohne daß sich jemand meldete.

Ein tüchtiger Telephonbeamter (und Vater von acht Kindern) bekam es schließlich heraus. Seiner Aussage nach verhielt es sich so: wenn man die Vorwahl für den Bezirk New England drückte und dann die siebenstellige

Nummer anrief, spielte das Computertelephon die ersten zehn Takte von „The Entertainer". Ich glaube, nicht einmal ich hätte dem widerstehen können.

Ohne die Jugendleitung war nun unsere Hauptleitung überlastet, und unsere Freunde beklagten sich, daß sie uns nie anrufen könnten, also verlegten wir uns auf das damals neue Warteleitungssystem (das wieder eine neue Telephonnummer erforderte und die schwergeprüften Klienten der Amerikanischen Versicherungs-Gesellschaft endlich dazu zwang, das Telephonbuch zu benützen). Bei einer Warteleitung signalisiert Ihnen ein „Klick", daß ein Anrufer wartet. Also können Sie den ersten Anruf auf „Warten" legen, während Sie den zweiten beantworten, obwohl Sie nicht mit beiden gleichzeitig sprechen können.

Außer Sie sind Annie.

Als unsere Freunde sich beklagten, daß sie trotzdem immer das Besetztzeichen erhielten, stellten wir Nachforschungen an und entdeckten, daß unsere junge Annie, die den Großteil ihres Lebens am Telephon verbracht hat, überhaupt keine Bedenken hatte, einen Jungen in der ersten Leitung „warten" zu lassen, während sie mit einem anderen über die zweite flirtete.

„Es muß etwas geschehen", sagte ich niedergeschlagen zu meinem Mann. „Meine Freunde sind mir nicht böse, wenn sie das Besetztzeichen kriegen, aber meine Verleger beklagen sich. Ich kann nicht als Schriftstellerin und Vortragende Karriere machen, wenn die Verleger und Agenten mich nicht erreichen können. Wir werden eben die Jugendleitung wieder installieren lassen müssen."

„Wir werden etwas viel Besseres machen", verkündete er. „Wir richten eine Mamaleitung ein, eine eigene Leitung, ganz für dich allein. Wir besorgen dir eine Geheimnummer, die du deinen Verlegern, Agenten und guten Freunden geben kannst. Die Kinder dürfen über diese Leitung nicht hinausrufen, und sie bekommen auch keine Anrufe hierher, weil niemand die Nummer kennen wird."

„Das ist eine glänzende Idee", sagte ich ihm, und das war es auch. Während der nächsten Wochen hatte ich nicht nur ein privates Telephon für meine beruflichen Gespräche zur Verfügung, sondern ein spezielles Läuten zeigte auch an, daß es ein beruflicher Anruf war und ich alles fallenlassen mußte, um ihn zu beantworten.

So geschehen am letzten Dienstag. Als mein Privattelephon läutete, war ich überzeugt, es sei mein Verleger, und in meiner Eile, an den Apparat zu kommen, ließ ich ein Dutzend Eier fallen, die allesamt zerbrachen. Ich kümmerte mich nicht um die Bescherung und hob hastig den Hörer ab.

Es war nicht mein Verleger. Es war Patrick.

„Patrick!" rief ich wütend. „Was machst du an diesem Telephon?"

„Ich spreche mit dir", antwortete er wahrheitsgemäß,

„Aber wie hast du die Nummer bekommen?" fragte ich.

„Durch Zufall", gestand er heiter. „Als ich gestern wieder einmal zu Haus in der Bude war, läutete dein Telephon. Ich ging ran, und eine Stimme sagte: ‚Ist dort 556-8019? Hier ist der Radiosender KOIL; wissen Sie den Geheimcode?' Worauf ich sagte: ‚Nein, aber jetzt weiß ich die Geheimnummer!'"

„Aber Patrick, warum hast du nicht über die andere Leitung angerufen? Warum gerade diese Nummer?"

„Weil ich wußte, daß du gleich abheben würdest", erklärte er, „und ich hab nur eine Minute Zeit, bis der Chef in sein Zimmer zurückkommt. Weißt du, was heute ist, Mami?"

„Es ist Dienstag, Patrick", antwortete ich mit einem Seufzer. Man weiß nie, worauf Pat hinauswill.

„Es ist auch dein Geburtstag, Mama. Alles Gute! Ich liebe dich! Ich muß jetzt gehen. Wiedersehen!"

Na ja, schließlich *ist* es eben eine berufliche Leitung, und ich *bin* eine berufliche Mutter!

23

L'Affaire de Mimi

Alle in unserem Haus haben riesige Angst um Mimi.

Bis vor kurzem war Mimi das fröhlichste Mitglied unserer Familie. Immer glücklich, springlebendig und munter, ließ sie es nie zu, daß irgendeiner von uns verzagt war. Wenn jemand sich krank oder traurig fühlte oder auch nur einen schlechten Tag hatte, war Mimi bestimmt zur Stelle, um ihn mit viel Liebe und närrischen Possen aufzuheitern und zum Lachen zu bringen.

Doch in letzter Zeit ist es ganz schrecklich hier, weil Mimi selbst verzagt ist. Es hat sie einer sitzenlassen.

Als dieser hübsche Kerl gegenüber einzog, wußte ich, daß uns Schwierigkeiten bevorstanden, denn als er uns zum erstenmal einen nachbarlichen Besuch abstattete, hatte er nur für Mimi Augen, und sie war ihm offensichtlich verfallen. Ich versuchte sie darauf aufmerksam zu machen, daß dieser Jüngling mir einen leichtsinnigen Eindruck machte, doch Mimi hatte ihr Herz an ihn verloren, und wir konnten nichts dagegen tun. Einige Wochen hindurch hatten die beiden eine skandalöse Affäre, die – entsprechend meiner Erwartung – ebenso kurz wie leidenschaftlich war. Sobald der Kerl „seinen Willen" bei unserer geliebten Mimi gehabt hatte, ließ er sie sitzen; mit einem gebrochenen Herzen und – raten Sie, womit noch.

Nun, das ist wirklich nicht ganz so schockierend oder traurig, wenn man weiß, daß Mimi kein Mensch ist, sondern ein Pudel ... obwohl viele Pudelbesitzer bestimmt behaupten, daß Pudel Menschen sind. Pudel sind so intelligent, so beweglich, so liebevoll und treu, daß sie mit der Zeit ein Teil der Familie werden und genau so viel Sorge, Freude und Herzweh verursachen wie die menschlichen Mitglieder.

Wenn Mimis Affäre auch nicht besonders schockierend war, so kam sie doch überraschend, denn in all den Jahren war Mimi nicht ein einzigesmal geneigt gewesen, sich einem alleinstehenden Pudel hinzugeben.

Als wir Mimi in unser Haus aufnahmen, war sie erst sechs Wochen alt und (angeblich) ein reinrassiger Pudel; ich muß gestehen, daß ich daran dachte, sie zu Zuchtzwecken zu verwenden und mit dem Profit, den ich aus dem Verkauf ihrer Nachkommenschaft erzielen würde, reich zu werden. Zwergpudel waren große Mode; alle wollten einen haben, folglich würde ein Pudeljunges ein hübsches Sümmchen einbringen, während ein ganzer Wurf das Studiengeld für einen (nicht dem Pudelgeschlecht entstammenden) Studenten bedeuten konnte.

Doch als Mimi alt genug war, um sich zu „binden", wollte sie nichts davon wissen. Wir stellten ihr einen Reflektanten nach dem anderen vor, aber Mimi wollte keinen von ihnen haben. Sie wies jeden Annäherungsversuch eines Liebhabers mit einem damenhaften Knurren zurück, reckte die Nase hoch in die Luft und warf mir einen Blick zu, als wollte sie sagen, daß sie (anders als *so manche* Leute in dieser Familie) nicht die Absicht habe, zur Bevölkerungsexplosion beizutragen.

Mimi zog das enthaltsame Leben vor; doch mochten auch ihre Gedanken rein sein – ihre Abstammung war es nicht so sehr. Irgendwo in der Reihe mußte ein Dackel in ihren Stammbaum geraten sein, oder – noch wahrscheinlicher – in die Hundehütte ihrer Ahnen, und

Mimi, die die Merkmale ihres Dackelgroßvaters ererbte, geriet zu lang, um gut auszusehen. Sagen wir es rundheraus: sie war ganz und gar häßlich.

Vielleicht war es dieser Mangel an Schönheit, der sie zum Einsiedlerleben trieb, doch ich bezweifle es. Wahrscheinlich verhielt es sich eher so, daß ihre arische Linie einen Superioritätskomplex erzeugte, der ihr das Gefühl gab, alle männlichen Wesen seien Chauvinisten und ihrer Gunst unwürdig.

So zumindest betrug sich Mimi, bis Chi-Chi auftauchte.

Chi-Chi war ein winziger Chihuahua, der in das Haus gegenüber einzog und unter dem Vorwand eines Nachbarschaftsbesuchs unsere zölibatische Jungfrau verführte. Zum Verdruß unserer Nachbarn und zum Entzücken der Kinder entwickelte sich, was als fröhliches Hundegeplänkel begonnen hatte, bald zur Hundeliebe, und schließlich zu einer handfesten Affäre. Mimi und Chi-Chi kannten kein Schamgefühl. Sie „trieben es“ im Vorgarten, im Hinterhof, mitten in der Zufahrt, mitten am Tage . . . und mitten in der Nacht.

Denn wie so viele moderne Jugendliche hatte Chi-Chi kein Zeitgefühl und besuchte Mimi häufig in den frühesten Morgenstunden. Wenn Chi-Chi auf unsere Veranda sprang und sein Liebesgeheul begann, sprang Mimi in unser Schlafzimmer und verkündete mit aufgeregtem und erwartungsfrohem Gebell, daß sie bereit sei, und würde sie irgend jemand bitte hinauslassen!

Nacht für Nacht drohte dann mein Mann: „Wenn du diesen blöden Hund hinausläßt, bringe ich euch beide um.“ Und ich antwortete: „Sei nicht albern; Mimi ist zu alt, um schwanger zu werden.“

Worauf er seinerseits schrie: „Ha! *Diesen* Text hab ich schon öfter gehört. Sperr sie ein!“

Doch ich war von Geburt an eine romantische Seele und dachte, daß Mimi sich einmal so richtig austoben sollte, bevor sie in die mittleren Jahre kam. Also schlich ich unter dem Vorwand, sie in den Keller zu bringen, nach unten, und ließ Mimi zu ihrem Liebhaber hinaus. Ja, im Grunde fand ich, daß ein Mitternachts-Treff besser wäre als diese Tages-Rendezvous, von denen das erste Patrick zu der Frage veranlaßte: „Mama, was tut der kleine Hund da der Mimi?", und die weiteren stets von Ausrufen begleitet waren, wie: „He, Mami, sieh mal her; sie sind schon wieder dran!"

Wie von einer so leidenschaftlichen Affäre wohl zu erwarten war, geschah dann auch das Unvermeidliche. Nachdem er sein Vergnügen gehabt hatte, empfahl sich der Chauvinist Chi-Chi und ließ Mimi allein, die nun ihrem Schicksal ausgeliefert war, das heißt, in diesem Fall dem Tierarzt. Denn Mimi war nicht so alt, wie ich gedacht hatte, und es wurde bald offensichtlich, daß sie Mutterfreuden entgegensah.

Das war jedoch kein großes Problem. Das Problem – wie oft bei solchen Affären – war: „Wie bringen wir es ihrem Vater bei?" (Nicht ihrem Pudel-Vater; ihrem Menschen-Vater. Pudel sind halb Menschen, wissen Sie noch?)

Ich erinnerte mich daran, daß mein Mann in der Vergangenheit immer heitere Resignation an den Tag legte, wenn ich (jährlich) ankündigte, daß wir bald das Getrappel kleiner Füße hören würden, doch handelte es sich hier stets um die Zweifüßer-Variante, die uns zum allermindesten einen Abzug von der Einkommensteuer bescherte. Ich zermartere mir das Gehirn, wie ich ihm Mimis steuerlich nicht einzuordnende andere Umstände beibringen sollte, doch wie es sich herausstellte, mußte ich es ihm gar nicht mehr beibringen, denn das Ereignis kam früher als erwartet.

Wie sollte ich wissen, wie lange es dauert, bis ein Hundebaby zur Welt kommt? Ich hatte eben angenommen, daß Hundeschwangerschaften genau so lange währten wie Menschenschwangerschaften, und so war niemand mehr erstaunt als ich, als Mimi kaum drei Monate nach ihrem letzten Stelldichein die Wehen bekam.

Das stimmt nicht ganz; jemand war noch erstaunter als ich. Mein Mann. Infolge von Mimis niedrigem Wuchs und zottigem Fell war ihr „Zustand" nie augenfällig geworden. Also wußte mein Mann nichts von dem bevorstehenden Familienzuwachs, bis er eines Morgens zu seinem Schrank ging, um ein sauberes Hemd herauszunehmen, und schrie:

„Teresa! Was zum Teufel macht Mimi in meinem Schrank? TERESA, WAS ZUM TEUFEL MACHT MIMI DA?!"

Was Mimi da machte? Sie brachte vier wunderschöne Hündchen zur Welt. Während mein Mann wutschnaubend im Zimmer umherstapfte und seiner Verbitterung laut Luft machte, kamen unsere Kinder hereingelaufen, um das wunderbare Ereignis zu beobachten, das sich ihnen hier bot: ein Tier, das junges Leben hervorbrachte. Für unsere Stadtkinder bedeutete das eine außergewöhnliche Erfahrung, und sogar mein Mann war schließlich bezaubert, als aus unserer lebhaften, niemals stillen, ewig pubertären Mimi eine erwachsene Mutter wurde ... die sanft, geduldig, still leidend ihre Kleinen versorgte, sie säuberte, küßte und vor uns Menschen beschützte.

Am späten Nachmittag gelang es uns endlich, die frischgebackene Mama aus ihrem Schrank zu locken und ihre Kinder vorsichtig in eine mit Decken ausgeschlagene Kiste zu legen, die für die nächsten Wochen ihr Zuhause sein sollte.

Es waren fröhliche Wochen. Während die Hündchen langsam „lebendig“ wurden, ihre kleinen Augen öffneten und unentwegt gähnten, taten sie wenig mehr als essen und schlafen. Doch schließlich lernten sie aus ihrer Kiste zu klettern, miteinander und mit den Kindern zu spielen, und wir schenkten ihnen unser Herz und unsere Teppichböden.

„Diese kleinen Hunde müssen raus“, erklärte mein Mann jedesmal, wenn sie gerade mitten im Wohnzimmer „rausmußten“, obwohl ich nicht weiß, weshalb er sich so beklagte; er putzte es ja nie. Doch sobald die Hündchen entwöhnt waren, stimmte sogar ich zu, daß man ein neues Zuhause für sie finden sollte. Ich fühlte mich zwar imstande, für ein großes Haus, zehn Kinder, zwei Hunde und einen Mann sorgen, aber ich war nicht gewillt, dazu noch die Pflege und Fütterung von vier Chudeln zu übernehmen. (Wie sonst würden Sie einen Chihuahua-Pudel nennen?) Wir mußten die Hündchen also loswerden.

Ich lernte bald eine wenig bekannte Tatsache des Lebens kennen: es ist leichter, einen Ehemann loszuwerden als einen kleinen Hund ... und eine Zeitlang fürchtete ich, ich müßte den leichteren Weg wählen. Es mag zwar einerseits große Nachfrage nach Zwergpudeln herrschen, doch andererseits treten ihre Mischpudel-Nachkommen leider in Massen auf; es gibt sie zu Millionen für jeden, der fragt, aber es fragt keiner.

Mit viel Bitten und gutem Zuspruch überredeten wir die Putzfrau, ein Hündchen zu nehmen (im Austausch gegen Fenster- und Türenreinigen), und ein weiteres ging als Geschenk an mein Patenkind. (Seine Mutter hat gedroht, die Taufe annullieren zu lassen, aber sie wird vorbeikommen, sobald ihre Katze die Jungen hat.) Ein drittes Hündchen, das kleinste des Wurfs, kam zu dem

Schluß, daß die Erde nichts für ihn sei und kehrte in den Hundehimmel zurück. Da standen wir nun mit dem größten und häßlichsten der ganzen Sippe. Wenn Sie glauben, daß es schwer ist, ein süßes kleines Hündchen loszuwerden, dann versuchen Sie erst einmal, ein häßliches an den Mann zu bringen.

Wir wollten ihn den Mönchen des Klosters von Mount Michael anhängen, doch Vater Abt kann „Nein, danke" schneller sagen als irgend jemand, den ich kenne – außer meiner Mutter, die nicht einmal darauf wartete, gefragt zu werden.

Würden die guten Nonnen in ihrem Konvent vielleicht Gesellschaft haben wollen?

„Was für ein Konvent?" fragten sie heiter. „In unserem Apartment sind keine Haustiere gestattet."

Der Pastor machte geltend, er würde sehr gerne ein Hündchen nehmen, doch seinen Hilfsgeistlichen wäre das bestimmt nicht recht. (Dazu hat man ja schließlich Hilfsgeistliche, daß man die Schuld auf sie schieben kann!)

Doch der Pastor konnte uns tatsächlich einen Vorschlag anbieten, und auch eine Lösung. Am Sonntag war Kirchtag; vielleicht könnten wir das Hündchen in der Tombola verlosen lassen und so ein wenig Geld für die Mission einbringen. Das taten wir denn; aus unserem häßlichen Hündchen wurde ein Preishündchen, und es ging mit einem glücklichen kleinen Mädchen nach Hause, das das Gewinnlos besaß.

Nur ein unglücklicher kleiner Junge heulte während des ganzen Heimwegs. Patrick wird mir nie verzeihen, daß ich seinen „besten Freund" weggegeben habe, und seine Brüder und Schwestern hätten es lieber gesehen, wenn ich Patrick weggegeben hätte. Sogar mein Mann behauptet, daß er dieses winzige Knäuel aus Bellen und

Schwanzwedeln vermißt, und er hat schon zaghaft vorgeschlagen, daß wir Mimi vielleicht überreden sollten, neue Nachkommenschaft zu produzieren.

Ein gutaussehender männlicher Mini-Pudel war gerade in die Nachbarschaft gezogen, und ich sah wieder einmal den Reichtum vor mir, der mir aus der Züchtung reinrassiger Pudel erwachsen würde. Also stimmte ich zu, ein Rendezvous zu arrangieren.

Der Kleine zeigte höchste Bereitwilligkeit, doch Mimi war dagegen. Sie hatte ihr Gelübde des Zölibats erneuert und wollte nichts von diesem ganzen Sex-Unsinn wissen. Vielleicht ist sie noch immer ihrem latinischen Liebhaber verfallen, aber wahrscheinlich ist sie viel eher der Meinung, vier Kinder sind wirklich genug, danke, und sie will nicht noch einmal eine Familie gründen.

Jedenfalls ist sie nicht mehr die selbe alte Mimi. Ihre Lebendigkeit ist verschwunden; an die Stelle ihres fröhlichen Gekläffs ist ein schroffes Bellen getreten, und sie hat uns ein- für allemal klargemacht, daß sie lieber schmollen möchte als spielen. Ich kann das nicht verstehen.

„Ich weiß, was mit Mimi los ist, Mama", sagte Tim eines Morgens, als Mimi zu verstehen gab, daß sie nicht im mindesten daran interessiert sei, ihre übliche Position als Zwischenspieler im häuslichen Baseballteam einzunehmen.

„Was, denkst du, ist es, Tim?" fragte ich. „Das Alter?"

„Aber nein", antwortete mein Sohn. „Mimi ist einfach traurig, weil ihre Kinder fort sind. Wirst du nicht auch unglücklich sein, wenn wir alle erwachsen und fort sein werden?"

Kein Kommentar.

24

Der Nationalheld

„Von den Hallen Montezumas zu den Ufern von Tripolis!“ singt das Marinekorps in seiner berühmten Schlachtenhymne.

Großartig. Jeder schafft es von den Hallen Montezumas zu den Ufern von Tripolis, wenn er will. Damit braucht man nicht zu prahlen. Die größte Schlacht, die ein Soldat des Marinekorps jemals geschlagen und gewonnen hat, fand nicht auf fremder Erde statt. Es war eine häusliche Schlacht, ausgetragen in der Küche seiner Mutter an dem Tag, da er verkündete:

„Ich gehe zum Marinekorps.“

Das erstemal, als unser Sohn Jim andeutete, daß er dem Marinekorps der Vereinigten Staaten beitreten wolle, machten wir uns keine allzu großen Sorgen. Obwohl er fest entschlossen war, die Schule zu verlassen und sich um die Aufnahme zu bewerben, waren wir überzeugt, daß auch der eifrigste Werbeoffizier zögern würde, einen Fünfjährigen zu verpflichten, der noch sechs Monate Kindergarten zu absolvieren hatte.

Jims Zuneigung zum Korps überdauerte die ganze Grundschule; er pflasterte seine Schlafzimmerwände mit Marine-Postern, trieb sich jeden Samstag nachmittag im Rekrutierungsbüro herum und bombardierte das Pentagon mit Briefen, in denen er immer mehr Informationen über das Marinekorps verlangte.

In der Mittelschule wurde Jims Interesse am Marinekorps vorübergehend von der Faszination einer viel gefährlicheren Gruppe verdrängt: Mädchen. Samstage, die früher damit verbracht worden waren, vor dem Rekrutierungsbüro herumzulungern, dienten nun dazu, vor dem Haus irgendeines Mädchens herumzulungern. Die Zukunftspläne waren durch die Genüsse der Gegenwart in Vergessenheit geraten.

Doch kurz nach seinem achtzehnten Geburtstag segelte Jim zu mir in die Küche heraus und rief strahlend:

„He, Mama! Rate, wo ich heute gewesen bin!"

„In der Schule, hoffe ich", antwortete ich gereizt. „Dein Klassenvorstand hat vor ein paar Minuten angerufen und gesagt, daß du heute vormittag den Chemieunterricht versäumt hast. Wo warst du eigentlich?"

„Darüber wollte ich ja gerade mit dir reden, Mami. Ich verschwende nur meine Zeit mit dieser Chemie. Ich mag sie nicht, ich werde sie nie brauchen, und offen gesagt glaube ich auch nicht, daß ich den Kurs abschließen werde."

„Na ja, du solltest ihn lieber abschließen, weil du die Stunden für dein Abitur brauchst."

Beim Wort „Abitur" wurde es plötzlich ganz still in meiner Küche.

„Du *wirst* doch das Abitur machen, oder? Ich meine, es ist doch nichts geschehen, was den Abschluß verzögern könnte, wie?"

„Natürlich werde ich es machen, Mami. Ich werde es nur nicht in Westside machen. Das wollte ich dir ja gerade sagen ... nämlich, wo ich heute gewesen bin ..."

Und dann wußte ich es. Er hatte seit Monaten nicht mehr davon gesprochen, aber ich wußte es. Das allmähliche Wiederauftauchen von Marine-Postern, die Ansammlung von Heerespost ... die häufigen Anrufe von Männern, deren Stimmen zu tief für Mittelschulkollegen waren. Die Werbeoffiziere hatten schließlich begonnen, die Anrufe des „kleinen Jungen“ zu erwidern, der aus dem Kindergarten aus- und in das Marinekorps eintreten wollte.

„Mami, ich bin heute ins Korps eingetreten“, sagte Jim, und dann ließen sich seine Aufregung und Begeisterung nicht länger zurückhalten.

„Ich bin ein Marineinfanterist!“ rief er glücklich. „Nächsten Samstag habe ich meinen Gesundheitstest, und am fünfundzwanzigsten fahre ich nach San Diego. Sei nicht böse auf mich, Mami! Bitte sei nicht böse, wenn ich doch so glücklich bin!“

Worauf ich in Tränen ausbrach und die nächsten sechs Tage mit hysterischem Schluchzen verbrachte, während mein Mann mich zu beruhigen versuchte, indem er nutzlose Telephonate mit dem Werbeoffizier, dem Captain und sogar mit dem Kommandanten führte, die ihm alle versicherten, daß wir nichts dagegen tun könnten: die Verträge waren unterzeichnet; Jim war beim Korps verpflichtet.

Der Umstand, daß Jim noch minderjährig war, zählte offenbar nicht.

„Ich glaube das nicht“, sagte ich dem Colonel in einem meiner Anrufe. „Letzte Woche mußte ich einen Erlaubnisschein unterschreiben, damit Jim zum Football-Nationalspiel gehen durfte. In der Woche davor mußte ich einen Erlaubnisschein unterschreiben, damit er das Schultrampolin benutzen durfte. Wollen Sie mir sagen, daß ein Junge, der ohne die Erlaubnis seiner Eltern nicht zu einem Picknick der Oberstufe gehen darf, ohne Wissen und Einwilligung dieser Eltern für vier Jahre zum Militär gehen kann?“

„Unglaublich, aber wahr", gestand der Colonel ein.

„Aber Jim hat die Mittelschule noch nicht beendet!" schluchzte ich.

„Das wird er", sagte der Colonel. „Ich verspreche Ihnen, daß Jim seinen Abschluß macht, sobald er die Rekrutenausbildung beendet hat."

Trotz Jims Versicherung, daß er sich nicht mit einem mittleren Abschluß zufriedengeben, sondern auf einem Diplom von einer voll akkreditierten Mittelschule bestehen würde (er bekam dann übrigens sein Diplom von einer exklusiven katholischen College-Vorbereitungsschule), war ich untröstlich. Alles, was ich über das Marinekorps wußte, hatte ich aus den Filmen erfahren ... Tausende von Jungen, die irgendwo an einer fernen Küste erschossen und umgebracht wurden oder es vielleicht nicht einmal bis zu dieser Küste schafften, weil sie schon vorher unter der Schinderei und Verfolgung im Rekrutenlager zusammengebrochen waren. Ich wußte alles über diesen Verein! Ich dachte mit Schaudern an den schrecklichen Film zurück, in dem Jack Webb als der sadistische Ausbilder die Rekruten geistig und körperlich mißhandelte, bis sie ihm buchstäblich tot zu Füßen fielen. (Natürlich sah ich auch viele von John Waynes Filmen, doch sosehr ich mich auch bemühte, die Erinnerung an den gütigen Gentleman John Wayne heraufzubeschwören, funkte doch immer wieder dieser gemeine alte Jack Webb in mein Bewußtsein hinein.)

Ich begann ein wenig besser über das Marinekorps zu denken, als Jim seinen ersten Marschbefehl erhielt. Nachdem das Datum seiner Abreise und der Bestimmungsort angegeben waren, schloß die Order mit einem Satz, der das Herz jeder Mutter wärmen würde, die jemals ein Kind zum Ferienlager oder zum College gebracht hat:

„Der Rekrut hat sich ohne persönliches Eigentum, außer der Kleidung, die er trägt, an seinen Bestimmungsort zu begeben, und nicht mehr als fünf Dollar Barmittel mit sich zu führen."

Über so etwas kann man einfach nicht ungerührt hinweggehen!

Doch meine positive Einstellung wurde ein wenig gedämpft, als wir den ersten Brief aus dem Ausbildungslager erhielten. Er war nicht von Jim, sondern von seinem kommandierenden Offizier, an dessen Namen ich mich aus dem einfachen Grund nicht erinnere, weil ich ihn nie gewußt habe. Der Brief selbst war zwar auf der Maschine getippt, aber die Unterschrift war mit der Hand geschrieben, ein unleserlicher Schnörkel, den man nicht entziffern klonnte ... ein Umstand, der sicherlich mehr als eine Marinemutter zu der Überlegung veranlaßte, ob der Kommandierende es unter den gegebenen Umständen vielleicht für angebracht hielt, anonym zu bleiben, oder ob der Bursche nur nie gelernt hatte, seinen Namen zu schreiben.

Der Brief hieß uns in der Korps-Familie willkommen und erging sich dann in einer Erklärung, die meiner Vermutung nach unsere Befürchtungen bezüglich des Ausbildungslagers beschwichtigen sollte. Er legte uns nahe, daß wir zwar bald einen Brief unseres Sohnes erhalten würden, jedoch seine Äußerungen nicht allzu ernst nehmen sollten, da Rekruten dazu neigten, besonders empfindlich auf das Lager zu reagieren, indem sie das Verhalten der Ausbilder übertrieben, sich Ungerechtigkeiten und Mißhandlungen einbildeten und aus dem Zusammenhang gerissene Bemerkungen und Kritikäußerungen zitierten, die zu ihrem eigenen Nutzen gemacht würden. Man versicherte uns, die im Marinekorps angewandten Methoden „werden einen Mann aus

Ihrem Sohn machen", und „mögen vielleicht eines Tages sein Leben retten."

Ich las den Brief; und wenn dieser Colonel denkt, daß Marine-Rekruten zu Überempfindlichkeit neigen, dann sollte er es doch mit mehr Marine-Müttern zu tun bekommen. Bevor ich noch bei der unleserlichen Unterschrift angelangt war, hatte ich schon das Telephon in der Hand; ich war entschlossen, meinen Kongreßabgeordneten, den Verteidigungsminister, den Präsidenten der Vereinigten Staaten und vielleicht sogar Jack Webb anzurufen.

„Moment mal", sagte mein Mann. „Da ist noch ein Brief ganz unten in dem Stapel, und der ist von Jim! Wollen doch sehen, was er zu sagen hat."

Der Colonel hatte recht. Jim reagierte entschieden übertrieben auf das Ausbildungslager, wenn auch nicht ganz in der Art, die sein Kommandant vorausgesehen hatte.

„Es ist phantastisch hier!" schrieb Jim an seinem dritten Tag im Ausbildungslager. „Wir schuften wie die Ochsen, aber ich habe mich noch nie so wohlgefühlt, und ich bin sicher, daß ich eine großartige Karriere gewählt habe. Natürlich ist nicht alles so rosig hier, wie es aussieht; die Ausbilder brüllen die ganze Zeit mit uns herum (fühle mich wirklich wie zu Hause hier!), aber ein Sergeant hat mir gesagt, ich habe das Zeug zu einem richtigen Marinesoldaten." (Ich hoffe, das war nicht eine von diesen „aus dem Zusammenhang gerissenen Bemerkungen".)

Es war nur ein Satz in dem Brief, der darauf hinwies, daß Jim möglicherweise infolge der Erschöpfung bereits Halluzinationen hatte.

„Es stört mich nicht einmal, daß ich so früh aufstehen muß", schrieb er, „weil das Frühstück hier so gut ist!"

Ich nahm an, daß dieser Brief nicht vom Korps zensuriert war, sonst wäre Jim wohl als unheilbar entlassen worden.

In den drei Jahren, die Jim nun beim Korps ist, haben sein Vater und ich das alles schätzen gelernt, was das Marinekorps ihn gelehrt hat – Fähigkeiten, die man seinen Geschwistern auf dem College nie beibringen wird: wie man ein Bett macht, wie man seine Kleider aufhängt, wie man Kartoffeln schält, wie man einen Brief nach Hause schreibt.

Doch gibt es da noch einige Punkte, die sie zu behandeln versäumten, und ich offeriere sie hier dem Vereinigten Korps der Mannschaftsführer oder wem immer, mit der Anregung, daß sie in jede Dienstvorschrift aufgenommen werden.

1. Soldaten, die Ferngespräche mit ihren Eltern führen, sollten daran denken, daß sich an der Oberseite des Apparats kleine Schlitze befinden, die zu ihrer Bequemlichkeit dort angebracht worden sind. Wenn der Soldat Münzen in diese Schlitze steckt, wird er es nicht mehr nötig haben, das Telephonat anzumelden und der Vermittlung zu sagen: „Bitte, machen Sie es als R-Gespräch."

2. Soldaten, die außerhalb des Kontinents der Vereinigten Staaten stationiert sind, sollten periodisch über Zeitverschiebungen unterrichtet werden, und man müßte eine Regelung treffen, derzufolge jeder Soldat, der ein Telephongespräch anmeldet, zuerst auf die Uhr sehen und sich erinnern müßte, daß es nach *seiner* Zeit vielleicht erst neun Uhr vormittags ist, nach der seiner *Mami* aber zwei Uhr früh, und daß sie – wenn ihr Telephon mitten in der Nacht läutet – vielleicht nicht mehr lange

genug leben wird, um abzuheben. Soldaten, die so unzeitige Telephongespräche anmelden, sollten sich auch der Tatsache bewußt sein, daß Väter um zwei Uhr früh nicht allzu empfänglich für Geldforderungen sind ... (und weswegen sonst rufst du denn an, mein Junge?)

3. Wenn sie zu Hause auf Urlaub sind, sollten Soldaten stets daran denken: kleine Brüder und Schwestern „sind keine Sklaven, und nur weil du beim Marinekorps bist, kannst du uns nicht herumkommandieren!" (Man sollte ihnen auch die Tatsache bewußt machen, daß ihre kleinen Brüder und Schwestern den Paragraphen der Militärprozeßordnung auswendig gelernt haben, der dem Soldaten verbietet, irgendwelche Zivilisten zu quälen oder zu schlagen, inklusive – und vielleicht sogar besonders – dem Zivilstand angehörende Geschwister.)

4. Vor einem Heimaturlaub sollte man Soldaten auch nahelegen, zu folgenden „offiziellen" Anlässen Paradeuniform zu tragen: an dem Tag, da deine Mutter ihre Bridge-Runde zu Gast hat, in der Nacht, da dein Vater dich zu seiner Herrenrunde in den Club schleppt, an dem Abend, da deine Schwester dich bittet, sie von ihrem Studentinnentreffen im College abzuholen, und an dem Nachmittag, da dein kleiner Bruder seine Jungpfadfinderschar empfängt. Während es nur eine *Empfehlung* ist, daß du zu den obenerwähnten Anlässen Paradeuniform trägst, ist es ein *Befehl,* daß du in voller Galauniform erscheinst, wenn du deine Großmutter besuchst.

5. Wenn sie Briefe nach Hause schreiben, sollten Soldaten häufig Themen folgender Art behandeln: College-Lehrgänge, die du angeblich in deiner Freizeit studierst, historische Stätten oder weitschichtige Verwandte,

die zu besuchen du deinen Eltern versprochen hast, und (das wirkt immer) das Thema der letzten Sonntagspredigt in der Kirche. Themen, die man vermeiden sollte, sind: der gefährliche Fallschirmabsprung, den du morgen früh machen mußt, wie du lernst, Sprengkörper explodieren zu lassen, den Rekord im Biertrinken, den du in Hongkong gebrochen hast, und die Inselschönheiten, die „sich um die Baracken herumtreiben und darum betteln, das Wäschewaschen und andere Dinge für die Burschen zu besorgen“.

Ich wollte keine Marine-Mutter sein, doch nachdem ich viele Monate hindurch Jims Briefe gelesen, seine Kameraden und ihre Familien kennengelernt und erfahren hatte, was das Marinekorps der Vereinigten Staaten wirklich ist und tut, muß ich zugeben, daß ich stolz darauf bin, den Titel „Marine-Mama“ zu tragen. Ich glaube, meine Liebesromanze mit dem Korps begann an dem Tag, da Jim das Ausbildungslager verließ. Sein Vater und ich wohnten den Abschlußfeierlichkeiten im Rekruten-Sammellager des Marinekorps in San Diego bei, und ich weiß nicht, ob mich „Pomp und Zeremoniell“ jemals so bewegt haben wie in diesem besonderen Fall.

Es war ein wunderschöner Junimorgen. Südkalifornien zeigte sich von seiner besten Seite. Nach einer Führung durch den Stützpunkt versammelten sich die Eltern der Absolventen im Auditorium, wo man einen Film über die harte Ausbildung zeigte, die unsere Söhne soeben abgeschlossen hatten.

Als die Lichter wieder angingen, stellte man uns den Ausbildern, den Zugführern und dem Kompaniekommandeur vor, der unverschämt mit seinen Männern prahlte, die noch vor kurzer Zeit unsere Jungen gewesen waren.

Nach der Verleihung der Diplome und Auszeichnungen marschierten die frischgebackenen Marinesoldaten zum Paradeplatz, wo die Fahne präsentiert wurde, und dann spielte die Korpskapelle die Marine- und die Nationalhymne.

Beim abschließenden Kommando „Kompanie weggetreten!“ wurden aus den mit steifen Rücken und unbewegten Gesichtern dastehenden Marineinfanteristen plötzlich wieder Kinder, die vor Freude in die Luft sprangen, einander an den Schultern packten und dann losrannten, um ihre Eltern und Freundinnen zu umarmen.

Und ich, die ich so viele Kummertränen bei dem Gedanken vergossen hatte, daß mein Sohn ins Marinekorps eintreten wollte, vergoß gleich noch ein paar Tränen ... aus Stolz ..., weil mein Sohn jetzt einer der wenigen war, von denen man voll Bewunderung sprach: „Die Auserwählten. Die Helden der Nation. Das Marinekorps.“

Und doch ..., damit Sie nicht glauben, daß ich überhaupt keine eigene Meinung mehr habe, möchte ich hier eine winzige Kritik am Korps anbringen.

Wenn ihr Marineleute weiterhin diesen Film über das Ausbildungslager vor Marine-Eltern zeigen wollt – glaubt ihr nicht, daß es eine gute Idee wäre, einen anderen Sprecher zu finden als Jack Webb?

25

Auswärtsschlafen

„Peggy ist zweifellos im Begriff, Höflichkeit zu entwickeln“, murmelte mein Mann, als er nach einem mitternächtlichen Überfall auf den Kühlschrank ins Bett zurückkam.

„Warum sagst du das?“ fragte ich schläfrig.

„Weil ich gerade den Kopf in ihr Zimmer gesteckt habe, um gute Nacht zu sagen, und sie antwortete: ‚Gute Nacht, Mr. Bloomingdale.‘“

„Das war nicht Peggy“, sagte ich. „Das ist Sandy Haller; sie schläft heute auswärts bei Annie.“

„Schläft auswärts?“ fragte er. „Ich nehme an, das heißt, sie verbringt die Nacht hier; woher hast du den Ausdruck ‚auswärtsschlafen‘?“

„Von den Kindern“, seufzte ich, während ich mich fragte, warum ein Mann, der vom Abendessen bis zum Schlafengehen die Nase in ein Buch steckt und schweigt, um 3 Uhr früh so viel zu reden finden kann. „So nennen es die Kinder, wenn sie die Nacht bei Freunden verbringen; das ist das ist ein Ausdruck ihrer Generation.“

Nur die Terminologie ist die ihrer Generation; der Brauch des Auswärtsschlafens reicht bis an den Anfang meiner Erinnerung. Ich wäre nicht überrascht, wenn die Kinder des Steinzeitmenschen darum gebettelt hätten, die ganze Nacht in der Höhle irgendeines anderen verbringen zu dürfen. (Ich beeile mich hinzuzufügen, daß ich trotz allem, was meine Kinder behaupten, niemals persönlich mit irgendwelchen Steinzeitmenschen bekannt gewesen bin.) Die Nacht bei der besten Freundin zu verbringen, ist ein Höhepunkt im Leben jedes kleinen Mädchens, denn da hat es das besondere Vergnügen, lange aufzubleiben, köstliche Leckerbissen zu schmausen, in der mitternächtlichen Dunkelheit wachzuliegen, Geistergeschichten zu erzählen und Geheimnisse auszutauschen, die man um keinen Preis einer Schwester anvertrauen würde.

„Auswärtsschlafen“ darf man nicht mit „Schlummerparties“ verwechseln. Ersteres bedeutet die Übernachtung eines einzelnen Gastes, letzteres eine die ganze Nacht währende Unterhaltung vieler Gäste, die durch den Umstand charakterisiert wird, daß der Vater der Gastgeberin letzten Endes doch ein Schlafmittel nimmt, während die Mutter der Gastgeberin zu Weckaminen greift.

Schlummerparties gab es eher zu meiner Zeit, als die Häuser größer und die Eltern noch geduldiger waren. Wenn eine meiner vier Schwestern oder ich eine Schlummerparty in dem großen Haus meiner Eltern veranstalteten, griff mein Vater nicht zur Schlaftablette; er verbrachte die Nacht in einem Hotel. (Und niemand konnte über meines Vaters gelegentliche Nächtigungen im Robidoux-Hotel klatschen, da er stets am nächsten Tag die Situation in seiner Zeitungskolumne „Aktuelle Betrachtungen“ erklärte – in der er öffentlich den Freuden abschwor, die es bringt, das Haus voll gackernder junger Mädchen zu haben. Solche Kolumnen entzückten wohl unsere Gäste, da es ihnen schmeichelte, ihre Namen erwähnt zu sehen, nur wir Töchter waren von unserem Bekanntheitsgrad ziemlich unangenehm berührt. Meine Mutter wiederum pflegte diese Kolumnen über unsere Schlummerparties zu lesen und mit einem liebevollen Seufzer zu bemerken: „Ich wünschte, ich wüßte so wenig darüber wie er.“)

Bei unseren nächsten Schlummerparties brauchte meine Mutter niemals Weckamine zu nehmen, denn sie war *immer* wach. Meines Wissens ging Mutter während meiner ganzen Jugendzeit nie zu Bett. Wenn ich von späten Rendezvouzs nach Hause kam, fand ich sie stets wach (in der Erwartung eines Anrufs, wie ich später vermutete, daß sie in die Stadt kommen und die Leiche identifizieren sollte). Und wie früh ich auch des Morgens aufstand, Mutter war schon unten in der Küche und machte das Frühstück.

Das traf natürlich besonders an dem Morgen nach einer Schlummerparty zu, wenn meine Freundinnen und ich in die Küche hinuntertaumelten, und Mutter schon bereit war, aufzutischen: Rühreier mit Speck, hausgemachten Frühstückskuchen und heiße Schokolade. Kein Wunder, daß meine Schlummerparties so beliebt waren!

Teenager von heute sind zu „erwachsen“ für Schlummerparties (oder vielleicht sind die Häuser zu klein oder die Mütter zu beschäftigt), aber Kinder widmen sich immer noch mit Begeisterung dem Auswärtsschlafen.

Offen gesagt, es ist mir jedesmal ein Greuel, wenn eines meiner Kinder darum bittet, daß eine Freundin oder ein Freund bei uns übernachten darf. In unserer großen Familie bedeutet das nicht nur eine Änderung der Bettenverteilung (Peggys Gast schläft dann in Annies Bett; Annie schläft in Dans Bett; Dan übersiedelt zu Patrick, also muß Tim auf der Couch schlafen), sondern auch einen Schnellsiedekurs in gepflegter Ausdrucksweise. („Ihr Jungen, sprecht ja ordentlich, wenn Gäste im Haus sind!“) Dann gibt es natürlich den obligatorischen Hausputz, denn ich bin immer davon überzeugt, daß ein Gast die Spinnweben im Kellereck oder den Schimmel auf dem Speck ganz hinten im Kühlschrank bemerken wird.

Aber noch viel unangenehmer ist es mir, wenn eines meiner Kinder um die Erlaubnis bittet, bei jemand anderem auswärts schlafen zu dürfen. Es würde mich nicht so sehr stören, wenn dieser andere Jemand eine ebenso große Familie hätte wie ich, und mein Kind höchstwahrscheinlich in einem Schlafsack kampieren und ein Badezimmer mit acht anderen Kindern teilen müßte. Doch dies scheint nie der Fall zu sein. Meine Kinder freunden sich offenbar immer mit solchen an, die entweder reich oder geplant sind. (Die Zahl der Kinder in solchen Häusern übersteigt nie die der Schlafzimmer.)

Ich erinnere mich noch an das erste Mal, da unsere älteste Tochter Mary im Haus einer Freundin auswärts schlafen durfte (sie war damals sieben oder acht Jahre alt); als sie widerwillig an ihren bescheidenen Wohnort zurückkehrte, rief sie aus: „Oh, Mami, du solltest Carols Haus sehen! Es ist einfach toll! Ihre Mutter fragte mich, ob ich in ihrem Gästezimmer schlafen wollte, aber ich sagte, ich wollte lieber in dem zweiten Bett in Carols Zimmer schlafen. Kannst du dir vorstellen, ein eigenes Schlafzimmer zu haben, mit zwei Betten drin!"

„In deinem Schlafzimmer stehen drei Betten", erinnerte ich sie.

„Ja", entgegnete Mary verächtlich, „und die sind voller Schwestern! Wann bekomme ich mein eigenes Zimmer?"

„Sobald sechs deiner Geschwister ausziehen. Jetzt geh dir die Hände waschen, und dann komm zum Abendessen."

„Ich kann nicht. Jim ist im Badezimmer und Mike wartet schon, daß er hineinkann, und John sagt beiden, sie sollen sich beeilen. Ich komme vielleicht nie wieder ins Badezimmer! Carol hat ihr eigenes Badezimmer!"

„Freut mich für Carol“, sagte ich sarkastisch, dann versuchte ich es andersherum. „Ich wette, Carol würde alles dafür geben, wenn sie nur eine kleine Schwester hätte.“

„Glaubst du wirklich?“

„Da bin ich sicher.“

„Gut! Ich rufe sie gleich jetzt an und schlage ihr vor, daß wir ihr unsere Peggy für ihr großes Himmelbett geben.“

Ein weiteres Problem beim Auswärtsschlafen ist die Sucht der Mütter, den anderen immer um eine Nasenlänge voraus zu sein. Mütter, die ihren Kindern sonst nicht einmal erlauben würden, auch nur ein Stück Zwieback vor dem Schlafengehen zu essen, verwandeln sich plötzlich in Patisserie-Expertinnen, wenn sie einen Schlafgast haben.

Wenn unsere Peggy die Nacht bei ihrer Freundin Amy verbringt, fabriziert Amys Mutter (die seit Jahren keine Schokolade gerieben hat) einen Berg feinster Schokoladekekse, damit die Mädchen etwas zu knabbern haben, während sie fernsehen.

Das bedeutet natürlich, daß ich gleichwertige oder zumindest ähnlich hervorragende Delikatessen fabrizieren muß, wenn Amy in unser Haus kommt, und auch die seit langem funktionsuntüchtige Antenne einer Reparatur zu unterwerfen habe.

Als unsere Kinder etwas älter wurden, sorgte ich mich nicht mehr so sehr darum, was sie essen würden, wenn sie in einem fremden Haus übernachteten, sondern darum, was sie *tun* würden. Gaben sie sich noch immer damit zufrieden, fernzusehen, Geschichten zu erzählen oder Geheimnisse auszutauschen? Oder waren sie auf exquisitere Vergnügungen aus, wie Rauchen im Badezimmer oder Kostproben aus dem Getränkeschrank des

Gastgebers? Oder waren sie überhaupt dort?

Eines Freitags nachts erhielt ich gegen halb zwölf den Anruf eines uns befreundeten Apthekers, der gerade Ladenschluß machte.

„Ich dachte, ich rufe euch lieber an“, sagte er etwas besorgt. „Eure Tochter war vor einer Minute mit einer Freundin hier bei mir; ich nahm an, daß sie beim Footballspiel gewesen wären und nun mein Telephon benützen wollten, um zu Hause anzurufen, damit ihr sie abholt. Aber sie sagte, nein danke, sie gehen lieber zu Fuß nach Hause. Ich weiß, wie ihr darüber denkt, daß eure Kinder so spät in der Nacht nach Hause marschieren . . .“

„Danke für den Anruf“, sagte ich und legte schnell den Hörer auf, dann rief ich sofort die Mutter der Freundin an, bei der unsere Tochter auswärts schlafen wollte.

„Sie ist nicht hier, Teresa“, antwortete die Mutter, als ich nach meiner Tochter fragte. „Meine Beth ist die ganze Woche krank gewesen; sie hat keine Freundinnen hier gehabt.“

Nachdem ich eine Stunde lang wild herumtelephoniert hatte, fanden wir heraus, daß unsere Tochter bequem bei einer anderen Beth untergebracht war . . . bei der, die neben der Apotheke wohnt. (Merken Sie: Lassen Sie sich immer Namen, Alter und Seriennummer der Person geben, bei der Ihr Kind auswärts schläft.)

Ein andermal hatte unsere Tochter Peg um Erlaubnis gebeten, ihre Freundin Lynette zum Übernachten einzuladen.

„Wir müssen Samstag früh um halb acht bei einer Versammlung in der Schule sein“, sagte Peg, „und Lynettes Eltern sind weggefahren, also wohnt sie bei ihrer Schwester, die sie nicht zur Schule fahren kann, und zum Gehen ist es zu weit; kann Lynette Freitag hier schlafen?"

„Ja, sicher", antwortete ich, während ich mir noch immer einen Reim auf Pegs Erklärung zu machen versuchte, „aber wenn ihr Mädchen zu dem Footballspiel geht, erinnere Lynette daran, daß dein Zapfenstreich Mitternacht ist."

„Oh, wir werden schon früher zu Hause sein", versprach Peg, „weil wir früh aufstehen müssen."

Und tatsächlich, Peg kam um halb elf nach Hause; aber sie war allein. „Wo ist Lynette?" fragte ich.

„Wir sind sozusagen getrennt worden", antwortete Peg. „Wir waren eine ganze Schar in zwei Autos, und ich kam in Anns Auto, aber Lynette fuhr mit Martha. Mach dir keine Sorgen um sie; sie muß in der nächsten Minute kommen."

Aus der Minute wurde eine Stunde. Keine Lynette.

„Hör auf, dir Sorgen zu machen, Mutter", sagte Peg. „Lynette weiß, daß sie um Mitternacht hier sein muß. Es ist erst halb zwölf."

Der Mitternachts-Zapfenstreich kam und ging ohne Lynette. Um halb eins riefen wir Martha an und konnten nur feststellen, daß ihr Anschluß gestört war. Ich lag die ganze Nacht wach, sorgte mich um Lynette und zerbrach mir den Kopf darüber, wie ich ihren Eltern erklären würde, daß ihre geliebte Tochter verschwunden war.

Peg ging um halb acht zur Schule. Kurz darauf rief sie mich an, um mir zu sagen, daß Lynette da sei, gesund und wohlbehalten.

„Was war los mit ihr?" fragte ich, erschöpft vor Müdigkeit.

„Sie sagt, Martha hatte einen platten Reifen, und es dauerte so lange, ihn wechseln zu lassen, daß es beinahe schon ein Uhr war, als sie nach Hause kamen."

„Aber warum ist Lynette nicht hierhergekommen?"

„Es war schon so spät, und sie wollte nicht alle aufwecken, daher ist sie eben die Nacht über bei Martha geblieben. Siehst du, Mutter, ich habe dir ja gesagt, du sollst dir keine Sorgen machen!"

Ach ja? Und warum, glaubt sie, ist Lynette so gesund und wohlbehalten geblieben? Weil ich mir Sorgen gemacht habe, jawohl!

Ich mache mir immer Sorgen, wenn die Freunde meiner Kinder in unserem Haus auswärts schlafen, sogar wenn sie wirklich zum Schlafen erscheinen. Ich sorge mich, ob das Bett bequem genug ist, ob die Handtücher sauber genug sind oder die kleinen Kinder still genug, und ich stelle mir immer vor, daß unser Gast am nächsten Morgen nach Hause zurückkehrt und seinen Eltern erklärt: „Wenn ihr glaubt, mein Schlafzimmer ist unaufgeräumt, dann solltet ihr mal ein paar von den Schlafzimmern dieser Bloomingdales sehen!" (Unser Dan kann nicht verstehen, warum er sein Zimmer aufräumen muß, wenn seine Schwester eine Freundin eingeladen hat.

Wirklich wohl fühle ich mich nur dann mit Übernachtungsgästen, wenn (selten genug) meine Nichten oder Neffen zu Besuch kommen. Im letzten Sommer spielten Annie und Peg die Gastgeberinnen für vier ihrer Cousinen: meiner Schwester Madeleines jüngere Töchter Mini und Kathleen Sanders; meiner Schwester Janets einzige Tochter Suzanne Schiesl; und meiner Schwester Betsys jüngste Tochter Brigid Morrison. Da im Mädchenschlafzimmer keine sechs Personen Platz hatten, schliefen sie alle auf Steppdecken und Federbetten auf dem Fußboden des Wohnzimmers. Sie waren fast alle im gleichen Alter (und sahen einander so ähnlich, daß man sie für Sechslinge halten konnte), also unterhielten sie sich großartig, indem sie kicherten und schwatzten und einander abenteuerliche Geschichten über ihre zügellosen Brüder erzählten. Schließlich trieben sie es jedoch ein wenig zu arg, und gegen drei Uhr früh mußte ich sie zur Ruhe ermahnen. Nur war es ein bißchen mehr als ein sanftes Ermahnen; wenn eine Mutter von sechs schnatternden Mädchen gehört werden will, hat sie entsprechend laut zu sein.

„Okay, Mädchen!" brüllte ich über den Lärm der in Stereophonie geführten Konversation hinweg. „Genug! In die Federn! Jede einzelne von euch pennt jetzt augenblicklich ein; macht den Mund zu, und die Augen auch. Verstanden?"

Einen Moment lang war es totenstill, dann brachen die Töchter meiner drei Schwestern in Gelächter aus und sagten beinahe gleichzeitig: „Du redest genau wie meine Mutter!" Und für einige Augenblicke drehte sich die Zeit für mich zurück, zu den Schlummerparties meiner Jugend, und plötzlich wurde mir klar, daß ich genau wie *meine* Mutter redete!

Ich glaube, irgendwann erreichen Kinder ein Alter, in dem es ihnen keinen Spaß mehr macht, bei ihren Freunden auswärts zu schlafen. Wenigstens hoffe ich, daß das so ist. Gestern abend erst sprachen wir über dieses Thema, als eines meiner Kinder sagte:

„Weil wir gerade vom Auswärtsschlafen reden, Mami, ist es dir recht, wenn ich Freitag bei Candy schlafe?"

Ich forderte ihn auf, den Unsinn zu lassen und sich wieder ans Lernen für seine Collegeprüfungen zu machen.

Meiner Meinung nach muß sich eine Mutter immer dafür interessieren, wo und mit wem die Kinder die Nacht verbringen. Und glauben Sie mir, Sie können nicht vorsichtig genug sein; Sie müssen alle Details dessen herausbringen, was das Kind vorhat. Das habe ich erst vor kurzem festgestellt, als unsere Tochter Annie um die Erlaubnis bat, ein ganzes Wochenende mit ihrer Freundin Sandy Haller verbringen zu dürfen. Nun, ich mag Sandy; sie ist ein großartiges Mädchen, kommt aus einer sehr guten Familie, also gab ich Annie meine Einwilligung.

„Vielleicht geht ihr eislaufen oder ins Kino", sagte ich zu Annie, als sie ihre Reisetasche packte. „Ich gebe dir ein bißchen Geld mit. Wieviel, glaubst du, wirst du brauchen?"

„Oh, ich würde sagen, so ungefähr vierhundert Dollar."

„Vierhundert Dollar! Wozu in aller Welt brauchst du so viel Geld?"

„Für die Flugkarte. Hast du vergessen? Sandy ist nach Kalifornien gezogen!"

26

Sehen oder nicht sehen

„Wieso haßt du das Fernsehen?“ quengelte mein Sohn letzten Samstag, als ich die Flimmerkiste abdrehte und vorschlug, er solle sich ein wenig geistreicher betätigen, zum Beispiel mit dem Mistausleeren.

„Ich hasse das Fernsehen nicht“, erwiderte ich, „wenn die Sendung sehenswert ist. Ich finde nur eben das Testbild, das du da gerade betrachtet hast, nicht sehenswert.“

„Das war kein Testbild, Mami. Das war eine Großaufnahme des ‚Gewinners der Woche‘ der Amateurkunst-Show.“

„Du hast dir eine Kunstsendung angesehen?“ fragte ich ungläubig.

„Nein, eigentlich nicht“, räumte er ein. „Ich habe auf ‚Gilligan's Island‘ gewartet.“

„Gütiger Himmel!“ rief ich aus. „Sogar Gilligan selbst sieht sich seine Insel nicht mehr an. Du hast schon so viele Wiederholungen davon gesehen, daß du jedes Drehbuch auswendig kennen mußt. Warum liest du nicht ein gutes Buch? Fernsehen ist eine solche Zeitvergeudung!“

„Mami, wie kannst du so über das Fernsehen schimpfen, wenn du nie zusiehst?“

„Ich sehe genug fern, um zu wissen, daß du zu viel fernsiehst! Wie kommst du auf die Idee, daß ich nie zusehe?“

„Weil du letzten Sommer, als das ganze Land fragte: ‚Wer hat auf J. R. geschossen?‘, gefragt hast: ‚Wer ist J. R.?‘.“

„Die Tatsache, daß ich ‚Dallas‘ nicht sehe, läßt mich vielleicht unamerikanisch erscheinen, aber das bedeutet nicht, daß ich uninformiert bin. Ich kenne mich bei den neusten Fernsehsendungen sehr wohl aus . . . leider.“

„Ach ja? Wieso hast du dann letzte Woche in der TV-Meinungsumfrage gesagt, daß deine Lieblingssendung die ‚Donna Reed Show‘ ist?“

„Weil das wirklich meine Lieblingssendung ist.“

„Aber Donna Reed war seit Jahren nicht mehr im Fernsehen!“

„Deshalb ist sie ja mein Liebling. Donna hatte genug Verstand, um aufzuhören, als sie noch erfolgreich war.“

Ich gebe zu, daß ich mir nicht besonders viel aus Fernsehen mache, doch das rührt vielleicht daher, daß ich mit dem Radio aufwuchs. Zu meiner Zeit regierte Jack Armstrong die Welt, und „I Love a Mystery“ wärmte unser Herz. Wie meine Kinder heute „M.A.S.H.“, „Muppets“, „Buck Rogers“ und „Happy Days“ verfallen sind, so schwärmte ich damals für „Dean Martin Live“, „Lux Radio Theater“, „One Man's Family“ und „Wer war der Täter?“. Doch meine Mutter war nicht so verzweifelt über meine Radio-Schwärmerei wie ich über die TV-Besessenheit meiner Kinder, und zwar einfach deshalb, weil das Radio eine großartige Eigenschaft hat, die das TV niemals haben wird: man muß es nicht ansehen. Wir konnten Radio hören und völlig von der Sendung gefesselt sein, während wir gleichzeitig unsere Zimmer aufräumten, Geschirr wuschen oder den Küchenfußboden auf Hochglanz brachten. Unsere Kinder haben keine Zeit, ihren Pflichten nachzukommen, weil sie zu sehr vom Fernsehen in Anspruch genommen sind.

Oder vielleicht ist meine Voreingenommenheit gegen die Television direkt auf deren Anfänge zurückzuführen – obwohl ich wirklich äußerst ungern zugebe, daß ich alt genug bin, um mich an die Anfänge der Television zu erinnern. Das heißt, eigentlich habe ich diese Anfänge ja versäumt. Als die Television so weit perfektioniert war, daß sie ein beliebter Haushaltsartikel wurde, lebte ich nicht in einem Haushalt, sondern verbrachte den Großteil des Jahres im Internat eines Kloster-Colleges, in dem die Nonnen sich gerade an Radios und Plattenspieler gewöhnt hatten. Fernsehen wäre undenkbar gewesen.

Daher erhielt ich erst nach dem Abschluß der Mittelschule – als ich mit zwei Freundinnen in ein Apartment zog, von denen die eine ein gebrauchtes Fernsehgerät besaß – die erste Kostprobe von der Television; und diese Kostprobe schmeckte bitter. Oh, die Sendungen waren sehr gut (besser als die heutigen, das schon), aber das war ja das Bittere. Sie waren zu gut, und unsere Samstagabend-Rendezvous wollten uns nicht ausführen, bevor die „Fred Astaire Show" geendet hatte, und dann versäumten wir natürlich den Hauptfilm im Paramount-Kino oder den besten Teil des Abends in Peonys Tanzpalast.

Trotz Fred Astaire und Ginger Rogers gelang es mir schließlich irgendwie, zu heiraten; doch zum Unterschied von heutigen Neuvermählten unterließen es mein Mann und ich, ein TV-Gerät in die Prioritätsliste wichtiger Möbelanschaffungen einzubeziehen. Ja, wir waren schon drei glückliche Jahre lang verheiratet, als wir unser erstes Gerät erhielten, und wir hätten auch dann keines erhalten, wenn meine Schwiegermutter nicht gewesen wäre. Nachdem wir sie dreimal in drei Jahren zur Großmutter gemacht hatten, kaufte sie uns ein Fernsehgerät und schlug mit feiner Ironie vor, daß wir vielleicht anfangen könnten, uns die Spätsendung anzusehen.

So begann meine lebenslange Feindschaft mit der Television. Oh, es ist nicht das, was Sie denken: das Fernsehen war keine Gefahr für meine Ehe (wir bekamen doch in den nächsten neun Jahren sieben weitere Kinder). Mein Mann machte sich nicht das geringste aus dem Fernsehen. Wahrhaftig, ich kann mich nicht erinnern, daß er jemals die Übertragung eines Spiels aus dem Super-Stadion bis zum Ende gesehen hat, und einmal erntete er die Verachtung seiner eigenen Kinder, als er während der letzten spannenden Verlängerungsminuten eines Footballspiels zwischen Nebraska und Oklahoma einschlief.

Nein, es war nicht Howard Cosell, der mich gegen die Flimmerkiste aufbrachte; es war „Captain Kangaroo". Der gütige, weise, wunderbare Captain mit seinen lustigen Freunden, seinen schlauen Mätzchen und seiner herrlichen Musik schlug meine Kinder in einen Bann, der bis heute nicht gebrochen ist. Bevor meine Babies noch alt genug zum Sprechen waren, hielten sie in ihren hohen Kinderstühlchen vor dem Fernsehgerät brabbelnd Zwiegespräch mit„Bugs Bunny" und dem Schmunzelmonster", und als sie ein wenig größer waren, verbrachten sie den ganzen Vormittag mit dem Captain, „Batman", „Pinocchio" und den verrückten Gestalten der „Sesamstraße".

Ich wußte gar nicht, wie sehr meine Kinder dem Fernsehen verfallen waren, bis sie mit der Vorschule anfingen und ich jedes einzelne von ihnen in den Nachmittagsturnus des Kindergartens eintragen lassen mußte, damit sie nicht unter Entzugserscheinungen wegen Versäumens des Vormittagsprogramms zusammenbrächen. Für das Nachmittagsprogramm interessierten sie sich nicht (Rührstücke in Fortsetzungen fanden sie blöd), und sie kamen zeitgerecht vom Unterricht nach Hause, um ihre besonderen Lieblingssendungen sehen zu können: „Familie Feuerstein", „Speedy Gonzales" und die „Musketiere".

Doch irgendwann in ihrer Kindheit wuchsen sie aus der wunderbaren Welt des Fernsehens buchstäblich hinaus. Als unser Ältester zwölf war, hatte sich die Ergebenheit unserer Kinder von Trickfilmen auf Krimis verlagert. Fred Feuerstein, Yogi-Bär und sogar Cinderella wichen den Polypen von „Fangnetz", „FBI", „Die Straßen von San Franzisko" und „Kojak".

„Seit wann ist es euch Kindern gestattet, ‚Kojak' zu sehen?" brüllte mein Mann eines Abends, als er nach Hause kam und unsere Kinder wie angenagelt vor der Kiste hocken sah – gefesselt von den Schreien einer blonden Schönen, die mit Armen und Beinen strampelte und so einer versuchten Vergewaltigung zu entkommen trachtete. „Wer hat euch erlaubt, diese Sendung zu sehen?"

„Mami", antwortete eines der Kinder unschuldig. „Frag sie doch."

Mein Mann kam in die Küche heraus und schüttelte ungläubig den Kopf.

„Hast du den Kindern gesagt, daß sie ‚Kojak' sehen dürfen?" fragte er. „Gibst du dir überhaupt keine Mühe, ihre Fernsehgewohnheiten zu kontrollieren?"

„Natürlich kontrolliere ich ihre Fernsehgewohnheiten. Ich habe sie gerade den Kanal wechseln lassen, weil sie im Begriff waren, von den ‚Drei Jungen und drei Mädchen' eine Gehirnwäsche zu bekommen."

„Du ziehst ‚Kojak' den ‚Drei Jungen und drei Mädchen' vor?" fragte er staunend. „Das glaube ich nicht! ‚Drei Jungen und drei Mädchen' ist eine wunderbare Familiensendung!"

„,Drei Jungen und drei Mädchen' ist vielleicht eine wunderbare Sendung, aber das Ganze hat nichts mit Familie zu tun. Es ist die reine Lügenpropaganda!"

„Warum sagst du das?"

„Weil die Kinder immer recht haben und die Mutter immer unrecht hat, und darüber hinaus geht ihr feiner, gutaussehender Mann nicht einmal einer Arbeit nach."

„Wie kommst du denn darauf?"

„Weil er immer *da* ist! Die Kinder kommen von der Schule nach Hause, und da ist Papa, der nur darauf wartet, sich ihre Sorgen anzuhören. Und wo ist Mama? Schrubbt sie draußen in der Küche Senfspritzer vom Kühlschrank? Oder versucht sie unten in der Waschküche herauszufinden, warum die Waschmaschine die Socken verschlingt? Nein, sie sitzt lächelnd auf dem Sofa, sieht hinreißend aus und tauscht geistreiche Bemerkungen mit Papa. Sie arbeitet *auch* nicht. Unsere Kinder werden zu der Vorstellung erzogen, daß Eltern nichts anderes zu tun haben, als im Wohnzimmer herumzusitzen und ‚Vater und Mutter' zu spielen."

„Das versteh ich nicht", meinte er aufrichtig. „Was bist du denn sonst noch, außer Mutter?"

„Ich bin das Dienstmädchen!" schnappte ich, während ich mit einem Geschirrtuch vor seiner Nase herumwedelte. „Gib mir eine Minna, und ich kann auch im Wohnzimmer herumsitzen und unseren Kindern zuhören oder sogar mit ihnen fernsehen. Wie kann ich die Fernsehgewohnheiten unserer Kinder überwachen, wenn ich nie aus dieser Küche herauskomme?"

„Du hast recht", antwortete er zerknirscht. „Es ist lächerlich, von dir zu erwarten, daß du jede halbe Stunde ins Wohnzimmer läufst, um das Fernsehprogramm zu kontrollieren. Wir werden etwas unternehmen müssen."

Und das tat er. Er stellte den Fernsehapparat in die

Küche hinaus.

„Das ist eine großartige Idee", erklärte er, als er den Apparat auf die Anrichte stellte. „Da unsere Kinder darauf bestehen, beim Fernsehen zu essen, werden von nun an die Kuchenkrümel und Colaflaschen aus dem Wohnzimmer verschwunden sein!"

Er hatte recht. Es gab kein Essen mehr im Wohnzimmer, aber es gab auch keine Kinder dort. Sie drängten sich alle in der Küche, wo ich versuchen mußte, das Abendessen zuzubereiten, begleitet von televisionären Polizeisirenen oder (noch schlimmer) den „wohltuenden Klängen" der „Musikszene Amerikas".

Nun fanden wir zwar keine Krümel mehr unter unseren Sofakissen, stattdessen aber viel Schlimmeres – Marmelade – in unserem Fernsehapparat . . . zusammen mit verschütteter Milch, Pizzakrümeln, Popcorn und – in einem einzigen unerklärlichen Fall – einer ganzen Portion gebratener Leber. Die Kinder konnten anscheinend keine Mahlzeit oder auch nur einen kleinen Imbiß beenden, ohne irgend etwas in den Fernsehapparat zu schütten, zu werfen, oder mit aller Gewalt hineinzustopfen.

Aber eines muß man diesem Fernsehapparat zugute halten: er ließ keine dieser Mißhandlungen kampflos über sich ergehen. Er schlug zurück. Wenn Tim unabsichtlich die TV-Antenne mit seiner Gabel aufspießte, konterte die Antenne damit, daß sie Tim ins Auge stach. Und schlug Peg beim Abwischen des Küchentisches achtlos gegen den Apparat, schlug dieser mit einem elektrischen Schlag zurück. Doch erst als Patrick eiskalte Limonade über die Hinterseite des Apparats verschüttete, setzte dieser den fürchterlichsten Racheakt von allen: Er stieß einen letzten Kampfschrei aus und verendete.

Sie können erst verstehen, welche Krise das auslöste,

wenn Sie wissen, daß das unser einziger Fernsehapparat war. Da sie sich plötzlich ohne Flimmerkiste sahen, verfielen unsere Kinder in einen Schockzustand. Wochenlang wanderten sie lust- un ziellos umher. Sie wußten nichts mit sich anzufangen. Einige von ihnen begannen in ihrer Verzweiflung Bücher zu lesen; andere, die noch verzweifelter waren – und offensichtlich nahe daran, den Verstand zu verlieren –, räumten ihre Zimmer auf. Der Älteste ging sogar so weit, eine Teilzeitbeschäftigung anzunehmen. Als ich eines Abends die älteren Kinder bei einer Diskussion über Solschenizyn, und die Kleinen draußen beim Spielen mit Konservendosen fand, wußte ich, daß wir den kritischen Punkt erreicht hatten.

„Das ist das Ende", sagte ich zu meinem Mann. „Wir müssen einen neuen Fernsehapparat kaufen."

„Warum? Die Kinder machen nicht den Eindruck, als ob sie ihn vermißten, und ich vermisse ihn bestimmt nicht. Die Sendungen in diesem Herbst sind schlechter denn je!"

„Na ja, es gibt schon *einige* sehenswerte Produktionen im Fernsehen. Ich vermisse die Sendungen mit dem Bostoner Konzertorchester und die Tennisturniere und neuen Specials. Aber was ich wirklich vermisse, sind die Werbesendungen."

„Du vermißt die Werbesendungen?" fragte er lachend. „Warum, um Himmels willen?"

„Weil hier überhaupt nichts mehr geschieht", antwortete ich wahrheitsgemäß. „Du verstehst unsere Kinder nicht; seit Jahren haben sie sich selbst darauf programmiert, ihre Hausaufgaben und sonstigen Arbeiten während der Fernsehwerbung zu erledigen. Wenn niemand sagt: ‚Wir unterbrechen nun für die folgenden Durchsagen', wissen sie nicht, daß es Zeit ist, das Geschirr zu waschen!"

Also kauften wir einen neuen Fernsehapparat, und das gerade zur rechten Zeit. Der Schauspielerstreik stand bevor, und die Rundfunkanstalten waren so verzweifelt, daß sie Donna Reed wiederholten.

27

Zapfenstreich für junge Erwachsene

„Ich habe das Gefühl, ich wohne in einem Umkleideraum für Männer", sagte meine Tochter Mary, als sie zum Frühstück herunterkam.

„Wieso denn?" fragte ich. „Haben Tim und Pat ordinär geredet?"

„Es sind nicht Tim und Pat", antwortete sie, „und es ist nicht ihre Ausdrucksweise. Es sind Mike und Jim, und es ist die Art, wie sie sich anziehen oder, genauer gesagt, wie sie sich nicht anziehen. Würdest du bitte diesen unglaublichen Flegeln sagen, daß hier keine Studentenbude oder Soldatenkaserne ist? Die beiden sind schon seit drei Tagen zu Hause, und ich habe sie seither in nichts anderem gesehen als in ihrer Unterwäsche. Sie schlafen in der Unterwäsche; sie stehen in der Unterwäsche auf; ich bin um Mitternacht um ein Glas Milch heruntergekommen, und sie haben in der Unterwäsche gegessen. Es ist wie in einer Werbesendung von ‚Fruit of the Loom'. Haben diese Kerle eigentlich gar nichts anzuziehen?"

„Ich denke doch!" äußerte ihre Schwester Peg, während sie ein Paar Socken anzog, das sie gerade aus dem Keller heraufgebracht hatte. „Kein Wunder, daß sie in Unterhosen herumlaufen müssen; ihre ganzen Sachen sind in der Wäsche. Ich habe noch nie so viele schmutzige Sachen gesehen! Ich sage dir das sehr ungern, Mami, aber diese Waschküche ist ein Katastrophengebiet."

„Diese Küche auch“, seufzte ich.

„Ich glaube, die Jungen haben nicht zu essen aufgehört, seit sie nach Hause gekommen sind. Ich wünschte, sie würden wenigstens ihre Teller in den Geschirrspüler schlichten.“

Man sollte annehmen, daß ich mich nach so vielen Jahren des Zusammenlebens mit meiner Kinderschar schon an eine überfüllte Waschküche und an eine unaufgeräumte Küche gewöhnt hätte, doch in den wenigen Monaten seit dem Auszug unserer vier älteren Söhne sah ich mich durch eine „relative“ Ordnung verwöhnt, die nur von einer Mutter geschätzt werden kann, deren Familie sich von zehn Kindern auf sechs reduziert hat.

Vor mehr als zwei Jahrzehnten, als ich vier Söhne in vier Jahren geboren hatte, warnte man mich schon: „Wenn sie von zu Hause ausziehen, geht es wahrscheinlich ping-ping-ping-ping, jedes Jahr einer.“ Doch unglaublich – als die Zeit kam, verließen sie alle im selben Jahr das Nest. Unser Erstgeborener heiratete, ein anderer zog in eine Junggesellenwohnung, ein dritter ging aufs College fort, und ein vierter trat dem Marinekorps bei. Für mich war das ein Schock; nicht so sehr wegen der Einsamkeit, denn es waren noch sechs Geschwister zu Hause, sondern eher wegen der plötzlich veränderten „Umweltbedingungen“.

Da nun vier Stereoanlagen nicht nur abgedreht, sondern überhaupt fortgeschafft waren, fiel der Lärmpegel auf ein beinahe erträgliches Maß herab. Unsere Ernährungskosten sanken auf die Hälfte; unsere Schrankräumlichkeiten erweiterten sich auf das Zehnfache. Mein Mann freute sich, weil seine Dusche wieder heißes Wasser lieferte, und – Donnerwetter! – er hatte sogar saubere Handtücher!

Jeder in der Familie machte seine Bemerkungen zur „veränderten Atmosphäre".

„He", rief Peg eines Morgens, kurz nachdem Jim zum Marinekorps gegangen war, „Ich habe bis jetzt nicht gewußt, daß diese Waschküche einen Fliesenboden hat! Ich dachte immer, sie hätte einen Teppichbelag aus schmutzigen Baumwollzeug."

„Du meinst das Badezimmer", wandte ihre Schwester Ann ein.

„Nein", entgegnete Peg. „Das ist mit nassen Handtüchern belegt."

„Jetzt nicht mehr", schaltete sich Mary ein. „Habt ihr bemerkt, wie ordentlich das Badezimmer jetzt aussieht, seit der Basketball nicht mehr in der Badewanne schwimmt und die Illustrierten verschwunden sind, die immer unter dem Spültisch lagen? Es ist sogar Seife in der Seifenschale statt Zigarettenasche."

„Was mich umhaut, ist der Kühlschrank", sagte Ann. „Heute morgen hab ich ihn aufgemacht, um mir ein Glas Milch rauszuholen, und ratet, was passiert ist?"

„Was?" frage ich.

„Ich hab mir ein Glas Milch rausgenommen! Es standen drei Literflaschen drin, und keine war leer!"

„Das ist gar nichts", schwelgte ihr Bruder Tim. „Ich hab gestern den Gefrierschrank aufgemacht und einen Karton Eiscreme gefunden, der noch nicht einmal geöffnet war! Ich hab überhaupt noch nie Eiscreme in unserem Gefrierschrank gesehen."

„Na klar, weil die Eiscreme früher nie bis zum Gefrierschrank gekommen ist", erwiderte Mary. „Die Jungen haben sie immer gleich aufgegessen, wenn Mami sie nach Hause brachte."

Während der nächsten Monate fanden wir die Sauberkeit unglaublich. Ich hob zum Beispiel ein Sofakissen hoch und entdeckte ... keine Trainingssocken! Ich guckte unter ein Bett und sah ... nichts! Ich kam am Morgen in die Küche hinunter und fand ... keine Bierdosen, keine schmutzigen Aschenbecher, keine Pizzakrümel!

Doch das Unglaublichste von allem war mein Auto. Es war da. Es sah so eigenartig aus, wie es einfach in der Zufahrt stand ... und niemand, der den Motor aufheulen ließ, um aufs neue zu einer dringenden Besorgung oder einem lustigen Abend loszubrausen. Es sah beinahe traurig aus – wie ein kleiner Hund, der darauf wartete, daß sein Herr hinauskäme und mit ihm spielte.

Ich mußte nicht lange warten.

Als ihre vier Brüder fort waren, wurde Mary klar, daß das Unmögliche sich begeben hatte: Jetzt war sie an der Reihe! Sie hatte ein Wochenende vor sich, und es gab keinen Lee, John, Mike oder Jim, der ihr den Rang streitig machen konnte. Das Auto gehörte ihr!

Obwohl Mary schon seit zwei Jahren den Führerschein besaß, mußte ich nie befürchten, daß sie bei Nacht fahren würde, denn da vier ältere Brüder sich um den Wagen stritten, hatte Mary nie Gelegenheit, nachts zu fahren, ja nicht einmal am Tag. So war es uns bis jetzt möglich gewesen, die Frage ihres „Autofahrer-Zapfenstreichs“ beiseite zu lassen.

„Autofahrer-Zapfenstreich“ ist dreißig Minuten später als ein gewöhnlicher Zapfenstreich, wodurch dem „Fahrer“ Zeit gegeben wird, alle anderen nach Hause zu bringen.

Doch am ersten Samstagabend, als Mary den Wagen nahm, segelte sie aus der Tür und rief: „Wiedersehen! Ich komme um halb zwei!“

„Moment mal!“ brüllte ich. „Komm sofort zurück! Was heißt hier halb zwei? Dein Zapfenstreich ist um

Mitternacht!"

„Hast du vergessen, Mutter?" entgegnete sie freundlich. „Ich bin gerade achtzehn geworden; mein regulärer Zapfenstreich ist jetzt eins, und da ich Auto fahre . . ."

„Wie kommst du darauf, daß dein regulärer Zapfenstreich ein Uhr ist?"

„Na ja, die Jungen haben ein Uhr gekriegt, als sie achtzehn wurden!"

„Aber sie sind Jungen!"

„Und wo ist da der Unterschied?"

„Mary, wenn du keinen Unterschied kennst zwischen einem Jungen, der spätnachts herumfährt, und einem Mädchen, das spätnachts herumfährt, dann bist du zu dumm, um überhaupt auszugehen!"

„Ach Mutter, sei keine Chauvinistin. Glaubst du nicht an die Gleichberechtigung?"

„Wenn ich an die Gleichberechtigung glauben könnte, Mary, dann würde ich im Nebenzimmer beim Fernsehen sitzen und so tun, als hörte ich nichts von dieser Diskussion, und dein Vater würde hier heraußen mit dir streiten! Ich habe nicht die Absicht, dich wie einen Jungen zu behandeln!"

„Ich möchte ja nur, daß du mich wie einen erwachsenen Menschen behandelst!"

„Es wird dich überraschen, Mary, aber ich bin ein erwachsener Mensch. Und es würde mir nicht im Traum einfallen, kurz nach Mitternacht allein mit dem Auto zu fahren. Und wenn, dann würde man mich entweder wegen Prostitution einsperren oder wegen Altersschwachsinns in eine Anstalt einweisen!"

„Aber ich bin nicht allein. Ich bin mit meinen Freundinnen zusammen."

„Aber du wirst allein sein, nachdem du sie heimgebracht hast, und das ist eben zu spät, als daß du allein fahren kannst."

„Ich sag dir was, Mami", flötete Mary – und hörte sich dabei genau so an wie ihre älteren Brüder, wenn sie mich in etwas hineinsteuern wollten –, „wir machen einen Kompromiß. Wenn du beim Ein-Uhr-Zapfenstreich nachgibst, gebe ich beim Fahrer-Zapfenstreich nach. Ja? Darf ich bis eins ausbleiben? Meine Freundinnen denken sonst wirklich, daß du komisch bist, wenn du uns den Abend so früh beenden läßt."

„Zwölf Uhr dreißig", räumte ich ein. „Aber länger nicht."

„Zwölf Uhr fünfundvierzig?" flehte sie.

„Zwölf Uhr fünfzehn?" schlug ihr Vater vom Wohnzimmer her vor, „oder willst du aufhören, solange du noch erfolgreich bist?"

„Okay, zwölf dreißig", willigte sie ein. „Und ich verspreche, ich komme nicht eine Minute zu spät."

Sie kam tatsächlich nicht zu spät. Sie war vielmehr fünfundzwanzig Minuten zu früh dran.

„Was machst du schon so bald zu Hause?" fragte ich sie, als sie kurz nach Mitternacht zurückkam. „Ich dachte, du würdest bis halb eins ausbleiben?"

„Das wollte ich auch", seufzte sie. „Aber die anderen mußten alle schon um Mitternacht zu Hause sein. Menschenskind, es gibt ein paar komische Eltern in dieser Gegend!"

Die Frage des Zapfenstreichs stellte sich erst wieder, als Mikes Collegeferien mit Jims Landurlaub vom Marinekorps zusammentrafen. Am ersten Wochenende, das sie zu Hause verbrachten, dachte ich nicht einmal an einen Zapfenstreich. Sie waren beide erwachsen; einer bereitete sich ernsthaft auf das Jurastudium vor, der andere strebte eine erfolgreiche Karriere im Militärdienst an. Es kam mir nie in den Sinn, ihnen zu sagen, um welche Zeit sie zu Hause sein sollten . . . bis sie einmal überhaupt nicht nach Hause kamen.

Sie waren in ein Freilicht-Kino gegangen, in dem es für die Spätnachmittagsvorstellung „vor sechs“ Ermäßigungskarten gab, und aus irgendeinem Grund war ich sicher, daß sie zum Abendessen zu Hause sein würden.

„Wie können sie denn zum Abendessen zu Hause sein?“ äußerte mein Mann logisch, als wir uns um sechs Uhr dreißig zum Essen setzten. „Der Film hat erst um Viertel nach fünf angefangen.“

„Ich werde ihnen das Essen warmhalten“, sagte ich. „Sie sind bestimmt am Verhungern, wenn sie nach Hause kommen.“

Als sie um neun Uhr nicht da waren, nahm ich an, daß sie nach dem Kino einen Imbiß genommen hätten; sie würden wahrscheinlich nicht vor zehn kommen.

Um elf drehte ich das Licht in der Veranda an und ging zu Bett.

Um zwölf wachte ich auf und beschloß, ein wenig zu lesen. Ich war nicht besorgt; so lange blieben sie auch aus, als sie noch zur Obermittelschule gingen! (Warum muß ich mich gerade an die Zeit erinnern, da sie Obermittelschüler waren? Collegeschüler würden bestimmt nicht solche Faxen machen!)

Um halb zwei erhob ich mich und begann nervös auf und ab zu gehen; das wirkte sonst immer. In vielen Samstagnächten hatte ich diese Kinder nur dadurch nach Hause gezogen, daß ich nervös auf und ab ging.

Als sie um halb drei noch immer nicht zu Hause waren, weckte ich meinen Mann. Er war wütend; nicht weil die Jungen nicht zu Hause waren, sondern weil ich ihn geweckt hatte.

„Das ist ja zum Brüllen!“ sagte er. „Du wartest doch nicht tatsächlich auf diese Burschen? Sie sind jetzt

Männer! Du machst dir doch auch keine Sorgen, wenn Mike auf dem College ist, und wenn Jim in Singapur oder Hongkong Urlaub macht.“ (Ach nein?) „Warum machst du dir jetzt solche Sorgen?“

„Weil ich eine Mutter bin“, antwortete ich, „und einen anderen Grund brauche ich nicht!“

Um halb vier kamen Mike und Jim nach Hause. Sie lachten und schwatzten und waren völlig überrascht, weil ich auf sie gewartet hatte. Sie erklärten mir, daß sie nach dem Kino ihren älteren Bruder John besucht, eine Pizza gekauft und den ganzen Abend (Abend? Morgen!) damit verbracht hätten, in Johns Junggesellenbude herumzusitzen und einander die letzten Neuigkeiten zu erzählen.

„Ich weiß, wir können keinen Zapfenstreich über sie verhängen“, sagte ich am nächsten Morgen beim Frühstück zu meinem Mann. „Aber ich kann einfach nicht einschlafen, wenn meine Kinder nachts nicht zu Hause sind, und das ist sogar bei denen der Fall, die schon ganz erwachsen sind.“

„Ich weiß, Liebling“, sagte er – wie es sich gehörte, nachdem er sich fünfundzwanzig Jahre lang mit meinen Schwächen abgefunden hatte. „Ich werde mir etwas überlegen, und dann rede ich mit ihnen.“

Gesagt, getan. An diesem Abend verkündete mein Mann unseren erwachsenen Kindern:

„Ich werde von euch Burschen nicht verlangen, daß ihr einen Zapfenstreich einhaltet; schließlich seid ihr erwachsen, und wir haben volles Vertrauen zu euch. Wozu wir kein Vertrauen haben, das ist das Auto eurer Mutter. Es wird allmählich alt und braucht seine Ruhe. Aus diesem Grund müssen wir darauf bestehen, daß es zeitig nach Hause kommt. Also . . . es ist mir ganz gleichgültig, wie spät ihr kommt, aber das Auto kommt um ein Uhr früh. Okay?"

Ich brauche wohl nicht zu sagen, daß unsere erwachsenen Kinder den Zapfenstreich des Autos gerne einhielten. Diese Kinder sind vielleicht erwachsen, aber sie sind offensichtlich noch immer nicht groß genug, um gehen zu können.

28

Die „ERSTEN“ sind die schwersten

„Ich bekomme ein Baby!“ verkündete meine Freundin Grace vor kurzem, und ich fiel beinahe von meinem Stuhl. Grace und ihr Mann sind seit über zehn Jahren verheiratet, und ich war schon vor langer Zeit zu dem Schluß gekommen, daß sie nie Kinder haben würden. Grace ist eine erfolgreiche Anwältin, und ich wußte, daß sie ihre Karriere liebte; ich wußte auch, daß sie nicht „so nebenbei“ ein Kind bekommen würde; wenn sie sich der Mutterschaft hingeben wollte, dann würde die Hingabe hundertprozentig sein.

„Offen gesagt, ich habe schreckliche Angst“, gestand sie. „Ich weiß so wenig über Babies; ich hatte keine jüngeren Geschwister, und ich habe nie Babysitter gespielt, als ich ein Kind war. Ich frage mich, ob ich überhaupt fähig bin, für ein Baby zu sorgen! Oh, Teresa, ich bin nicht einmal sicher, ob es mir Freude machen wird, Mutter zu sein! Ist das nicht ein schreckliches Eingeständnis? Trotzdem wollen Jim und ich mindestens drei Kinder, aber dieses erste Kind erfordert wirklich einen Akt des Glaubens!“

Ich stimmte ihr darin zu, daß es wirklich einen Glaubensakt bedeutete, dieses erste Baby zu bekommen. Was ich ihr nicht sagte, war, daß Elternschaft eine einzige lange Serie von „ersten“ ist, die alle starke Glaubensakte erfordern.

Nichts erfordert mehr unbedingtes Vertrauen als das

erste Mal, da eine Mutter ihr neugeborenes Baby mit einem Babysitter alleinläßt. Wie jede frischgebackene Mutter weiß, gibt es auf der ganzen Welt niemanden, der erfahren genug ist, auf ihr kostbares Baby zu achten, inklusive des Vaters des kostbaren Babys.

Ich erinnere mich an das erste Mal, als ich unseren Erstgeborenen bei einem Babysitter lassen mußte. (Ich erinnere mich daran, weil niemand zuläßt, daß ich es vergesse.) Lee zählte zehn Wochen, und er und ich waren noch nie getrennt gewesen. Ich war so verzaubert von meiner neuen Rolle als Mutter, daß ich nirgends hingehen wollte, und ohne ihn schon gar nicht. Ich nahm ihn mit, wenn ich einkaufen ging, wenn ich kegeln ging, wenn ich zur Kirche ging, überall hin. An Samstagabenden, falls mein Mann und ich zum Abendessen oder ins Kino gingen, nahmen wir das Baby immer mit. (Das muß ihn fürs Leben gezeichnet haben; er hat seither keinen Samstagabend zu Hause verbracht.)

Doch das Unvermeidliche geschah: Eine Einladung zu einer formellen Dinner-Party kam von einem der wichtigsten Klienten meines Mannes; ich wußte, man erwartete nicht nur unser Erscheinen, sondern vor allem, daß wir unbehindert durch ein lärmendes und oft auch nasses Baby erschienen.

„Sehen wir doch der Tatsache ins Auge, Teresa", sagte mein Mann. „Du mußt dich damit abfinden, daß Lee manchmal mit einem Babysitter allein sein wird. Alle lassen ihre Babies bei Sittern; es ist nichts dabei. Man wird uns bald für ein Paar von Verrückten halten, wenn wir dieses Kind überallhin mitschleppen. Warum rufst du nicht Susi Dingsda im Nebenhaus an und fragst sie, ob sie Samstag in einer Woche babysitten kann?"

„Bist du verrückt? Sie ist viel zu jung!"

„So? Ich dachte, sie wäre im ersten Semester am

Duchesne-College."

„Stimmt. Und das bedeutet, daß sie knapp achtzehn Jahre alt ist, ein Teenager, um Himmels willen! Du erwartest von mir, daß ich mein Baby einem Teenager anvertraue?" (Wenn man sechsundzwanzig Jahre zählt, ist es eine der Schattenseiten des Daseins, daß man sich an die Zeit erinnern kann, da man ein übermütiger Teenager war.) „Wir werden nach einer reifen Frau suchen müssen, die etwas von Kindern versteht."

Nachdem wir die nächsten zehn Tage mit dem Ablehnen von Empfehlungen unseres Hausarztes, unserer Freunde und verschiedener Agenturen zugebracht hatten, sagte ich meinem Mann, er würde eben allein zu der Party gehen müssen. Der Tag war gekommen, und ich hatte noch an keinem Sitter Gefallen gefunden.

„Wir gehen zu der Party", erklärte er entschlossen. „Ich habe für einen Babysitter gesorgt; sie wird gegen halb sieben hier sein."

Ich war außer mir, doch ich wußte, daß er recht hatte. Ich würde lernen müssen, unser Baby fremder Obhut anzuvertrauen.

Als wir uns an diesem Abend zum Weggehen fertigmachten, fragte ich die Dame zum x-ten Mal:

„Bist du sicher, daß du weißt, wie man ein so winziges Baby hält? Denk dran, sein Genick zu stützen . . ."

„Ich denke, ich weiß, wie man ein Baby hält", unterbrach sie mich. „Ich hatte sechs eigene Kinder, weißt du."

Aber das ist schon eine geraume Weile her, dachte ich bei mir selbst. Würde sie sich an alle Regeln erinnern?

„Also, was das Füttern betrifft", sagte ich, „der Trank ist schon fertig gemischt, aber mach die Flasche nicht zu heiß, und zwinge ihn nicht, zu essen, aber sieh zu, daß er wenigstens zweihundert Gramm bekommt, und vergiß nicht, ihn aufstoßen zu lassen . . ."

„Ich werde versuchen, mich an alles zu erinnern", seufzte sie.

„Und leg ihn nicht aufs Bett", mahnte ich, „weil er sofort abhaut. Setz ihn auch nicht auf den Boden, weil er sich bestimmt verkühlt."

„Ich werde ihn ununterbrochen halten, wenn er nicht in seinem Bettchen ist", versprach sie. „Reg dich nicht so auf!"

„Hier ist die Nummer des Kinderarztes, der Polizei, der Feuerwehr und der Rettung", sagte ich, „und hier ist die Adresse, wo wir sein werden. Zögere nicht, anzurufen, wenn du irgendwelche Fragen hast."

„Ich werde keine Fragen haben!" erwiderte sie ungeduldig. „Jetzt geh zu deiner Party, damit ich ein wenig Zeit mit meinem Enkelsohn verbringen kann!"

„Ja, Mutter", antwortete ich demütig, „und danke, daß du für das Wochenende hergekommen bist."

Endlich hörten wir auf, meine Mutter und meine Schwiegermutter auszubeuten, und lernten, unsere Kinder bei „gewöhnlichen" Babysittern zu lassen: das waren Teenager, von Agenturen empfohlene Personen, et cetera. Doch muß ich zugeben, daß es mir nie leichtfiel, ein funkelnagelneugeborenes Baby zum erstenmal bei einem Babysitter zu lassen – wenn auch Patricks ältere Geschwister behaupten, ich sei nach seiner Geburt so begierig gewesen, von ihnen allen wegzukommen, daß ich sie mit Freuden jedem Fremden überlassen hätte, der von der Straße hereinspazierte. Das war natürlich lächerlich; nur ein Idiot würde in unseren chaotischen, lärmerfüllten Haushalt spazieren, und wenn zufällig doch ein solcher Idiot auftauchte, habe ich stets auf Ausweisleistung bestanden, bevor ich die Person mit den Kindern alleinließ.

Ein weiteres traumatisches „erstes“ begibt sich, wenn Sie Ihre Kinder zum erstenmal unbeaufsichtigt draußen spielen lassen. (Bitte predigen Sie mir nicht von eingefriedeten Höfen; wir hatten einen Hof mit einem zwei Meter hohen Zaun; unser Zweijähriger benötigte knapp zehn Minuten, um ihn zu überklettern.) Doch eine Mutter kann ihr Kind nicht für alle Zeiten „wie ein Baby behandeln“; es kommt der Tag, da sie ihm soweit vertrauen muß, daß es von der Straße weg und in Rufweite bleibt. Sogar jetzt noch, nachdem ich zehn Kleinkinder diese Periode überleben gesehen habe, erschauere ich, wenn ich einen Vorschüler auf seinem Dreirad einen Gehweg (oder schlimmer, einen Fahrweg) hinunterflitzen sehe.

Dann natürlich kommt dieser wunderbare, schreckliche Tag, an dem Ihr erstes Kind allein zur Schule geht. Meiner Meinung nach werden heute, da Schulbusse und gemeinsame Autobenutzung an der Tagesordnung sind, weniger Kindergartengänger zu Fuß losgeschickt, doch unsere wurden es. Und welch ein Glaubensakt das war! Dieser Junge ist noch ein Baby, um Himmels willen! Wie kann er nur diese langen Häuserzeilen, diese belebten Straßen überwinden, und diesen Ungeheuern trotzen, denen er unterwegs begegnen wird? Wenn Sie daran zweifeln, daß er Ungeheuern begegnen wird, dann haben Sie nie erlebt, wie ein Fünfjähriger Sie zu beschmeicheln versuchte, daß Sie ihn zur Schule fahren sollen. Ich habe so viele Kinder behaupten gehört, „ein Elefant läßt mich nicht die Straße überqueren“, oder „Ein Tiger jagt mich jeden Tag bis nach Hause!“, oder „bei Gradys Haus lauert ein Gorilla“, daß ich allmählich Verdacht schöpfte, Marlin Perkins könnte um die Ecke wohnen. Doch die Ungeheuer, die das Kind in seiner Einbildung sieht, sind nichts im Vergleich zu den Gefahren, die

Mami voraussieht, und das gilt für jedes einzelne Kind, das sie bekommt – auch wenn meine Kinder sagen, daß ich sie aus der Tür schiebe und brülle: „Es ist mir gleich, wohin ihr geht, aber kommt nicht vor drei Uhr nach Hause!"

Das schlimmste „erste" ist bestimmt das erste Mal, da Ihr Kind Ihren Wagen chauffiert, während Sie neben ihm sitzen. (Ich wünschte, sie würden diesen Sitz nicht „Todessitz" nennen.) Ich habe versucht, diesem Trauma dadurch auszuweichen, daß ich mich weigerte, mit irgendeinem meiner Kinder in ein Auto zu steigen, bis sie Fahrunterricht genommen hatten und vom Staat Nebraska gebührend ermächtigt worden waren. Aber das hilft nichts, denn wenn es etwas Nervenzermürbenderes gibt als die Fahrt mit einem nervösen Teenager, der fahren lernt, dann ist es die Fahrt mit einem selbstbewußten Kind, das glaubt, es wisse alles über das Lenken eines Autos.

Ich wollte, ich könnte sagen, daß es immer leichter wird, in dieses Auto zu steigen, je öfter die Mutter mit ihrem Teenager fährt, aber das ist nicht der Fall. Jedesmal, wenn ich mich neben eines meiner autofahrenden Kinder setze, bin ich überzeugt, daß wir beide tot sein werden, bevor wir noch sechs Straßen weiter gefahren sind. Also denke ich mir, wann es nur möglich ist, eine Entschuldigung aus, um zu Hause bleiben zu können und meinen Teenager allein in sein Unglück fahren zu lassen. Ich bin mir voll der Tatsache bewußt, daß seine Aussichten auf einen Unfall durch meine Abwesenheit nicht geringer werden, doch da ich sicher bin, daß er einen Unfall haben wird – mit mir oder ohne mich –, ist es mir lieber, daß es ohne mich geschieht. Schließlich hab ich noch an neun andere Kinder zu denken. (Und, o gütiger Gott, neun andere Kinder, die alle eines Tages fahren werden!)

Ich hatte angenommen, daß das letzte „erste" da sein würde, wenn der Erstgeborene verkündete, daß er die Liebe seines Lebens gefunden hätte und heiraten wollte. Doch ich hatte unrecht; das letzte „erste" begab sich einige Jahre später, als meine Schwiegertochter ankündigte, daß sie ein Baby erwarte. Gütiger Himmel! Sie ist selbst ein wenig mehr als ein Baby (erwachsen natürlich; aber ich frage Sie!), wie kann sie überhaupt so viel Erfahrung haben, um für ein Baby zu sorgen! Wird sie wissen, wie man ein Baby hält? Wie man es badet und füttert? Wie man seine Schreie deutet? Wird sie die Gefahren erkennen, die von offenen Sicherheitsnadeln, kochend heißem Badewasser, scharfen Gegenständen und einem unerfahrenen Vater drohen? Wenn ich nur für ein paar Tage zu ihnen ziehen könnte . . . oder ein paar Wochen . . . oder Monate . . .

Aber das ist natürlich unmöglich. Du meine Güte, welchen Glaubensakt es doch erfordert, dieses erste Enkelkind zu bekommen!

29

Die perfekte Mutter!

„Du bist eine perfekte Mutter!“ sagt mir Patrick regelmäßig, was vielleicht meinen anderen Kindern erklärt, warum ich dazu neige, Patrick zu bevorzugen. Natürlich, im Alter von elf Jahren besitzt Patrick noch nicht den kritischen Blick des Erwachsenen. Geben Sie ihm noch ein paar Jahre, und er wird sich zweifellos lautstark meiner Unzulänglichkeiten bewußt werden.

Trotz Patricks enthusiastischer Bestätigung bin ich keine perfekte Mutter. Auf einer Skala von 1 zu 10 würde ich wahrscheinlich um 0,00002 rangieren, aber das stört mich nicht; denn nach hundert Jahren Mutterschaft bin ich zu dem Schluß gelangt, daß es auf der ganzen Welt wahrscheinlich nur eine einzige wirklich vollkommene Mutter gegeben hat, und sie konnte einige Umstände für sich verbuchen, mit denen ich nicht aufwarten kann. (1) Sie war frei von der Last der Erbsünde, und (2) sie hatte nur ein Kind. Außerdem war sie nicht gehemmt durch die ständigen Ermahnungen von seiten der Herren Dr. Spock und Hiam Ginott, und des Disziplinärausschusses der Eltern-Lehrer-Vereinigung. Ich bin vielleicht eine unvollkommene Mutter, aber ich befinde mich zweifellos in der Mehrheit.

Ich bin jedoch nicht immer eine unvollkommene Mutter gewesen. Es gab eine Zeit in meiner mütterlichen Karriere, da ich absoluten Erfolg hatte. Es war während meiner ersten Schwangerschaft, und in meiner enthusiastischen Vorfreude auf die Mutterschaft hatte ich eine komplette Babyausstattung, Möbel und alles übrige gekauft, lange bevor es tatsächlich nötig war. Der Anblick dieser ganzen „Babywelt“ brachte mir meinen Mangel an Erfahrung in der Babypflege zu Bewußtsein, also kaufte ich auch eine Puppe, wickelte und fütterte und schaukelte sie, und wissen Sie, daß dieses Kind nicht ein einziges Mal schrie?

Ich konnte die Ankunft meines eigenen Babys kaum erwarten; er würde blaue Augen haben, lockiges Haar, ein immerwährendes Lächeln, und er würde in allem so brav sein wie sein Plastikvorgänger ... friedlich in seinem Bettchen schlafen, seine Milch austrinken, ruhig in seinem Laufstall spielen, die Nachbarn bezaubern, und der Augapfel seines Vaters werden. Als Mutter würde ich zweifellos eine „10“ sein.

Bevor das Baby drei Tage alt war, befand ich mich bereits unten auf „2“. Baby, geboren mit blauen Augen, keinem einzigen Haar und immerwährend weinerlichem Ausdruck, hatte eine Aversion gegen seine Mutter. Er brüllte wie am Spieß, wenn ich ihn hochnahm. Eine Kinderschwester diagnostizierte endlich sein Problem: drohender Peitschenknall. Jedesmal, wenn ich ihn hochnahm, fiel Babys Kopf in einem 45gradigen Winkel nach unten. Wie sollte ich wissen, daß neugeborene Babies Nudelhälse haben?

Trotz des Umstandes, daß wir ständig neue Rezepte probierten, wollte Baby nicht essen, und wenn doch, pflegte er es rasch – Unze um saure Unze – über meine Schulter wiederzugeben. (Wirklich, das Kind war ein schwieriger Esser, bis er endlich zu McDonald's fand.)

Statt friedlich in seinem Bettchen zu schlafen, suchte Baby nach Methoden, um dieses zu zerlegen, und wir glauben, daß er vielleicht eine Art Rekord aufgestellt hat.

Mit sechs Wochen war es ihm gelungen, die verschiebbare Seitenwand zu blockieren; mit drei Monaten hatte er die Hinterwand eingeschlagen; und wir müssen erst noch herausfinden, wie alt er war, als er aus dem Bettchen kletterte und die Räder abmontierte. Er betrachtete seinen Laufstall als Käfig und schrie Zeter und Mordio, wenn er eingesperrt wurde, ein Umstand, der es irgendwie verfehlte, unsere Nachbarn zu bezaubern.

Und das einzige, was er dem Auge seines Vaters tat, war, daß er präzise darauf zielte, wann immer Daddy ihm die Windeln wechselte.

Zum Glück hatte ich keine Zeit, über meine Mißerfolge bei meinem Erstgeborenen nachzudenken, denn nur zu bald machte ich die Fehler bei seinem kleinen Bruder, und innerhalb Jahresfrist bei einem weiteren Bruder, und zwölf Monate später wieder bei einem neuen Bruder. Eine Mutter, die vier Söhne in vier Jahren bekommt, vergißt bald, nach Perfektion zu streben ... ihr geht es nur ums Überleben.

Als aus meinen Babies (sechs weitere sollten den ersten vier folgen) Kleinkinder wurden, begann ich mir mehr Gedanken wegen meiner mütterlichen Unzulänglichkeit zu machen, da wir in die unmittelbare Nachbarschaft der perfekten Mutter zogen. Sie kennen die Sorte: ihre Babies waren nie undicht; ihre Kleinen machten sich nie schmutzig; ihre Teenager bereiteten ihr nie Schwierigkeiten. Ich haßte sie. Während meine Kleinen darauf aus waren, die Umgebung zu zerstören, spielten die ihren fröhlich auf ihren winzigen Dreirädern innerhalb der sorgfältig abgesteckten Grenzen ihrer Zufahrt.

Obwohl meine Kleinen dafür berüchtigt waren, daß sie unseren Zwei-Meter-Zaun überkletterten, damit sie auf die Straße laufen und Autos jagen oder nach nebenan gehen und die Nachbarn als Geiseln nehmen konnten, waren sie auch für eine besondere Tugend bekannt. Sie teilten. Wie alle Kinder in einer großen Familie, hatten sie eine Art kommunistischer Lebenseinstellung: Alles gehört allen. Da ihre sämtlichen Kleider und Spielsachen „übertragen" waren, konnte niemand mit Sicherheit sagen, was wem gehörte, und sie teilten mit Freuden alles von Schnullern über Dreiräder bis zur Zeit.

Ich war so stolz auf diese Bereitschaft zum Teilen. Leider wurde mir nicht bewußt, daß sie übertrieben werden könnte, bis mein Vierjähriger sie eines Morgens tatsächlich übertrieb. Unsere Kleinen hatten im Hinterhof mit Mrs. Perfekts Kleinen gespielt, und ich war oben, überzog die Betten und behielt sie alle durch das Fenster des hinteren Schlafzimmers im Auge.

Plötzlich fiel mir auf, daß mein vierjähriger Sohn fehlte, zusammen mit Mrs. Perfekts dreijähriger Tochter. Ich stürzte nach unten und fand die beiden, wie sie gerade Hand in Hand aufs Badezimmer zusteuerten.

„Wo geht ihr hin?" fragte ich meinen Sohn.

„Ins Badezimmer", antwortete er, ohne stehenzubleiben.

„Mhm-mhm . . . warte einen Moment, Liebling", sagte ich. „Ich glaube, es wäre besser, wenn Cindy zuerst reingeht, und wenn sie fertig ist, kannst du gehen."

„Oh, das ist schon okay, Mami", erklärte mein vierjähriger Sohn, „wir teilen!"

Wie ich vermutet hatte, hörte Mrs. Perfekt bald von dem Zwischenfall, und da sie sich darüber im klaren war, wie vergeblich der Versuch sein würde, „mit dieser verrückten Mutter und allen diesen Kindern" fertigzuwerden, tat sie uns einen Gefallen und verzog.

Als meine Kinder das Volksschulalter erreichten, entschloß ich mich wieder einmal, nach Perfektion zu streben . . . aber wie? Ich konnte keinen Auto-Pool leiten;

kein Auto. Ich konnte nicht freiwillig in der Schule arbeiten; ich hatte noch zu viele Babies zu Hause. Doch endlich fand ich meinen Platz . . . oder genauer gesagt, ich wurde auf meinen Platz geschoben . . . als Pfadfindermutter.

Es funktionierte prächtig. Eine andere Mutter, die ein Auto hatte, aber nicht genug Zeit, um als Pfadfindermutter zu fungieren, machte sich erbötig, die Jungen jeden Dienstag zu mir zu bringen, während eine andere Mutter sie heimbringen wollte. Da ich zu dieser Zeit schon fünf eigene Söhne hatte, störte es mich nicht im geringsten, eine Stunde pro Woche noch sechs weitere kleine Jungen um mich zu haben. Ja, ich genoß diese Jahre ausgiebig, da ich für jeden unserer ersten vier Söhne erfolgreich als Pfadfindermutter agierte.

Doch dann kam mein Sturz. Da ich eine so erfolgreiche Pfadfindermutter gewesen war, nahm ich irrtümlich an, daß ich eine ebenso erfolgreiche Rotkehlchenmutter abgeben könnte. Als unsere Tochter Mary das erforderliche Alter von sieben Jahren erreichte und ein Rotkehlchen wurde, bot ich meine Dienste als Pfadfindermutter an.

Mary war entsetzt.

„*Du* wirst unsere Pfadfindermutter?“ rief sie, als ich ihr die Neuigkeit mitteilte. „Aber *warum?*“

„Was heißt ‚warum?‘“, gab ich zurück. „Ich dachte, du würdest entzückt sein!“

„Das ganze Jahr habe ich darauf gewartet, zu den Rotkehlchen-Treffen in das Haus von irgend jemand anderem zu gehen“, jammerte sie, „und jetzt muß ich in *unser* Haus gehen! Das ist nicht lustig!“

„Wir machen es lustig, Mary“, versprach ich ihr. „Du wirst sehen.“

„N-naja . . . vielleicht“, stimmte sie zögernd zu.

„Aber hier muß einiges verändert werden! Erstens, dieses Sofa muß weg; es ist eine Schande. Und sieh dir diese Vorhänge an! Können wir nicht neue Vorhänge haben? Meine Freundinnen werden denken, daß wir komisch sind!“

Nach einigen weiteren Kommentaren (à la ihr Vater am Tag vor einer Dinner-Party) schlossen Mary und ich einen Kompromiß. Das Sofa und die Vorhänge würden bleiben, aber ich versprach, den Freizeitraum aufzuräumen, in dem unsere Treffen abgehalten werden sollten. (Und wenn man den Zustand bedenkt, in dem sich unser Freizeitraum für gewöhnlich befindet, war das ein beachtliches Zugeständnis.)

Dann begann Mary Vorschläge ihrer kleinen Freundinnen nach Hause zu bringen.

„Sara sagt, sie hofft, daß wir keine dummen Babyspiele spielen werden; das tun wir doch nicht, oder?“ Ich versprach: keine Babyspiele.

„Patty sagt, sie hofft, daß wir nichts *fertigen* werden. Das ist so langweilig.“

„Okay, kein Kunsthandwerk“, versprach ich, während ich im Geist meinen Plänen entsagte, alles Werkmaterial aufzubrauchen, das die Pfadfinderjungen ignoriert hatten; sie waren immer höchst zufrieden damit gewesen, ihre Zusammenkünfte mit Footballspielen zu verbringen.

„Cindy sagt, wir sollten lieber keine Gesangsrunde machen, weil sie ihre Stimme für die Oper schonen muß.“

„Cindy tritt in der Oper auf?“ fragte ich erstaunt.

„Ja“, antwortete Mary. „Sie hat dieses Jahr wieder die jugendliche Hauptrolle.“ Oh, *diese* Cindy. Mrs. Perfekts Tochter schlägt wieder zu.

Am Rotkehlchen-Tag wurden sechs kleine Mädchen an meiner Türschwelle abgeliefert. Schüchtern und still folgten sie Mary gehorsam zu unserem Freizeitraum hinunter, den ich schließlich doch mit viel Sorgfalt für das große Rotkehlchenjahr frisch angestrichen und dekoriert hatte.

„Es ist heiß hier herunten“, maulte eine blauäugige Blonde, indem sie plötzlich ihr scheues Auftreten ablegte. „Spielen wir doch draußen.“

„Oh, aber wir werden Bingo spielen“, verkündete ich munter. „Wir können Bingo nicht draußen spielen. Also, wir wollen uns alle setzen . . .“

„Bingo!“ schrie ein Rotschopf mit flammenden Sommersprossen. „Mary, du hast uns nicht gesagt, daß wir Bingo spielen müssen! Wir wollen Football spielen! He, hier ist ein Football; geh zurück, Sara, fang’!“

„Wir wollen draußen spielen!“ sagte ich verzweifelt, während ich die ganze Bande durch die Hintertür hinausdrängte. „Ihr Mädchen spielt . . . hm . . . Football, und ich mache die Erfrischungen zurecht.“

Ich war besonders stolz auf diese Erfrischungen. Ich, die ich selten backe, hatte mich mit hausgemachten Schokolade-Eclairs selbst übertroffen.

„Was ist denn das?“ fragte eines der Rotkehlchen, als die Mädchen sich rund um den Picknicktisch sammelten, um ihre Erfrischungen abzuholen.

„Das ist Schokolade-Eclair!“ sagte ich stolz. „Und es ist köstlich.“

„Ich mag es nicht“, meinte sie, während sie ihres von sich schob, und wie Dominosteine folgten die Eclairs entlang des Tisches dem ersten nach.

„Ich auch nicht . . . Es schmeckt komisch . . . Das ist so klebrig . . .“

„Als meine Mutter Anführerin war“, erklärte eines der Rotkehlchen, „hat sie uns alle in den Zirkus geführt, und dann hat sie uns Pizza gekauft.“

Halt den Mund, Cindy, und iß dein Eclair!

Nun, ich schaffte es zwar nicht als Rotkehlchen-Mutter (Mary tolerierte mich ein Jahr lang und trat dann taktvoll aus, um mein Gesicht zu wahren), doch immerhin gelang es mir in meiner Dienstzeit als Mutter, ein bedeutendes Talent zu perfektionieren.

Ich bin eine hervorragende . . . vielleicht sogar exzellente Gabelfrühstücks-Packerin.

In den zwei Jahrzehnten, in denen meine Kinder ihr Schulfrühstück mitnahmen, habe ich wohl zehntausend dieser verdammten Dinger eingepackt, und wenn ich auch die Nase voll davon habe, bin ich doch sehr gut darin. Meine exzellente Leistung kommt jedoch nicht so sehr vom Üben als vom Gehorchen . . . ich tue immer, was man mir sagt.

Obwohl ich jeden Morgen mit der Ankündigung beginne „Hier ist kein Restaurant; es gibt keine Speisekarten. Ihr bekommt vielleicht nicht, was ihr wollt, aber ihr werdet nehmen, was ihr bekommt!", erhalte ich dennoch Anweisungen.

„Erdnußbutter und Gelee? O nein! Warum können wir nie Käse und Senf haben?" schreit dann der eine und vergißt völlig, daß er gestern Käse und Senf hatte und sich beschwerte, weil es nicht Erdnußbutter und Gelee war.

„Ist das Weintraubengelee?" fragt ein anderer. „Iieccchhh! Haben wir keine Erdbeeren?"

„Laß von meinem die Marmelade weg, ja, Mami? Und vergiß nicht, die Erdnußbutter zu salzen!" läßt sich eine andere Stimme vernehmen.

„Ich will nur einen halben Sandwich", sagt ein vierter Gabelfrühstücker. „Ich muß schnell essen, damit ich Fußball spielen kann."

„Gib mir zwei Sandwiches", sagt ein fünfter. „Ich bin

zu Mittag schon immer ganz verhungert."

Ich habe nicht nur gelernt, den richtigen Sandwich zu machen, sondern auch, den Sandwich richtig zu machen. Sandwiches müssen diagonal geschnitten werden, da viereckig geschnittene Sandwiches als „wucki" gelten (was immer das heißt). Auch muß das Brot weiß sein, und frisch . . . nicht gefroren; gefrorenes Brot macht feuchte Sandwiches. Hausgebackenes Brot ist *verboten:* es krümelt.

Die Sandwiches müssen einzeln in helle Plastiksäckchen gepackt werden, Wachspapier ist für Bauern, nehme ich an. („Es fällt auseinander", und „man kann nicht durchsehen", und „das Brot schmeckt dann eklig".)

Der Sack selbst ist ebenso wichtig; es muß ein im Geschäft gekaufter, brauner Papiersack der Größe 8 sein. Ich habe einmal den Fehler gemacht, übriggebliebene Einkaufstüten zu verwenden, und die Kinder bekamen einen Anfall.

„Wir können unser Frühstück nicht in denen mitnehmen!" schrien sie. „Sie sind *benützt;* alle Kinder werden denken, wir wären arm!"

Der Sack muß genau so gepackt werden: Obst zuunterst, damit es den Sandwich nicht zerdrücken kann; Dessert obenauf, damit es zuerst gegessen werden kann(?); ein absolutes Muß ist eine kleine weiße Papierserviette. Wenn ich es wage, die großen Luxusservietten zu verwenden, wird mir gesagt: „Die können wir nicht nehmen; alle Kinder werden denken, wir wären reich!"

Im Lauf der Jahre habe ich nicht nur gelernt, zehn Lunchpakete zu packen und gleichzeitig für zehn Personen Frühstück zu machen, sondern ich habe mich auch darauf trainiert, daran zu denken, wer welches Gelee oder welche Marmelade mag, wer einen halben Sandwich und wer zwei Sandwiches möchte, und wer die Schokoladekekse will und wer die Vanilleplätzchen. Die Folge davon ist, daß sich die Kinder nie beklagen, und ich war immer ganz stolz auf mein besonderes kleines Talent.

Bis gestern.

Als die Kinder ihre Pakete nahmen und nacheinander aus der Tür gingen, gab ich Patrick einen raschen Kuß und sagte: „Du bist ein guter kleiner Junge, Patrick; laß dir dein Gabelfrühstück gut schmecken."

„Oh, ich werde das nicht essen, Mami", meinte Patrick vergnügt. „Ich tausche mit meinem Freund Joey. Seine Mama macht jeden Tag frische Kekse für ihn, und er hat mir gesagt, wenn ich ihn mit meinem Football spielen lasse, wird er heute das Gabelfrühstück mit mir tauschen. Ist das nicht lieb; ich kann's kaum erwarten!"

„Sag's mir nicht; laß mich raten", seufzte ich. „Hat Joey eine Schwester namens Cindy?"

„Ja!" antwortete Patrick. „Woher weißt du?"

Ich dachte nur so.

30

Der Zukunftsschock machte mich schaudern

Ich glaube nicht an Reinkarnation, aber es muß eine Erklärung für die Tatsache geben, daß ich in der falschen Zeit lebe. Warum sonst würde ich frieren, wenn ich Miniröcke trage, zusammenzucken, wenn ich Rockmusik höre, und überhaupt keinen Humor in „Saturday Night Live" finden?

Ist es möglich, daß ich in einem früheren Dasein einem „swinging life" gefrönt habe und nun mein Fegefeuer abdienen muß? Wahrscheinlich nicht, denn ich kann mir nicht vorstellen, daß ich in *irgend einem* Jahrhundert „swingend" gelebt oder auch nur vegetiert habe, wenn es keine Zentralheizung, kein Innenwasser, keinen Mikrowellenherd oder Sinatra in Stereo gab. Zu einem „früheren Leben" wäre auch zu sagen, daß ich es gehaßt hätte, Tournüren oder Krinolinen zu tragen (viel zu unbequem!), und ich hätte mich geweigert, Menuett zu tanzen (viel zu kitschig). Andererseits gehöre ich bestimmt nicht in die Zukunft. Niemand, aber auch *niemand* könnte mich dazu überreden, daß ich sechzehn Stunden am Tag in einem hautengen, einteiligen Raumanzug verbringe. Ich habe diese Fernsehshows à la Buck Rogers gesehen, und ich *weiß,* warum sie so lange Werbesendungen brauchen.

Nein, ich lebe schon im richtigen Jahrhundert, aber vielleicht befinde ich mich in der falschen Generation.

Dieser Gedanke kam mir gestern Abend, als mein Mann und ich „Hart auf Hart“ im Fernsehen sahen.

„Mir ist gerade klargeworden, was ich an dieser Sendung nicht mag“, sagte ich zu ihm.

„Was magst du nicht daran?“ fragte er ziemlich überrascht, da wir es jede Woche sehen.

„Es stimmt etwas nicht mit Jonathan und Jennifer Hart.“

„Was stimmt nicht mit ihnen?“

„Sie sind nicht Nick und Nora Charles!“ antwortete ich, während ich mich an William Powell und Myrna Loy in der klassischen Serie von Dashiell Hammett erinnerte. „Sogar in der ‚modernen‘ Version mit Peter Lawford und Phyllis Kirk gab es einen witzigen Dialog zu dem Rätsel, das gelöst werden mußte. In ‚Hart auf Hart‘ gibt es nur Bussi-Bussi; ich weiß nicht, wie Jonathan und Jennifer jemals Zeit finden, den Mord aufzuklären, bei dem vielen Geknutsche.“

Ich bin kein großer Fernsehfan, doch mein Mann liebt gute Detektivserien oder Krimis, und da ich meinen Mann liebe, sitze ich im selben Zimmer und lese ein Buch, während er fernsieht. Gestern abend war eine seiner Lieblingssendungen im Programm, und ich ertappte mich dabei, wie ich gelegentlich von meinem Buch aufblickte, um zu sehen, was vorging.

Was da vorging, hätte nicht vorgehen sollen.

„Habe ich eine schmutzige Phantasie“, bemerkte ich sarkastisch, „oder stimmt es, daß ich jedesmal, wenn ich einen Blick auf diesen Bildschirm werfe, ein Paar im Bett sehe, aber es ist niemals dasselbe Paar? Oder manchmal ist es die Hälfte desselben Paares . . . mit irgend jemandes anderen Hälfte. Was ist das eigentlich für eine Sendung? Ein Sex-Marathon? Ich dachte, es sollte ein Krimi sein.“

„Ist es auch", gähnte mein Mann, der wie die meisten Ehemänner eher der Beruhigung als der Unterhaltung wegen fernsieht. „Der Krimi ist: wer ist mit wem verheiratet? Aber ich habe etwa drei Frauentausche vorher den Faden verloren. Du kannst ebenso gut abdrehen." Mein Mann ist bereit, auf die Television zu verzichten. Er hat ihnen nie verziehen, daß sie diese „unterhaltsamen" und „erbaulichen", aufregenden, blutrünstigen, nervenzerfetzenden Revolverkomödien abgesetzt haben.

„Was soll aus dieser Welt noch werden?" pflegte meine Großmutter zu fragen, und dann ging sie von hinnen und geradewegs in den Himmel, damit sie nicht hierbleiben und sehen müßte, was denn aus dieser Welt noch würde, was zu schade ist, denn hätte meine Oma hierbleiben können, dann wäre die Welt vielleicht nicht so geworden.

Ich weiß, es gibt angeblich eine „Generationskluft", doch die Kluft zwischen der Generation meiner Eltern und meiner eigenen war ein winziger Spalt verglichen mit dem Grand Canyon, der zwischen meiner Generation und der meiner Kinder klafft.

Alfred Lord Tennyson warnte uns: „Die alte Ordnung wandelt sich", und Alvin Toffler bereitete uns auf den „Zukunftsschock" vor, doch keiner von ihnen hätte voraussagen können, auf welche schockierende Weise die Kinder von heute die alte Ordnung verwandelt haben. Betrachten Sie nur einmal einige Gespräche Anno 1951, im Vergleich zu einer ähnlichen Situation, dreißig Jahre später:

1951: „Mutter, Joe hat mich gerade angerufen und zu dem Footballspiel und zu einer Party bei Mimi Brown nachher gebeten. Wir gehen zu viert mit Mimi und

Hank, und ich werde um Mitternacht zu Hause sein. Ist das okay?"

1981: „Ich gehe mit der Gang aus; wartet nicht auf mich."

1951: „Hmm, Mami, das Abendessen riecht gut; ist es Hackbraten? Mein Lieblingsessen! Danke!"

1981: „Schon wieder Hackbraten? Wieso können wir nicht zu McDonald's gehen?"

1951: „Dad, ist es okay, wenn ich das Geld von meiner Zeitschriftenroute nehme, um ein Fahrrad zu kaufen?"

1981: „Hör mal Dad, ich werde morgen sechzehn; wie wär's, wenn du deinem Lieblingssohn einen Sportwagen spendierst?"

1951: „He, Kinder, ratet mal, was es Neues gibt. Mami und Papi wollen uns diesen Sommer nach Colorado mitnehmen. Ist das nicht toll?"

1981: „Ein Familienausflug nach Colorado? Muß ich mitfahren?"

1951: „Ich muß eine Arbeit über das Buch ‚Jane Eyre' schreiben; Gott sei Dank habe ich den Film gesehen!"

1981: „Ich muß eine Arbeit über die Serie ‚Centennial' schreiben; glaubst du, ich erspare mir das anzusehen, wenn ich stattdessen das Buch lese?"

1951: „Also, Daddy, ich weiß, du machst dir Sorgen, weil deine kleine Tochter in ihr eigenes Apartment zieht, aber ich bin schließlich dreiundzwanzig Jahre alt, und ich teile die Kosten mit Mary Ellen."

1981: „Mach mir keine Vorhaltungen, Daddy. Ich zieh in eine eigene Wohnung, das ist alles. Schließlich bin ich jetzt eine erwachsene Frau, fast achtzehn Jahre alt. Und du brauchst dir keine Sorgen um mich zu machen; ich teile die Kosten mit Paul."

1951: „Dad, könnte ich mir wohl zweihundert Dollar

borgen, damit ich für das nächste Semester im College das Schulgeld bezahlen kann?"

1981: „Dad, könnte ich mir wohl zweihundert Dollar borgen, damit ich für das nächste Semester die Skripten bezahlen kann?"

1951: „... und er besteht darauf, mir die Tür zu öffnen, und meinen Mantel zu halten, und mir die Zigarette anzuzünden. So ein netter Junge!"

1981: „... und er besteht darauf, mir die Tür zu öffnen, und meinen Mantel zu halten, und er raucht sogar Zigaretten. So ein komischer Kerl!"

1951: „Sir, ich gehe jetzt seit zwei Jahren mit Ihrer Tochter aus, ich habe meinen Doktor der Rechte gemacht und bin Teilhaber in einer etablierten Anwaltskanzlei. Bitte erlauben Sie mir, daß ich Ihre Tochter bitte, mich zu heiraten."

1981: *Ich soll sie heiraten? Warum?*"

Tatsächlich sind die jungen Leute von heute nicht wirklich so schlecht. Dumm vielleicht, aber nicht schlecht. Natürlich, manche von ihnen geraten ein wenig aus der Bahn, wenn sie „tun, was sie für richtig halten", was immer das ist. (Und was immer es ist, ich möchte es wirklich nicht wissen, danke.)

Demzufolge sehen sich moderne Eltern manchmal in Verlegenheit gesetzt, wenn Freunde sich wegen ihrer Teenager oder erwachsenen Sprößlinge erkundigen. In solchen Fällen folge ich der Methode der majestätischen mehitabel, der katzenhaften Heldin von Don Marquis' Klassiker *archy und mehitabel.* Archy, Sie erinnern sich, ist ein Kakerlake, der nachts herauskommt, auf die Schreibmaschine seines Chefs springt und die Sage von seiner schlauen Freundin mehitabel erzählt. Da archy so klein ist, kann er die Umschalttaste nicht erreichen, also ist das ganze Buch in Kleinschrift geschrieben, ohne Satzzeichen und Großbuchstaben, und mehitabel ist nicht einmal ein großgeschriebener Name gestattet.

Doch das stört mehitabel kein bißchen, denn sie ist ein sehr selbstbewußtes Geschöpf. Mehitabel behauptet, sie sei die Reinkarnation Cleopatras, der berühmten Königin von Ägypten, und sie führt tatsächlich ein sehr kleopatrahaftes Leben, geht jede Nacht aus, treibt es mit einem Kater nach dem anderen, und trägt doch stets verantwortungsvoll ihren Wurf junger Katzen aus, dessen Existenz sie dann heiter ignoriert. Wenn ihre Freunde sie über ihre jüngste Nachkommenschaft befragen, antwortet mehitabel unschuldig: „Welche Kätzchen?"

So denke ich auch, genau. Wenn die Leute mich wegen meiner eigenen erwachsenen Kinder fragen, antworte ich einfach: „Welche Kätzchen?"

Nicht daß alle meine Kinder so aus der Art geschlagen wären, zumindest im Vergleich zu einigen Kätzchen, die ich kenne.

Nehmen Sie zum Beispiel meine Freundin Freda. Freda orientierte sich schon vor langem an mehitabel, als ihr eigener Sohn Herbie nach dem Abitur an einem sehr teuren und elitären College sein Abschlußzeugnis zerriß, nach Afrika durchbrannte und der Fremdenlegion beitrat. Das war natürlich eine Sache, die Freda nicht gerne diskutieren wollte; wenn also wohlmeinende Freunde sich nach Herbie erkundigten, erwiderte Freda schlicht: „Er ist beim Militär."

Ich wünschte, Tish Baldrige würde ihr Etikette-Buch mit einem Kapitel auffrischen, das die Art und Weise behandelt, wie wir wohlmeinende Fragen über unsere erwachsenen Kinder beantworten sollen, die „tun, was sie für richtig halten". Bis Tish Zeit hat, offeriere ich einstweilen einige Vorschläge für solche Antworten:

Wenn jemand Sie nach Ihrem Kind fragt, und:

Er ist aus der Schule ausgetreten, kann keine Stellung behalten und verbringt den ganzen Tag vor dem Fernseher: „Er ist im Unterhaltungsgeschäft."

Er ist im Gefängnis: „Er studiert die Gefängnisreform."

Er geht jeden Tag zur Rennbahn: „Er ist in der Investitionsbranche."

Sie teilt ein Apartment mit irgendeinem Klotz, der nicht die Absicht hat, sie zu heiraten, und sie alle Rechnungen zahlen läßt: „Sie studiert Hauswirtschaft."

Sie hat ihren gebrauchten Chevy zu Schrott gefahren, das Getriebe ihres Olds ruiniert und sich den Cadillac ihres Großvaters gerade lange genug geborgt, um ihn in eine Ziegelmauer krachen zu lassen: „Sie verkauft Autos für General Motors."

Er ist der Einberufung nicht gefolgt, hat Ihren Wagen gestohlen und ist nach Kanada geflüchtet: „Er arbeitet an verschiedenen Projekten mit dem FBI."

Ich nehme an, es wäre einfacher, wenn Eltern eben zu schwindeln aufhören und, wenn man sie wegen eines „aus der Art geschlagenen" Kindes befragt, gestehen könnten:

„Mein Kind ist verrückt; wie geht's Ihrem?"

Aber wer kann sagen, was verrückt ist?

Vielleicht wird das Kind, das den amerikanischen Weg ablehnt, Wunder in der Dritten Welt wirken. Und das Kind, das seine ganze Zeit damit verbringt, mit Autos herumzupfuschen, kann vielleicht einen Motor erfinden, der keinen Treibstoff braucht.

Es ist nun einmal so, daß Kinder jeder Generation, zu dieser oder zu jener Zeit, einem anderen Rattenfänger gefolgt sind, doch die meisten von uns ordneten sich schließlich wieder ein. (... und marschierten in die falsche Zeit?)

Wer weiß? Vielleicht werden die Kinder von heute auch weiterhin hinter einem anderen Taktschläger gehen, die Richtung der Parade ändern und uns alle in eine bessere Zeit führen.

Andererseits, hat irgend jemand schon einmal daran gedacht, die Referenzen des Taktschlägers zu überprüfen?

31
Epilog

„Wenn Sie es wieder tun müßten und das wüßten, was Sie jetzt wissen, würden Sie zehn Kinder haben? Würden Sie sie zeitlich anders einteilen? Würden Sie sie anders erziehen?“

Man hat mir diese Frage in den letzten Jahren mindestens hundertmal gestellt, und getreu meiner Philosophie, daß Abwechslung würziger ist als Wahrhaftigkeit, habe ich hundert verschiedene Antworten gegeben ... von denen keine Ja oder Nein war.

Ich würde nicht wagen, mit Ja oder Nein auf solche Fragen zu antworten. Sie ähneln diesem unerreichten Klassiker: „Wenn Ihrem Mann etwas passierte, würden Sie noch einmal heiraten?“ Ob so oder so, Sie können nicht gewinnen.

Sage ich: „Ja, wenn ich es wieder tun müßte, würde ich zehn Kinder haben“, bombardieren mich die Ökologen mit Argumenten bezüglich Überbevölkerung und Umweltverschmutzung; Soziologen erinnern mich an überfüllte Klassenzimmer und Arbeitslosigkeit; und Wirtschaftsfachleute erzählen mir, daß ich es mir heute nicht leisten könnte, zehn Kinder zu ernähren. (Ich konnte es mir auch gestern nicht leisten, sie zu ernähren.)

Sage ich andererseits: „Nein, wenn ich es wieder tun müßte, würde ich nicht zehn Kinder haben“, bringen mich meine Kinder um.

Im Grunde wäre der entscheidende Faktor nicht, *was* ich weiß, sondern was ich *von wem* weiß.

Würde ich meine Familie heute gründen, und wissen, was ich jetzt weiß – über kolikanfällige Babies und zornige kleine Kinder und Volksschulstreiche und die schrecklichen, stürmischen Teenagerjahre –, und wenn ich die hohen Lebenskosten und Umweltbedingungen und Energiekrisen in Betracht zu ziehen hätte, würde ich von Herzen zustimmen, daß es ein absoluter Wahnsinn wäre, zehn Kinder zu haben. Dann würde ich mich gleich daranmachen und Lee, John, Michael, Jim, Mary, Dan, Peggy, Ann, Tim und Patrick bekommen, weil ich mir das Leben ohne sie nicht vorstellen kann (oder vielleicht, weil ich mir das Leben ohne sie vorstellen *kann*), und ganz gleich, wie oft Sie sie zählen, es werden immer zehn daraus.

Würde ich sie zeitlich anders einteilen? Gütiger Himmel, nein. Ich habe erst angefangen, als ich sechsundzwanzig war; hätte ich sie auch nur ein wenig geräumiger eingeteilt, würde ich bis in die Sechzig Babies bekommen oder, schlimmer noch, ich hätte Peg, Ann, Tim und Pat nicht haben können, und das wäre schrecklich gewesen!

Zehn Kinder in zwölf Jahren zu bekommen, erscheint nur demjenigen als Wahnsinn, der es nicht versucht hat. Wenn ich darauf zurückblicke (und je älter ich werde, desto leichter fällt es mir, zurückzublicken), waren unsere Kinder perfekt eingeteilt. Alle lagen zur gleichen Zeit in den Windeln; alle saßen zur gleichen Zeit auf Dreirädern; alle gingen zur gleichen Zeit zur Schule. Na ja, vielleicht nicht alle, aber damals sah es so aus. Wir mußten die ersten zehn Jahre nicht damit verbringen, das Kinderbettchen hinaufzustellen und wiederherunterzutragen; das Bettchen gehörte zum festen Inventar, ebenso der hohe Kinderstuhl, der Laufstall und die Wand-zu-Wand-Spielsachen. Wir verbrachten auch die Schuljahre nicht damit, daß wir uns um Wagen-Pools sorgten (wir *sind* ein Wagen-Pool), oder um Wintermäntel und Eislaufschuhe und Frühjahrssakkos und Halloween-Kostüme, denn da ist immer etwas „genau in deiner Größe" im Vorzimmerschrank. Wir müssen die komplizierten Gegenstände nicht beherrschen, die unsere Kinder in der Schule lernen, denn da ist immer ein Geschwisterchen, das sich an den Kurs vom Vorjahr erinnern kann. Nein, ich würde sie nicht anders einteilen. Kinder sind einfacher aufzuziehen, wenn sie jährlich kommen.

„Aber ist es nicht unerhört kostspielig, so viele Kinder zur gleichen Zeit am College zu haben?" Jemand stellte meinem Mann kürzlich diese Frage, und nachdem er einen Moment innegehalten hatte, leuchteten seine Augen auf, und er antwortete:

„Also, *dort* sind sie! Ich habe mich schon gefragt, wo diese Rangen hingekommen sind!"

Er machte natürlich Spaß. Er weiß, welche unserer Kinder am College sind. Zumindest glaube ich, daß er es weiß; ich bin fast sicher, daß ich ihm gesagt habe, Mike, Mary und Dan seien an der Universität. Oder sind es John, Mary und Dan? Oder John, Mary und Mike? Also, *irgend jemand* ist an der Universität. Und wenn alle diese Schecks, die ich ausgeschrieben habe, nicht für Schulgeld und Unterkunft verwendet worden sind, dann besitze ich jetzt einen beträchtlichen Anteil an der Universität von Nebraska!

„Aber wird es nicht sehr schwer für Sie sein, wenn alle Kinder das Nest verlassen haben?", verdient nur eine einzige Antwort: „Ist das eine Drohung oder ein Versprechen?"

Wenn ich es wieder tun müßte, würde ich sie anders erziehen?

Ja, weil jede Mutter Fehler macht und es töricht wäre, sie nicht zu korrigieren.

Wenn ich es wieder tun müßte, würde ich weniger brüllen und mehr berühren. Mit Brüllen erreicht man nichts als einen schmerzenden Hals (Mutters), denn Kinder haben Audiometer, die automatisch in dem Moment abschalten, da Mutters Stimme eine gewisse Dezibel-Ebene erreicht. Je lauter sie brüllt, desto schlechter hören sie.

Berühren ist so wichtig, sei es nun ein sanftes Klopfen auf das wattierte Hinterteil eines störrischen Zweijährigen, eine spontane Umarmung für einen überschwenglichen Zehnjährigen, oder die einfache Berührung der Hand an der Wange eines bekümmerten Teenagers. Ja, ich glaube, ich würde meine Kinder mehr berühren, obwohl ich die Prozedur vielleicht gelegentlich variieren würde, indem ich die Babies umarme und die Teenager verklopfe.

Wenn ich es wieder tun müßte, würde ich mehr Zeit damit verbringen, meinen Kindern laut vorzulesen, damit ihnen die Klassiker vertraut würden und sie die Stimme ihrer Mutter anders in Erinnerung behielten, als wenn sie sagt: „Es ist Zeit zum Aufstehen!"

Wenn ich es wieder tun müßte, würde ich es langsamer tun; ich würde meinem Leben ein etwas gemächlicheres Tempo setzen. Während ich durchs Haus geflitzt bin, saubergemacht, gekocht, gesucht und gescholten habe, sind meine Kinder herangewachsen. Warum habe ich mir nicht die Zeit genommen, zuzusehen?

Wenn ich es wieder tun müßte, würde ich meinen Kindern niemals befehlen: „Bleibt aus dem Wohnzimmer draußen!" oder „Bleibt vom Rasen weg!" oder

„Laßt das gute Geschirr!“ oder „Rührt meine besten Handtücher nicht an!“, denn dies ist ihr Zuhause, und kein Gast wird jemals wichtiger sein als meine Kinder.

Wenn ich es wieder tun müßte, würde ich mehr Zeit mit meinen Kindern verbringen, ihnen zuhören, mit ihnen lachen, sie lieben . . . wenn ich es wieder tun müßte.

Wenn ich es wieder tun müßte? Was sage ich da? Bei zehn Kindern *tue* ich es ja gerade wieder, und wieder, und wieder . . .